U0580395

风云刘秀

——汉光武帝的传奇人生

毛羽翼 编著

WUHAN UNIVERSITY PRESS
武汉大学出版社

图书在版编目(CIP)数据

风云刘秀：汉光武帝的传奇人生／毛羽翼编著． -- 武汉：武汉大学出版社，2024.12. -- ISBN 978-7-307-24570-9

Ⅰ. K827=342

中国国家版本馆 CIP 数据核字第 2024RC1629 号

责任编辑:褚德勇　　　责任校对:鄢春梅　　　整体设计:韩闻锦

出版发行:**武汉大学出版社**　　(430072　武昌　珞珈山)

　　　　　(电子邮箱:cbs22@whu.edu.cn　网址:www.wdp.com.cn)

印刷:武汉图物印刷有限公司

开本:720×1000　　1/16　　印张:20.5　　字数:283 千字　　插页:6

版次:2024 年 12 月第 1 版　　2024 年 12 月第 1 次印刷

ISBN 978-7-307-24570-9　　　　定价:69.00 元

白水寺
位于刘秀故里湖北省枣阳市吴店镇（童长宇　摄）

白水井
位于刘秀故里湖北省枣阳市吴店镇白水寺内（童长宇　摄）

春陵古城遗址
位于湖北省枣阳市吴店镇春陵村（毛羽翼　摄）

春陵村中古井　两千年不变的春陵村名
位于湖北省枣阳市吴店镇春陵古城遗址（毛羽翼　摄）

襄阳侯习郁耕读休闲之地　中国郊野园林第一家、中国私家园林鼻祖
位于湖北省襄阳市襄城区（罗光平　摄）

刘秀登基地 千秋亭遗址
位于河北省邢台市柏乡县（张晋聪 摄）

河南孟津光武帝陵

守护光武帝陵的神兽——汉代石辟邪
位于河南省洛阳市孟津区（毛羽翼　摄）

光武帝陵庄严肃穆的神道
位于河南省洛阳市孟津区（毛羽翼　摄）

序

人生的缘分，大概有四种：血缘、姻缘、地缘和业缘。

血缘，是人类最普遍的一种缘分，自从有了人就有血缘关系。因为血缘而生发亲情，又是人类最普遍的情感，是人类赖以生存的基础。

姻缘，是人类两性之间常有的缘分，因为姻缘而生发爱情，进而婚姻，进而家庭，进而家族，是人类赖以延续的关键。

地缘，是人们生活在同一地域而结成的特殊关系，因为地缘而生发乡情，成为乡亲。通常说远亲不如近邻，说的就是这个道理。

业缘，是人们从事同类活动而结成的缘分，一起读书成为同学，一起工作成为同事，一起创业成为同志，因为业缘而生发友情，这是伴随每个人成长乃至发达的重要因素。

每个人来到这个世界，都需要生存和发展，就离不开这四种缘份：血缘、姻缘、地缘和业缘，由此生发的四种情感：亲情、爱情、乡情和友情，也与每个人息息相关，乃至终身作伴。

古往今来，文人学者评说刘秀，大多说他是一位皇帝，是一位开国皇帝，是一位中兴帝王。然在我看来，刘秀也是一个普通的人，是一个活生生的人，是一个有情感的人。

那就从这四种缘分走进刘秀的情感世界。

先说亲情。

刘秀生于县令之家，有过快乐的童年，但他9岁失去父亲，28岁失去母亲，只把父母留在心底。他有兄弟姊妹6人，仅在小长安一战，二哥、二姐不幸遇害，其后更始政权内讧，大哥刘縯被杀。他对待两个侄子，"抚育恩爱甚笃"，尽到叔父的责任。大姐刘黄早年丧夫，刘秀有点着急，就介绍大司空宋弘，哪知道人家说："贫贱之知不可忘，糟糠之妻不下堂。"无奈回复大姐："事不谐矣。"这件婚事没做成，却足见姐弟情深。刘秀有11个儿子，先立刘强为皇太子，而后改立刘阳。经过一废一立，这俩兄弟不但未生仇怨，反而更加友爱。刘秀在位33年，先后6次回到家乡，"修园庙，祠旧宅，观田庐，置酒作乐，赏赐"，应是尽享亲情之乐。

次说爱情。

刘秀早年去新野，听说阴丽华很漂亮，开始有了心上人。后来游学长安，看到执金吾很威风，就发下一个宏愿："仕官当作执金吾，娶妻当得阴丽华。"更始元年六月，刘秀已是太常偏将军，在宛城迎娶阴丽华，实现了人生梦想。然而，刘秀经略河北期间，出于壮大实力考虑，又在真定迎娶郭圣通，并随后立为皇后。建武十七年十月，刘秀废黜郭圣通为中山太后，改立阴丽华为皇后。这一废一立之后，郭圣通归依幼子，安享荣华富贵；阴丽华母仪天下，尽显恭俭仁慈。而在刘秀本人，既给郭圣通留有面子，又让阴丽华得到里子，总是不负少年情缘。

次说乡情。

刘秀建立东汉政权，重新统一全国，除了宗族、亲戚支持之外，主要得力于三股地方势力，分别出自南阳、颍川和河北地区，其中南阳人占大多数。在东汉开国32位功臣中，就有12位南阳人，包括邓禹、吴汉、贾复、岑彭、朱祐、马武、刘隆、马成、陈俊、杜茂、任光、李通。他们追随刘秀经略河北，进取关中，征战关东，扫平巴蜀，为东汉王朝立下大功。等到全国统一之后，刘秀偃武修文，"退功臣而进文吏"，仍旧任用邓禹、李通、贾复，参议朝廷大事。特别是吴汉，作为开国大司马，一直履职到病逝，称得上终身大司马。刘秀重用南阳人，也许做得有点过分，以致于有人批评，"选补众职，当简天下贤俊，不宜专用南阳人。"但从一个侧面来看，这正是注重乡情的表现。

再说友情。

刘秀早年游学长安，认识结交一些同学，包括邓禹、朱祐、严光、周党等人。邓禹 13 岁入太学，得见刘秀非常人，就倾心依附和追随。他 24 岁任前将军，率军西征，又被拜为大司徒，足见刘秀的信任。朱祐从小与刘秀相好，又一起游学长安，曾经率军征讨邓奉，战败被俘，但等战事结束，又被恢复职位，并得到丰厚赏赐。东汉王朝建立之初，正是朝廷用人之时。周党被征召进京，身穿短布单衣，在宫廷"伏而不谒"，只希望隐逸过活，刘秀没有强留。严光隐居在齐地，被找到洛阳来，与刘秀连天叙旧，甚至同榻而卧，仍不愿在朝为官。无论是信任邓禹、朱祐，还是尊重严光、周党的选择，都说明刘秀珍视友情。

历史蕴含丰富的情感，因为历史创造者是有情感的人，时下我们学习和研究历史，自然需要情感的视角。

作为东汉史研究者，毛羽翼老师满怀乡情，饱醮浓墨，描述刘秀的生平事迹，写成《风云刘秀》一书。这是一部生动的历史读本，比较适合青少年阅读，有助于认识刘秀。

因为刘秀，我与毛老师相识多年，时常讨论东汉问题，而今捧读她的书稿，欣赏她的文笔，并且期待她的新作，就写下这篇小序。

赵国华

2024 年 12 月 3 日

目　　录

第一章　龙飞白水 ………………………………………… 1

赤光　一茎九穗 ………………………………………… 1

忽然而"发" ……………………………………………… 2

失怙归舂陵 ……………………………………………… 4

新莽代炎汉 ……………………………………………… 6

白水真人 ………………………………………………… 8

郁郁葱葱然 ……………………………………………… 8

第二章　安知非仆 ……………………………………… 10

求学　卖药　驴拉拉 ………………………………… 10

叹金吾　慕丽华 ……………………………………… 12

旱蝗饥　改制患 ……………………………………… 13

刘秀当为天子 ………………………………………… 14

绿林军　赤眉军 ……………………………………… 15

勤于稼穑 ……………………………………………… 18

第三章　舂陵起兵 ……………………………………… 20

刘氏复起 ……………………………………………… 20

绛衣大冠 ……………………………………………… 23

合军绿林军 …………………………………………… 25

兵败小长安 ……………………………………………… 26

蓝乡告捷 …………………………………………………… 28

十万斤黄金"购"刘縯 …………………………………… 30

第四章　昆阳惊澜 …………………………………………… 31

偶发鸣镝 …………………………………………………… 31

破局昆阳 …………………………………………………… 32

困守危城 …………………………………………………… 33

逆袭序曲 …………………………………………………… 34

惊天逆转 …………………………………………………… 35

第五章　隐忍权变 …………………………………………… 37

刘縯之殇 …………………………………………………… 37

丽华有光 …………………………………………………… 38

新朝崩塌 …………………………………………………… 39

巾车之恩 …………………………………………………… 40

洛邑潜龙 …………………………………………………… 41

第六章　镇慰河北 …………………………………………… 43

持节启镇 …………………………………………………… 43

邺城对 ……………………………………………………… 44

刺奸将军 …………………………………………………… 47

邯郸惊变 …………………………………………………… 48

北道主人 …………………………………………………… 50

第七章　南奔险途 …………………………………………… 52

王霸揶揄 …………………………………………………… 52

芜蒌粥恩 ……………………………………… 53

危途纯义 ……………………………………… 55

滹沱冰合 ……………………………………… 57

白衣老人 ……………………………………… 60

第八章　卷土重来 ………………………… 61

信都转折 ……………………………………… 61

绝地反击 ……………………………………… 63

联姻动局 ……………………………………… 65

突骑援至 ……………………………………… 67

围攻钜鹿 ……………………………………… 69

血战南欒 ……………………………………… 70

长安乱象 ……………………………………… 71

功封萧王 ……………………………………… 74

大树将军 ……………………………………… 75

第九章　崛起河北 ………………………… 76

邯郸定计 ……………………………………… 76

征调幽州突骑 ………………………………… 77

推心置腹 ……………………………………… 79

昨夜困乎 ……………………………………… 80

战将如是　何忧 ……………………………… 81

翦除谢躬 ……………………………………… 82

丛台撬心 ……………………………………… 84

指腹为婚 ……………………………………… 85

河内基石 ……………………………………… 87

王丰救主 ……………………………………… 88

借刀杀人 ……………………………………………………… 89

温县大捷 ……………………………………………………… 91

众劝登基 ……………………………………………………… 92

更始交煎 ……………………………………………………… 94

天命所归 ……………………………………………………… 95

第十章　统一天下 ………………………………………… 98

二十四岁的三公 …………………………………………… 98

更始下线 ……………………………………………………… 99

洛水之誓 …………………………………………………… 100

邓禹困斗　隗嚣入局 …………………………………… 102

计诛刘扬 …………………………………………………… 104

折棰笞之 …………………………………………………… 106

冯异征西 …………………………………………………… 108

彭宠反叛 …………………………………………………… 109

邓奉谋反 …………………………………………………… 111

"卧镇"弘农 ……………………………………………… 112

痛斩邓奉 …………………………………………………… 113

赤眉军落幕 ……………………………………………… 115

不义侯 ……………………………………………………… 117

定关中 ……………………………………………………… 119

皇权争宗　剿刘永 ……………………………………… 120

桃城捷　东向阔 ………………………………………… 122

联陇制蜀 …………………………………………………… 125

恢廓大度 …………………………………………………… 129

平定齐鲁 …………………………………………………… 132

隗嚣泥 ……………………………………………………… 133

真假"刘秀" ………………………………………… 135

窦融归汉 …………………………………………… 137

李宪"离线" ………………………………………… 139

置之度外 …………………………………………… 140

危在旦夕 …………………………………………… 141

厚意久不报 ………………………………………… 143

隗嚣叛盟 …………………………………………… 145

窦融维汉 …………………………………………… 146

轩轾不分 …………………………………………… 147

奇袭略阳 …………………………………………… 149

既平陇　复望蜀 …………………………………… 151

祭征虏独守冲难 …………………………………… 152

借寇恂 ……………………………………………… 154

汉代将相和 ………………………………………… 155

泣别祭征虏 ………………………………………… 156

收复陇右 …………………………………………… 158

亲临禭敛 …………………………………………… 159

靖陇伏羌 …………………………………………… 160

重来郭伋 …………………………………………… 162

谁是公孙皇帝 ……………………………………… 164

平蜀定一统 ………………………………………… 168

第十一章　柔治天下 ……………………………… 172

"折辕"太守 ………………………………………… 172

推崇气节 …………………………………………… 173

善事上官 …………………………………………… 174

解放奴婢 …………………………………………… 177

轻法恤刑 …………………………………………… 178

三十税一 …………………………………………… 179

崇学纳贤 …………………………………………… 180

兴建太学 …………………………………………… 181

大办教育 …………………………………………… 182

尊孔祭孔 …………………………………………… 183

三独恩威 …………………………………………… 184

省治肃吏 …………………………………………… 186

俭德昭朝 …………………………………………… 188

郅恽拒关 …………………………………………… 191

赳赳武夫 …………………………………………… 192

渔阳惠政 …………………………………………… 193

从奴仆到太守 ……………………………………… 195

糟糠之妻不下堂 …………………………………… 197

良臣隐贤 …………………………………………… 199

强项令 ……………………………………………… 201

水排　杜母　嫌官大 ……………………………… 204

韩歆"寒心" ………………………………………… 207

河南、南阳不可问 ………………………………… 210

度田风波 …………………………………………… 212

首惩三公 …………………………………………… 213

白马生谏 …………………………………………… 214

此乃长者之言也 …………………………………… 215

陛下太严了 ………………………………………… 217

谈经夺席 …………………………………………… 219

瘦羊博士 …………………………………………… 220

狂奴故态 …………………………………………… 221

人各有志 ………………………………………… 226

天下赖其便 ……………………………………… 227

四亲庙 …………………………………………… 228

马援铜柱　马留人 ……………………………… 230

马革裹尸 ………………………………………… 232

乐此不疲 ………………………………………… 233

南顿念民治 ……………………………………… 234

中东门君 ………………………………………… 235

慎无赦而已 ……………………………………… 236

矍铄哉是翁也 …………………………………… 237

薏苡明珠 ………………………………………… 238

恃恩失恩荣陨 …………………………………… 240

笭妇公 …………………………………………… 243

力不从心 ………………………………………… 245

远离兵事 ………………………………………… 247

日月所照　皆为臣妾 …………………………… 249

此真儒生也 ……………………………………… 250

千古失意人 ……………………………………… 251

善待功臣 ………………………………………… 253

吾谁欺　欺天乎 ………………………………… 255

图谶于天下 ……………………………………… 257

桓谭非谶 ………………………………………… 258

君无口　为汉辅 ………………………………… 260

第十二章　逸韵秀章 …………………………… 263

稽古致用 ………………………………………… 263

智语格言 ………………………………………… 265

珠玑成语 ·· 266

轶趣辑录 ·· 267

第十三章 爱之羁绊 ······································· 272

谦慎外戚樊家 ·· 272

叔侄情重逾常 ·· 275

爱满手足亲伦 ·· 276

政治婚姻亦有情 ··· 277

缱绻真爱如初 ·· 284

玉琢淬砺新苗 ·· 289

第十四章 桑梓故园 ······································· 293

春陵月最暖 ··· 293

同梦结襄缘 ··· 297

恩信重南都 ··· 298

第十五章 薄葬原陵 ······································· 302

倡导薄葬 ·· 302

务从约省 ·· 303

光武中兴 ·· 304

从"中国红"说起(后记) ···························· 307

跋 ·· 312

第一章　龙飞白水

赤光　一茎九穗

古人特别善于神话人生的两极，对生和死，常赋予特别的含义。皇帝的出生尤为神奇，总是会"天生异象"以昭示"受命于天"，不论是西汉的开国皇帝刘邦，还是刘秀的后辈帝王赵匡胤、朱元璋，概莫如此。作为东汉王朝的缔造者刘秀，他的出生自然也充满了神奇的色彩。

这是建平元年(公元前6年)腊月甲子(初六)子夜，大地银装素裹，到处一片洁白，济阳(今河南兰考)令刘钦却忘记了寒冷，在济阳宫外焦急地来回踱着步子。几个稳婆打着灯笼，慌慌张张、手忙脚乱地在后殿房间进进出出。随着一声婴儿的啼哭，打破了夜晚的宁静，济阳宫后殿一片通红，犹如初升的太阳笼罩在殿顶，红光四射。

济阳宫本是汉武帝的行宫。刘钦实在不忍心妻子樊娴都在这天寒地冻的日子里还要在潮湿阴冷的官舍分娩，这才想到济阳宫。济阳宫虽年代久远，至少不跑风漏雨，妻子也能舒适一点儿。于是，他派人清理了空置多年的济阳宫，让妻子住进后殿。

听到管家和稳婆告知天降异象，喜得贵子，刘钦又惊又喜。他大步走向后殿，看见妻子苍白的脸，赶紧命人端来热汤，安排夫人静养；急忙差功曹吏充兰、随从苏永去请卜者占卜吉凶。

这二人匆匆来到卜者王长孙的寓所，王长孙取出占卜用的龟骨、蓍草，净手后一边念着咒语，一边开始占卜。看到占卜结果，王长孙双眼放光，示意左右退下，然后满脸惊喜地说道：“此兆吉不可言！”

这天夜里，济阳城里的百姓听到悦耳动听的鸟鸣。待到天亮，大家看到了在天空欢快翻飞的凤凰，这才恍然大悟，原来昨日午夜天籁般的鸟鸣是凤凰的妙音。凤凰历来被视为吉祥的象征，“凤凰来集”自然是一种圣瑞，刘钦赶紧命画匠把凤凰画下来，记录在宫墙上。打那之后，当地旧宫殿多以凤凰作装饰图案。《太平御览》卷十五载：“**是岁，凤凰来集济阳，故宫皆画凤皇。圣瑞萌兆，始形于此。**”

刘秀（前5年1月15日—57年3月29日），字文叔，南阳郡蔡阳县（今湖北枣阳市）人。按辈分算，刘秀是汉高祖刘邦的九世孙。

“荣而实者为之秀”，“秀”的本意是指谷物抽穗扬花。当年济阳县的谷物果真“作秀”，出现了“**一茎九穗**”的祥瑞。眼见风调雨顺，五谷丰登，仓廪实，百姓安，刘钦县令心花怒放，于是给自己的第三子取名刘秀。

在特殊的历史节点来到这个世上，出生前后祥瑞不断，似乎预示着刘秀将同行宫的主人那样，为大汉建功立业。刘秀从出生的那一刻起，命运之神就赋予了他不一样的使命，必须备尝艰辛，历经磨难。

三十年之后，这个在“赤光”笼罩下出生的婴儿，开创了对后世影响深远的东汉，将“赤色”定为国色，也将“红”深植于中国人的血脉里。

（“中国红”成为中国文化体系中代表最吉祥、最喜庆的颜色，融入了中国人与生俱来的爱与审美，在世界文化中独具魅力。）

（因为刘秀的缘故，**“赤光”“九穗禾”“一禾九穗”“一茎九穗”**皆成典，后多用为“异人诞生，天降祥瑞”之意，或形容禾苗庄稼结实丰硕，稼禾丰收等。）

忽然而“发”

刘秀的天祖长沙王刘发是汉景帝的儿子。对汉景帝来说，刘发的到来有些“稀里糊涂”。那晚，醉酒后的景帝来到爱妃程姬的寝宫就寝，程姬刚巧来了月信，又不想失去宠幸，便将侍女唐儿梳妆打扮后假装是她，酩酊大醉的景帝并未发觉。一夜春风之后，唐儿有了身孕，后生下皇子，景帝为这个突然"发生"的儿子赐名"发"，封"长沙王"。

由于母亲出身低微，在"子凭母贵"的年代，刘发并不怎么得宠，封国又小又穷。然而，刘发并不在意，他豁达乐观，对母亲极为孝顺，每年都会将长沙国最优质的米送到京城供母亲享用，让母亲感受到他的至纯孝心。

刘发聪明睿智，凭借智慧，将他的长沙国辖域面积扩大好几倍。

景帝后二年(前142年)，景帝大寿，皇子们齐聚京城祝寿。寿宴上，刘发毛遂自荐为父皇献舞。只见刘发缩脖耸肩，袖仅半展，双手半藏袖中，踮脚轻点，舞姿怪诞，引得众兄弟哄笑。汉景帝也是忍俊不禁，问刘发："跳的是什么舞？如此奇怪。"

"回禀父皇，儿臣国土面积太小，不足回旋啊！"

汉景帝先是一愣，随即放声大笑，好一个"臣国小地狭，不足回旋"，当下便回过味来，原来老六"袖小举手"的怪样子竟是有意为之。他略一思忖，也觉着这些年亏待了这个儿子，封地小又偏僻贫穷，于是大手一挥，将武陵、零陵、桂阳三个郡赏赐给了刘发。

刘发一舞"开疆扩土"，将大汉二十分之一的土地加盖上了他的"长沙国"的大印。

他的聪慧机敏，于百年光阴潜传，为六世之孙刘秀承继，并发扬光大。

(刘发这一段以舞表意的轶事，也是成语**"不足回旋"**的源头。)

刘发薨逝，依据推恩令，长沙王的爵位由嫡长子刘庸继承，刘发的中子刘买以零陵郡泠道县春陵乡(今湖南省宁远县柏家坪镇)封春陵侯。

春陵森林茂密，气候潮湿，虽如此，刘买甚是喜欢。他的儿子二代春陵侯刘熊渠却不喜欢这个地方，不过虽心有不满，并无作为，只是在去九嶷山祭拜舜帝后写首《舜庙怀古》①，抒发身处僻远之地的愁郁。三

---

① 《舜庙怀古》："游湘有余怨，岂是圣人心。竹路猿啼古，祠宫蔓草深。素风传旧俗，异迹闭荒林。巡狩去不返，烟云怨至今。"

代春陵侯刘仁不愿学父亲"强忍","上书求减邑内徙","求封南阳蔡阳白水乡"。① 初元四年(前45年),获汉元帝批准,徙封至南阳郡蔡阳县白水乡(今湖北省枣阳吴店镇)。

刘仁与堂弟刘回(刘秀的爷爷),带领宗族北迁至白水乡,重建侯国。

"推恩令"政策下,王子封侯的后代们官职次第下降,刘秀的曾祖刘外还能做郁林太守,爷爷刘回职级降为钜鹿都尉,到父亲刘钦只能做县令,刘秀这一代,沦为布衣。家传的功名没了,家传的土地还在,刘秀还是"地主家的老儿子",县令的三公子,刘秀尚不至于没落到刘备那般卖草席糊口。

因为刘秀建立了东汉,后人戏谑一场醉酒,拯救了大汉王朝,大汉王朝由此延续了200年。

[由刘发而"发"了两个典故:**"程姬之疾"**(代指月事)、**"长沙舞"**(表示贫士作舞,自得其乐)]

失怙归春陵

小刘秀的出生祥瑞不仅"引"来凤凰,迎来稻谷的大丰收,还为父亲的仕途带来了好运。也正是这一年,刘钦从贫穷落后的济阳,调迁到相对富庶的南顿(今河南省项城)。

---

① 蔡阳县白水乡:《水经注》卷二十八:"沔水(古汉水)又东合洞口。水出安昌县故城东北大父山,西南流,谓之白水。又南径安昌故城东区屈径其县南,县,故蔡阳之白水乡也。汉元帝以长沙卑湿,分白水、上唐二乡为春陵县。光武即帝位,改为章陵县,置园庙焉。魏黄初二年(221年),更从今名,故义阳郡治也。白水又西南流,……水北有白水陂,其阳有汉光武故宅,基址存焉,所谓白水乡也。苏伯阿望气处也。光武之征秦丰,幸旧邑,置酒极懽。……按《郡国志》,是南阳之属县也。泚水又西径蔡阳县故城东,西南流注于白水,又西径其城南。"《清一统志·襄阳府一》:"大阜山'在枣阳县东六十里一名大父山。水经注白水出安昌县故城东北大父山。'"

元寿二年六月戊午(前1年8月15日),有"断袖之癖"的汉哀帝刘欣驾崩,同性恋又短命,自然没有儿子继承皇位。"大馅饼"落到了汉元帝九岁的孙子刘衎〔kùn〕(是为汉平帝)头上。当然,这个"馅饼"是权臣王莽给的。王莽挑选了刘欣的堂弟刘衎继承皇位,他的姑妈王政君就可以继续以皇太后的身份"垂帘听政"。王政君并没有什么政治头脑,执掌朝政的大权自然就落入了王莽的手中。

按辈分而言,刘衎若见到小他五岁的刘秀,理应称呼一声"叔"。

从景帝到平帝,汉王朝已走过了一百五六十年,刘秀这一脉与在位皇帝的血缘关系,已被稀释得所剩无几,亲缘关系也几乎是八竿子才打得着。

此时的王莽还是一个恭谦有礼,集各种优秀品质于一身的道德楷模,人称"在世周公"。这样的"大贤人",目光所及,还落不到刘氏散落在乡间的这些支脉微末小宗,小宗中的小宗更是其视野"盲区"。

刘秀的童年同多数士族大家的孩子一样,无忧无虑,有爱他的慈父,宠他的慈母,有护着他的哥哥姐姐,还有小跟班妹妹伯姬。一家人的日子,没有大富大贵,却也是温馨和美。然而,这样的幸福时光,在刘秀九岁那年戛然而止。

元始三年(3年),刘钦撒手人寰。作为亲弟弟的刘良,早早领着族人在家乡等着灵柩归来。幼小的刘秀,跟着母亲和哥哥妹妹回到春陵服丧。叔嫂、族人一起将刘钦安葬在刘秀爷爷的茔旁——枣阳城东二十七里的刘氏宗族墓地。①

母亲樊娴都与父亲感情笃深,过度伤心致一病不起。丧葬事毕,萧县令的叔叔刘良也要返程,怜惜嫂嫂卧病,侄儿孤苦,便将小刘秀带到了萧县。

---

① 《元和郡县图志》卷第二十一·山南道二:"枣阳县,上。……世祖父南顿君陵,县东二十七里。"

新莽代炎汉

此时的皇帝是 13 岁的平帝刘衎，掌控朝政的是"安汉公"王莽，虽然刘衎是王莽手中的提线木偶，不过明面上仍是汉家天下。只是，二百多岁的汉王朝已经千疮百孔，加之自然灾害不断，社会矛盾频发，再也不是一百多年前"文景之治"下朝气蓬勃的景象。

人们将希望寄托在"在世周公"身上，渴望王莽能够"妙手回春"，扭转颓势。然而，王莽没有"神医"的本事却有"庸医"的胆儿。他担心长大的平帝收回自己的权力，绞尽脑汁将女儿嫁给了 13 岁的刘衎，并立为皇后，自己成为国丈。元始四年，平帝加号王莽为"宰衡"，加九锡。又过了一年，王莽心里还是不落定，**"莽因腊日上椒酒，置毒酒中……丙午，帝崩于未央宫。"**①

平帝刚闭上眼睛，王莽就强迫姑母王政君同意他做"假皇帝（代理皇帝）"，自称"予"，将年号改为"居摄"，坐上臣民口中"摄皇帝"的宝座。而后，将汉宣帝两岁的玄孙刘婴立为皇太子。

王莽戴着"在世周公"的面具，抱着皇太子"外孙"孺子婴，发号施令，挟太子以令群臣。

王莽只手遮天，危及汉家王朝，刘家却无一人敢说不字，安众侯刘崇认为这是皇族之耻。居摄元年（6 年）四月，刘崇带着一百来人揭竿而起，本以为会一呼百应，海内宗室必和，没想到结局却是家破人亡，几近族灭。

刘崇也是长沙王刘发的后裔，受此牵连，春陵侯刘敞、萧县令刘良

① 刘衎死因史学界争议尚存。《汉书》载，翟义起兵宣言"莽毒杀平帝"，《资治通鉴》采用此说。椒酒是用椒浸制而成，古人用于祝寿、拜贺。民俗中，它和柏酒组成椒柏酒，元旦可祭祖或敬长辈，有祝福长寿和祛病强身之效。未成熟花椒（闭口花椒）有毒。

全都被罢官。在萧县生活了两年多的小刘秀，跟着叔父回到了家乡。

"挟"皇太子以令诸侯让王莽觉得太麻烦，索性"放下"皇太子，赤膊上阵，以符命接受刘婴的"禅让"，通过"和平演变"的方式接手了大汉王朝。

居摄三年(8年)十一月，王莽顶着凛冽的北风，去"假"成"真"，变"摄"为"攝"，改国号为"新"，年号"始建国"，历史上第一个三字年号出现。

只是寒冬时节，万物藏养，并不适合"张扬"。漫天纷飞的大雪笼罩着大地，呼啸的北风中夹杂着西汉宗室的怒吼，这一切预示了新朝的未来。

当然，江山易主，这不是以"汉家老寡妇"自居的王政君所希望的。老太太不遗余力扶持娘家人，除了不愿自己被边缘化，说好听点儿，也是为了"刘家天下"，是想要娘家侄子助汉，可不是要他代汉。王政君破口大骂前来长乐宫讨要"传国玉玺"①的王舜，怒斥侄子王莽、王舜猪狗不如。只是，耄耋之年的老人，无力回天，只能愤怒地将玉玺狠狠地摔在地上，传国玉玺摔坏了一角。

取得传国玉玺，王莽用黄金补好摔坏的一角。不再完整的传国玉玺，就像是王莽的新朝，建立在残破的大汉朝的基础上，先天残缺不足。

王莽以"符命"做"皇帝"，开历史之先河，王莽由此成为中国历史上以"符命"禅让皇帝第一人。

（**"王莽谦恭"**为典，用以指貌似谦恭却心怀奸诈的野心家。）

---

①　传国玉玺，又称"传国玺"，"方圆四寸，上纽交五龙"，正面刻有篆文"受命于天，既寿永昌"八篆字。相传是丞相李斯奉秦始皇之命，让匠人孙寿用和氏璧（一说蓝田玉）镌刻而成，作为"皇权神授，正统合法"的信物。后世豪杰皆以此玺为符应，若皇帝即位无此玺，被讥为"白版皇帝"。传国玉玺传了一千五百多年，元灭之后下落不明，朱元璋曾为没有传国玉玺而遗憾。

白水真人

登上大位的王莽，将长安改成了"常安"，可是他心里还是非常不安，总怕刘氏死灰复燃，恐惧得人都魔怔了。瞧见正月里人们身上挂着用于辟邪的"刚卯"佩饰和买东西的钱币，脑中浮想联翩戳中痛处。"卯金刀"组合起来就是"刘（劉）"字，于是，他下令正月不得佩戴"刚卯"，又废除错刀币、契刀币以及五铢钱，改铸小钱，重一铢，钱文"小泉直一"，与"居摄"年间发行的重十二铢、钱文"大泉五十"的钱币一并流通。

天凤元年（14年），王莽又将钱文改为"货泉"，这个名字令他满心欢喜，既巧妙除去了"金刀"部分"刘"，又借来泉的寓意，预示财富如潺潺流水，取之不尽，用之不竭。

汉字的博大精深，老祖宗的无穷智慧，为"货泉"赋予了别样深刻的内涵。有人将"货（貨）泉"拆成**"白水真人"**，刘秀称帝后，被解读为符应的谶语。

王莽本想给自己添一件锦装，却弄巧成拙，为刘秀做了嫁衣裳。

（**"白水真人""文叔"**成为刘秀的代称，借指帝王兴业之兆。）

（**"卯金""卯金刀"**成为典故，指刘氏，亦用为咏刘秀得天下。）

（**"金刀"**成为典故，以"金刀"指汉朝，亦泛指刘姓的人。）

郁郁葱葱然

为了安抚自己那颗恐惧的心，王莽将全国刘氏宗室三十二个诸侯王降为公，一百八十一个诸侯王之子封侯者降为子，**"食孤卿禄，后皆夺爵"**。这还不够，又派出望气者游走于刘氏宗室的封国，以发现"帝王之气"，他好防患于未然，斩草除根。

这天，望气者苏伯阿来到南阳蔡阳县，刚刚走进春陵侯国地界，远远望见春陵城郭，云蒸霞蔚，祥云朵朵，不由得惊叹："气佳哉！郁郁葱葱然。"

关于此典故，王充在《论衡·吉验篇》中的记叙比《后汉书》更详细，王充这样写道："王莽时，谒者苏伯阿能望气，使过春陵，城郭郁郁葱葱。及光武到河北，与伯阿见，问曰：'卿前过春陵，何用知其气佳也？'伯阿对曰：'见其郁郁葱葱耳。'"

王充的文字描绘了苏伯阿见到了刘秀的场景，聚珍本《东观汉记》的记录，则洋溢着喜气："在春陵时，望气者言春陵城中有喜气，曰：'美哉！王气郁郁葱葱。'"

（这个典故，生成了形容气象旺盛美好的成语"郁郁葱葱"。）

（"春陵王气""南阳佳气（南阳气）"为指中兴之象的典故，并以"王气"指象征帝王运数的祥瑞之气。）

（"白水兴汉光""龙飞白水""白水龙飞"等用为咏帝王兴国之典。）

第二章 安知非仆

求学 卖药 驴拉拉

刘秀在乡间摸爬滚打，渐渐长成为一个朴实敦厚、额头宽宽、鼻梁高挺、双目深邃、浓眉如画的美男子。《后汉书》记载，刘秀"七尺三寸，**美须眉，大口，隆准，日角**"。

别看他每天在田地里忙碌，两手老茧、两脚稀泥，眼神中却透着沉稳与坚毅，即便在五彩缤纷的田野，他也是一道独特的风景线。

一百多年的斗转星移，刘秀这类旁系小宗的旁系小宗，还够不上王莽"痛打落水狗"的资格。天凤(14—19年)年间，刘秀到太学读书，来到长安，师从中大夫庐江人许子威，研习《尚书》。

刘秀性格内敛而沉静，从小到大，最爱读书。到长安前，不知翻阅了多少长卷。因此，他学习起来并不太费劲。

刘秀书读得轻松，生活却过得很窘迫。刘秀的大哥刘縯(字伯升)心怀远大，愤恨王莽鸠占鹊巢，一心想要干掉这只"鸠"，他**"倾身破产，交结天下雄俊"**，刘家本不厚的家底，被大哥如此折腾，时常捉襟见肘。刘秀又不愿手心向上，向富豪姥爷伸手，就自力更生解决**"资用乏"**的难题。

提到"做生意"，刘秀想到小伙伴朱祐也在长安读书，打算喊他一起干。刘秀和朱祐的友谊，可追溯到穿开裆裤时代。

朱祐(字仲先)忠厚老实,他虽是宛县(今河南省南阳市宛城区)人,却是在复阳(今河南省桐柏县)姥姥家长大。父亲早逝,母亲带着小朱祐回到娘家。朱祐姥爷是刘氏宗亲,常带着他到春陵串门,同刘秀成了撒尿和泥的小伙伴儿。

朱祐住在另一个学舍,刘秀托人带话某天某时去找他。到了约定时间,刘秀有点事儿耽搁了会儿,朱祐没见人来,上课的时间到了,于是捧着经卷去了学堂,迟到的刘秀扑了空。

被"放鸽子",刘秀耿耿于怀,常拿这件事"数落"朱祐。多年后的一天,天子刘秀忙里偷闲去探望退休回家的儿时伙伴,老远就看见到朱祐在大门口恭候,故意旧事重提:"你该不会是又要丢下我,自己去学堂吧?"朱祐搓着手,嘿嘿笑着,连说"不敢不敢"。

刘秀、朱祐手上刚好有几个治疗头疼脑热的药方,于是,二人依方买回白蜜和主配药材,一阵忙碌,"刘朱牌"蜜丸大功告成。课余时间,两人走街串巷,叫卖"秘方"药丸。

多年后,君临天下的刘秀,有次同朱祐聊起往事,特赐白蜜一石,还不忘打趣:"有没有当年我俩在长安做药买的蜜好啊?"

仅仅靠卖药的收入远不能解决刘秀手头拮据的问题,刘秀又跟同学舍的韩子商量,两人合伙买了一头驴,刘秀又"开"上了"驴的"和"驴拉拉",拉着毛驴四面八方揽活儿。

受叔叔刘良的影响,刘秀对时事特别敏感,朝廷颁布的新政策,他都是很快了解。回到学舍,详细讲给大家,大家都喜欢这位乐意分享的俊朗少年。刘秀时常主动去尚冠里,为来京公干的家乡官员们跑跑腿,鞍前马后地服务,细心周到,每每聊上几句,都能说到点儿上,官员们对这个勤快有思想的帅小伙诸多赞赏,印象深刻。

别看刘秀外表温雅,内心却还住着一位大侠。他向往侠肝义胆的豪迈,有时候也会玩一把斗鸡走马,赌一赌运气。不经意间,江湖上的奸邪、社会上的丑恶、官场上的腐败和贪婪等,刘秀都能深入了解,达地知根。

刘秀"卖药""开驴的"兼"驴拉拉",与基层百姓的深入接触让他了解到什么样的政策得民心,什么样的政令不切实际,从中权衡利弊,深思有得,不知不觉积累了政策制定以及层层下达的管理经验,为他日后治理国家、制定符合民意的大政方针,打下了坚实基础。

细说起来,刘秀也算第一位做过"货拉拉"的帝王,"半工半读"的先行者,"共享驴"的实验员。

叹金吾　慕丽华

常来找刘秀的,还有稚气未脱的邓禹。

邓禹(字仲华)是大人们口中别人家的孩子,13岁就将《诗经》背得滚瓜烂熟。为求得更多的知识,舞勺之年的邓禹,背起书箧,从家乡新野(今河南省新野县)来到长安求学。

刘秀的姐夫邓晨、阴丽华的姐夫邓让都出自新野邓氏家族,邓禹在家乡听说过刘秀,只是还没有机会认识。熟悉的乡音,抹去了两人间的陌生。刘秀言谈林薮,举止大方,不拘形迹,见识不俗,虽年长邓禹七八岁,却无丁点儿以老大自居的傲慢,这让小小少年的邓禹钦佩不已,打心眼儿里喜欢刘秀,认定刘秀非池中之物。

邓禹人小心大,思维活跃,见解独到,刘秀对他也是刮目相看。不过,刘秀要读书,还要做"生意",还要去尚冠里"南阳驻京办"帮忙,每天忙得不亦乐乎,并没多少时间同邓禹交流。

这天,刘秀正吃喝得起劲,大街上的人突然纷纷往两边避让,原来是执金吾上街巡逻了。

执金吾身穿红色军装,胯下是高头大马,带领二百名红衣骑士,五百二十名执戟甲士,浩浩荡荡走过,前呼后拥的气势和阵仗,除了皇帝,文武百官谁都比不上。

街边的刘秀看得是眼热心跳,心潮澎湃,远在新野的阴丽华也浮上心头，情不自禁叹道："**仕宦当作执金吾，娶妻当得阴丽华。**"

新野阴氏，是春秋名相管仲后裔，阴丽华是十里八乡远近闻名的神仙姐姐，貌美如花，阴家车马成队，奴仆成群，田地有七万多亩(相当于64个故宫大小)，财富比肩诸侯王。

布衣少年刘秀，长安街头这一叹，成为千古名言，被称为"**丽华之叹**"，引发后世无数"乱世枭雄"的共鸣。

旱蝗饥　改制患

王莽仿照《周礼》推行一系列制度，美其名曰"托古改制"，心想这样既能让国家焕然一新，又能抹去汉朝印迹，一举两得。

王莽改土地、改钱币、改官名、改地名，官府越改越乱，官员越改越贪。地名一改再改，改得都忘记该叫什么，论事还得标注地区原名。

王莽将天下土地改为"王田"，将奴婢改名为"私属"，皆禁止买卖，试图通过国有制，实现人人有田，户户有土地，实行酒、盐、铁等国家专卖，将山川、河流、矿山等自然资源收归国有，通过国家购卖平抑物价，等等，从而建立一个"大公社会"，以解决严重的土地兼并问题，缓解尖锐的社会矛盾。

改制严重脱离实际变成制祸，新政超出社会承受能力沦为人祸，非但没给人民带来好的生活，反而将百姓推入更深的泥沼。

七年间，王莽进行了四次币改，每次币改，就是对百姓多盘剥一次。他造的钱币倒是非常精美，一般说来，灿烂的繁花可以掩盖衰败的不堪。如果风调雨顺，百姓能够吃饱穿暖，王莽的统治或许还能够苟延残喘。只是上天也"讨厌"这位异想天开的迂腐书生，"**莽末，天下连岁灾蝗，寇盗锋起**"，"**天下旱蝗，黄金一斤易粟一斛**"。

《汉书》将王莽归入"逆臣"，古代史学家认为王莽是篡位的"大盗"，近代史学家为其"平反"，认为王莽是"中国历史上第一位社会改革家"，只是生不逢时，错了时空。

（新朝没有"公费"接待，接待支出由接待方的公职人员"AA"。甘肃简牍博物馆收藏有一册完好无缺的简牍，记录了地皇三年朝廷劳边使者途经肩水金关时"公务接待"的花费，共计一千四百七十钱，由 27 名肩水金关官吏人均五十五平摊。）

刘秀当为天子

长居深宫的王莽，被王业的虚假信息以及阿谀谄媚之人包围，沉浸在自己的乌托邦世界里，根本不知道民间已是哀鸿遍野，生灵涂炭。

苦难一旦充斥社会，传言就会满天乱飞，预言也会粉墨登场，方术大师们以图谶指点未来。所谓预言多暗藏玄机，多是对统治者的不满和抗议，应验的被后人推崇传颂，未应验的要么被遗忘，要么归为谣言。

任由王莽折腾，大家都得命"亡"，百姓无不怀念曾经安定的日子，盼望好日子的归来，**"刘氏复兴"**的谶语在坊间悄然传开。

以研究符图谶见长的穰(今河南邓州)人蔡少公来到宛城，不少人慕名前去拜访，邓晨(字伟卿)、刘家兄弟郎舅三人也去凑热闹。席间气氛热烈，大家聊着时事，侃侃而谈，蔡大师神秘兮兮却又语气笃定："上天诏示了，'刘秀当为天子'。"

在座吃瓜群众，七嘴八舌，有人突然问道："**是国师公刘秀①乎?**"

众人纷纷点头，国师刘秀是刘邦之弟楚元王刘交的五世孙，如今是呼风唤雨的大人物，又是王莽的心腹，离皇帝宝座最近，最有可能符应。

---

① 国师刘秀，原名刘歆。经学家。刘向之子。王莽篡汉的吹鼓手。后因谋杀王莽事败自杀。刘歆为《山海经》作注，曾向汉哀帝刘欣上书自称臣"秀"。刘歆是汉代经学家、校雠〔jiào chóu〕学家、目录学家。他所编纂的《七略》是中国第一部官修目录和第一部目录学著作。著有《三统历谱》，其中《审度·嘉量·衡权》篇为中国最早的度量衡专著。刘歆是世界上第一个发明并确定圆周率的人，3.15471，世称"刘歆率"，比祖冲之略微差 0.01312，比祖冲之早五百年。

刘秀闪动着深邃的大眼睛，嘿嘿一笑，大声说道："**何用知非仆耶？**"

话音未落，哄堂大笑。

怎会是他？他叫刘秀不假，不过是皇族小宗中的布衣，也就血统比在座的尊贵，怕是皇族数人头，也难得数到他，离皇帝宝座的距离与在座的一样，同样是十万八千里。

大家哈哈笑过，也没谁在意，只有邓晨心中暗喜：好一个怎知不是我，这小子敢这样想，有种！

邓家是官宦世家，祖上世代任二千石高官，邓晨的父亲做过豫章都尉，跟着见过不少大世面的邓晨，将小内弟的话记在了心里。

未来会怎样，谁知道呢？

建武三年，房子侯邓晨应召回京，刘秀宴请姐夫，邓晨说起这件往事，感慨道："没想到，你竟然做到了。"刘秀爽朗大笑。

生性内敛的刘秀，当年放出如此"大话"，显然有玩笑的成分，但也并非想入非非，他虽不像兄长刘縯那样以复兴祖宗基业为己任，却也不是不关心江山社稷，他胸藏万壑，只是不说罢了。

说来也神奇，刘秀在南阳鄂山游玩时，竟捡到一把剑，剑身刻着**"秀霸"**二字小篆。游玩的几人对刘秀好一通调侃打趣。多年后，刘秀想起当年捡到的那把剑，也觉得不可思议。

（成语**"安知非仆"**由刘秀而来，刘秀捡到的佩剑，似乎也昭示了刘秀的未来就是"安知非仆"，不可限量。）

［陶弘景在他的《古今刀剑录》中说："（更始）自造一剑，铭曰'更国'，小篆书；（光武）未贵时，在南阳鄂山，得一剑，文曰'秀霸'，小篆书，帝常服之。"倘若此传说果有依凭，那二人佩剑之名，幽隐昭示了二人未来命运的趋向。］

绿林军　赤眉军

上梁不正下梁歪，上层官员卖官鬻爵，基层官员也趁机浑水摸鱼，大肆鱼肉百姓。

琅琊郡海曲县(今山东省日照市)人吕育，是县里的游徼①，自小与母亲相依为命，操持着父亲留下的家业。西汉末年，由于土地兼并严重，导致人地矛盾加剧，王莽篡汉后的"托古改制"不仅未能解决问题，反而加重了剥削，进一步激化了社会矛盾。天凤元年(公元14年)，县宰要求吕育惩罚未能按时交纳赋税的百姓，但吕育心存恻隐之心，没有按照县宰的吩咐去做，吕育被县宰定罪处死。

女子本弱，为母则刚。得知儿子被杀的消息，吕母强忍泪水，散尽百万家财，经过数年努力，拉起一支队伍。吕母自称"将军"，率众攻入海曲城，活捉并杀了县宰，为儿子报了仇，后为躲避围剿，带领队伍入海"为寇"。

吕母由此成为历史上首位领导农民起义的女领袖。②

"莽末，天下连岁灾蝗，寇盗蜂起"，贪官污吏更加肆无忌惮，百姓处于水深火热之中。

天凤五年(18年)，走投无路的琅邪人樊崇，以吕母为榜样，在莒聚集了一百多人，自号"三老"，在泰山一带劫掠。

青州徐州是蝗虫重灾区，饿殍遍野，人们为了活命开始抢劫，纷纷拜樊崇做大哥，队伍**"一岁间至万余人"**。樊崇不识字，约定**"杀人者死，伤人者偿创"**，为了与官兵区别，他们将眉毛涂成红色，人称"赤眉军"。吕母病逝后，其麾下大部分人加入赤眉军，赤眉军队伍激增至数万人。

王莽派更始将军廉丹率十万大军，前去山东围剿赤眉军。当时，赤眉军军纪严明，而太师王匡、更始将军廉丹的官军却四处掳掠百姓，关东地区民众都心向赤眉军，**"宁逢赤眉，不逢太师！太师尚可，更始杀**

---

① 游徼：乡官。有秩禄官吏末级。掌巡察缉捕事。秦汉置，魏晋南北朝多沿用，后废。

② 今山东省日照市奎山徐家村村西有吕母崮遗址，1979年被日照县列为县级文物保护单位。今江苏省连云港市吕母岛，相传为吕母入海据守之地。

我!"的歌谣到处传唱。

相对富裕的南方遭遇罕见大旱，多地颗粒无收，米价暴涨。洛阳以东，米价从 100 钱一石跳涨到 2000 钱一石，**"黄金一斤易粟一斛"**，寇盗蜂起，无数人饿死。

饥饿难耐的人们，啃光了草根树皮，只能到山野草泽地里挖野荸荠充饥，人多野荸荠少，饥民争抢打架。新市(今湖北省京山三阳镇)人王匡、王凤主动出面调解，二人处事公平，众人便认他们做**"渠帅"**，饥民越来越多，拜王匡、王凤为大哥的人也越聚越多。王匡、王凤带领众饥民来到云杜县(今湖北省京山市)境内的绿林山，以此为据点，下山抢劫，这支队伍被称为**"绿林军"**，绿林军中人被称为**"绿林好汉"**。

(古代豪侠的代名词**"绿林好汉"**由此而来。)

荆州境内除了绿林军，还有南郡的秦丰在黎丘(今湖北省宜城市西北)聚集的万人；青州境内除了赤眉军，还有平原女子迟昭平在河阻中聚集的数千人。

王莽手忙脚乱，抓沙堵水，担心绿林军成为第二个赤眉军。地皇二年(21 年)，下令荆州官府剿灭绿林军，命令纳言大将军严尤、秩宗大将军陈茂率兵前往荆州。两万精兵杀向云杜县，被绿林军打败(史称"云杜之战")。绿林军名声大噪，队伍暴涨至五万人，**"州郡不能制"**，官府无可奈何。

地皇三年(22 年)夏，蝗虫横扫东部之后，乌泱泱飞到长安，在未央宫里乱蹦乱飞。蝗虫漫天蔽野，王莽无计可施，只能**"设购赏捕击"**。

全国发生大面积饥馑，数十万饥民衣衫褴褛地涌入关内，白面书生王莽哪里见过这样的情形，顿时慌了手脚，匆忙遣三公、将军开东方诸仓救济灾民。奈何粮少人多，又听信荒诞的建议，派出大夫、谒者教灾民们熬制"木酪"，木头、树皮再怎么煮还是木头，变不成美食，如何果腹？灾民们苦不堪言。

"木酪"不管用，王莽从东方运粮到关内赈灾，临时设置养赡官员管理发放粮食。然而，养赡官员监守自盗，本就不多的救命粮，还被他们克扣，**"民饿死者十七八，人民相食。"**

人吃人的消息传进皇宫，王莽召负责采购粮食的中黄门王业询问。狡黠的王业差人将集市上售卖的粱饭肉羹弄了两份带着进了皇宫。

"回禀陛下，涌到城里的都是流民。城里的居民吃的都是这样的。"王业信口雌黄，呈上他带来的粱饭肉羹。

王莽信以为真。

蒙骗过了王莽，王业更加肆无忌惮。在王莽的眼皮底下，欺行霸市，贱买贵卖，大发横财，百姓怒气冲天。王莽却认为王业为朝廷省下大笔银钱，大肆褒奖，又是升官又是进爵。

王莽活成了"何不食肉糜"的"天真弟"，百姓的日子比黄连还苦。

地皇三年冬，赤眉军的两道"红眉毛"，将前来围剿他们的廉丹"烧死"在无盐(今山东东平)，赤眉军膨胀至数十万人。

山东(古时指崤山以东地区)开始地动山摇。

勤于稼穑

赤眉军、绿林军掀起的大浪，让一心想要复兴祖宗基业的刘縯看到了希望。

刘縯比刘秀年长十一岁，别看他俩是一母同胞的亲兄弟，性格却大相径庭。刘縯豪放不羁，个性刚毅，自比刘邦。虽是春陵一介农夫，却**"怀复社稷之虑"**，他不治产业，广结天下俊杰，时刻准备着将"天"再翻回来。弟弟刘秀却志在稼穑，只知道埋头种田，像极了高祖的二哥刘喜。

刘喜是种田能手，刘老太公总是教训当时还叫刘季的刘邦，要他学学二哥。刘邦称帝后，封二哥为代王。代国与匈奴接界，匈奴入侵，代王刘喜竟弃国逃回洛阳，刘邦气盛怒之下，将怯懦无为的哥哥降为侯。

刘縯或许是想以刘喜激将弟弟，肩负起复兴祖宗基业的使命，不要囿于尺寸田地。刘秀自知不是贪生怕死的胆小鬼，更不是鼠目寸光的怯懦人。大哥慷慨有大节，喜结交豪杰，**"不事家人居业"**。于是，他主动扛起养家的责任，保家人衣食无忧，让病榻上的母亲安心养病，哥哥讥笑几句又何妨，再说了，梦想也不能建在虚浮之上，吃饱穿暖了才有力气干大事！

这几年，年景糟糕，天灾连连，刘秀比以往更勤劳，每天天不亮就下地，丢了锄头摸镢头，放下镢头担水桶，有时忙得饭都顾不上吃，没日没夜地劳作，大旱的年景下，他家的收成也还可以。

老话说"青黄不接春三月"，何况还是天灾不断的荒年。

"地皇三年，南阳荒饥"。刘家有粮食，任侠的刘縯便收留了不少门客。门客多了，难免鱼龙混杂，刘家除了土地上的收入，并没有其他进项，又养了这么多门客，日子可想而知的紧巴，怎么办？赚"快钱"可解燃眉之急，门客中小偷小摸之士便派上了用场。门客偷东西，被人举报，官府来抓人，刘秀担心连坐被抓，连夜跑去新野，躲进二姐刘元家。

刘秀曾被抓过一回，关押在新野南鸣市狱，幸亏市吏樊晔(字仲华)，偷偷塞给他一小竹筒干粮，刘秀在狱中才不至于挨饿。刘秀可不想再吃二茬苦，受二茬罪。

刘秀不忘"干粮之恩"，登基后，多次请樊晔吃饭，拜为都尉，赐以车马衣物，谐谑道："一筒干粮，换个都尉，怎么样啊？"

当然，刘秀的任命并非因为那筒干粮，刘秀透过当年赠与看到了樊晔的品质。樊晔官至天水太守，为官清廉，颇有政绩。明帝评价他治理天水的政能，**"后人莫之能及"**，樊晔去世，明帝赐钱百万。

(刘秀与樊晔的故事，形成了表示早遇而居官有善政的典故**"仲华遇主"**。)

第三章　春陵起兵

刘氏复起

看着来家"避难"的小内弟，邓晨想起蔡大师所说**"刘秀当为天子"**的谶语。而今海水群飞，百姓们恨透了王莽，莫非蔡大师说的那事儿，真要在内弟身上应验？

《礼记·月令》曰："**凡举大事，毋逆大数，必顺其时，慎因其类**"。

《左传》有说"**古之治民者，劝赏而畏刑，恤民不倦。赏以春夏，刑以秋冬**"，董仲舒也提出"**庆为春，赏为夏，罚为秋，刑为冬**"。因此，长久以来，秋冬刑杀，春夏大赦。王莽却打破规则，蔑视天时，犯罪辄斩，名曰"不顺时令"。

"王莽昏庸残暴，盛夏斩人，此天亡之时也。往时会宛，独当应邪？"

邓晨说着，若有所思地看着内弟。

刘秀没回答姐夫的疑问，只是微微一笑。

刘秀曾与姐夫邓晨一同外出，遇上了使者，两人没有下车行礼，使者感到受到冒犯，怒火中烧。刘秀自称是江夏吏，邓晨报假名说是侯爷的家臣，使者知二人撒谎，将他们抓起来要治罪，新野宰出面从中斡旋，好说歹说，才将他俩解救出来。

吃一堑长一智，刘秀自此不敢随意外出溜达，躲在家里教三个可爱的小外甥女读书写字。过了几天，风声过去，刘秀去宛城（今河南省南阳市)卖谷。

宛城富家公子李通(字次元)，听人说刘秀到了宛城，忙派堂弟李轶怀谒持刺求见，邀刘秀到府上一叙。

李通从父亲李守那儿听说了**"刘氏复起，李氏为辅"**的谶语，坚信不疑。俗话说"家有千金，行止由心"，李家世代经商，李通最不差的就是钱，当差本就不是为挣那仨瓜俩枣，如今出人头地的机会来了，万不可错过。李通麻溜辞了巫县丞，回到家乡南阳，集中精力寻找辅佐的刘氏，以待宿命的降临。听说春陵的刘秀兄弟胸怀宽广，亲近仁人志士，认定他们就是他要找的刘氏。

刘秀躲他还躲不及呢，哪里敢去！

原来，李通有个同母哥哥叫公孙臣，医术精湛。刘縯想他请来给母亲诊治，请了多次被拒，一怒之下，杀了**"请呼难"**的公孙医生。

为了自身安全起见，刘秀一直避而不见。李轶连跑空腿，终于"堵住"刘秀。李轶拍着胸脯保证刘秀的安全，表明堂哥邀约一见，确有要事相商，绝无他意。刘秀见李轶信誓旦旦不像说谎，思虑过后，心想李通如此执着，可能是李通士君子①对他的倾慕，答应一见。为防万一，上街买了把菜刀，揣进怀里。

"上乃见之，怀刀自备，入见。"(《太平御览》卷十五)

李通正卧病在床，听到通报，一个鲤鱼打挺从床上跃起，病也除了一大半。他快步来到中堂，一把握住刘秀的手，猛然看到刘秀怀里揣着的刀愣了下，脱口道："为何拿家伙？准备打架？"

刘秀也干脆，说："乱世防身，以备不虞。"

李通也是个明白人，刘秀搪塞，他也不再多说。过去的事情已经过去，他也没打算追究，空口白说不如不说，谈正事要紧。

---

①　士君子古代有多样含义，通常指有学识、品德高尚的人。"士"最初指未婚成年男子，后指阶层，先秦属贵族末级，习六艺(礼乐射御书数)。"君子"初指贵族男子，与地位低下者"小人"相对，后侧重德高之人，具仁义礼智信品格。士君子二者兼具。

李通叹息时局混乱，饥民遍野，绿林军正朝南阳来，南阳的豪门大族，个个惶恐不安。官府保护不了百姓，要这样的官府有何用？李通说起"刘氏复起，李氏为辅"这句谶语，直言"复起者"就是刘秀兄弟，"辅佐者"是他李通的李氏。

刘秀深感意外，原来李通非要见他，竟是同他商讨翻天大事。生性谨慎的刘秀连说不敢当此重任。复兴祖宗基业，正是他和哥哥的心愿，多一份力量自然好，可他们与李通素无交道，又有宿怨，如若李通是想"钓鱼"报仇呢？可是，他要是真心想干大事呢？一会儿的工夫，刘秀的脑袋转了几个弯。

刘秀沉默不语，李通直接来了个竹筒倒豆，他打算在"材官都试骑士日"，劫持前队大夫甄阜、属正梁丘赐，号令大众，宣布举事。

"都试课殿最①"兵役考试制度本是秦时的兵役制度，西汉时期、王莽时代均保留。制度规定：年满二十三岁的男子，必须在郡中服兵役一年，充当材官、骑士，接受射御、骑驰、战阵等军事作战方面的训练。训练结束后，在立秋日，进行军事考核，接受郡最高长官的检阅。郡都尉及各属县的令、长、丞、尉等大小官员，也会悉数到场观摩，正是一网打尽的绝佳时机。

李通赤诚以待，刘秀甚是感动。可是他生性谨慎，还是有点儿不放心，又试探地问道："你父亲还在长安做官，怎么办呢？"

"这个你放心，我已经做了安排，让我堂侄李季去长安通知家父，要他老人家早点儿回来。"

刘秀与李通越谈越投机，**"共语移日，握手极欢"**，两人一直聊到日落西山，仍意犹未尽。

虽然刘秀同李通聊了很多，可是他心里还是疑窦重重。李父在京城做官，向来痛恨李家子弟不守法令。李家是南阳豪富，**"居家富逸，为闾里雄"**，平日里几乎横着走，因为一句谶语，就去干这刀头舐血、掉

---

① 殿最：古代考核政绩或军功，下等称为"殿"，上等称为"最"。

脑袋的事？

不管刘秀态度明确与否，李通继续谋划他的大事，说动了南阳府掾史张顺做内应。

刘秀见李通是真心举事，又见天下确已大乱，推翻王莽的时机已到，于是与李通**"遂相约结，定谋议"**。时间虽然过了立秋日，十月也不晚。

（刘秀与李通定下的谋略是春陵起兵的第一步，也是迈向东汉王朝的第一步。两人商议起兵的这段历史，是成语**"握手极欢"**的由来，也是刘秀与李通亲密关系的起点。刘秀开国后，感赞李通是**"破家为国。忘身奉主，有扶危存亡之义。功德最高，海内所闻"**。刘秀表扬李通，为后世贡献了一个成语**"破家为国"**。）

（**"事欲善其终，必先固其始"**，刘秀建武二年大封功臣时，封李通为"固始侯"。由此历史上有了固始县，县名沿袭至今。）

（刘秀完成东方统一后，取消了"都试"，有着二百多年历史的"都试"制度，从此不复存在，**"中兴建武六年，……无都试之役"**。这一重大变革下，地方仅留存维持治安等小规模军事力量，"都试"所代表的大规模、自主性强的军事组织与演练形式宣告终结，地方军事权力被大幅削弱，重塑了军事权力架构，国家军事体系正式迈向中央高度集权的新格局。）

绛衣大冠

与李通商定好起兵事宜，刘秀带上李轶回春陵，向兄长刘縯报告他和李通商量好的起兵事宜。刘縯听完弟弟的计划，认为春陵、宛城两地势力不够强大，还要说服姐夫邓晨加入。不动则已动辄如雷，春陵、新野、宛城三地齐鸣，必将天捅一个大窟窿。

刘秀回到宛城，开始悄悄购买兵器、红军装、红头巾。

时间紧迫，刘縯火速遣散门客(所养食客)，让他们为举事四处联络，又马上召集众宗亲开会，动员大家趁风起云涌之际，举起手中的剑，复兴祖宗基业。刘縯和盘端出起兵计划，宗亲们吓得寒毛卓竖，有人吓得当场大叫**"伯升杀我"**，拔腿就跑，不少宗亲躲起来不见刘縯。

叔叔刘良气得恨不能给侄儿几耳光，打醒了他。前队大夫甄阜几天前才给他写了封措辞严厉的信："你是老年人，若不制止宗族子弟胡作非为，恐怕就只能孤人骑牛，边哭边走了，看你活着还有什么意思！"

这些年，王莽打压刘氏宗室，褫夺爵位，剥夺封地，他们的生存空间着实被挤压得越来越小，日子越来越难过，可至少还活着，"造反"那是要掉脑袋的。十七年前安众侯一族血淋淋的一幕，他说什么也忘不了。

那时的王莽刚居摄当上"假皇帝"，想收买人心，安抚刘氏宗室，没有株连，他们才得以侥幸活命。而今王莽皇帝都做了十多年了，再反他，不是自寻死路吗？

自己带大的刘秀向来老成持重，与"惹祸精"的大侄子刘縯不同，怎么也要以身犯险呢？太不知天高地厚了！刘良气得胡子乱颤，拍着手大吵大闹，扬言要去报告严尤将军，将刘縯他们全都抓起来。

刘良吵闹了一通，气哼哼走了。刘秀派两个人跟着，过了会儿，跟着人回来报告，老叔回家弄了块肉脯啃上了。原来刘良吵饿了，吧唧完肉脯，补充了力气，又扯开嗓子叫骂。刘秀不躲叔叔了，吓唬叔叔，本是偷偷准备，私下做的事情，被你老人家这么嚷嚷，满世界都知道了，脑袋还真就保不住了。

刘秀连哄带唬，让叔叔消停下来。第二天蒙蒙亮，他要去准备起兵事宜，放心不下，问："您老打算什么时候去严将军那里啊？"

"我那是骗你们的，何苦真那样做呢？你哥要招灭族大祸，你跟你哥志向操守都不同，应该拦着，怎么还跟他一起胡闹呢？这是要杀头的啊！"

春陵宗族们大都同刘良一样，害怕招致杀身之祸，响应刘縯号召的不多。

刘秀穿上深红色军服，戴上大帽子，出现在众宗亲面前，**"及见光武绛衣大冠，皆惊曰'谨厚者亦复为之'，乃稍自安。"**

众宗亲见刘秀一副汉将军的打扮，心里宽慰了许多，一向睿智聪明小心谨慎的实诚人也要举事，举事应该靠谱，心里也就不再那么害怕。

刘秀分析了局势，并对未来给出了研判，宗亲们心中燃起希望之火，连极力反对的叔叔刘良也举家加入到举事队伍。就这样，刘縯召集到七八千人，组成"春陵子弟兵"。

（刘秀的"**绛衣大冠**"成典，为指古代将军服装之典。）

地皇三年（22年）十月，二十八岁的刘秀与李通、李轶率先于宛城起兵。

或许先前大量购买兵器已经引起官府鹰爪的注意，刘秀和李通还没来得及让举义的大旗高高飘扬，就被官府迅速察觉并强力打压。南阳官府捕杀李通门宗 64 口，在宛城街市中心焚尸示众，李通在常安做宗卿师的父亲李守也未能幸免。

李通宗族惨遭屠戮，给刘縯敲响了警钟，与其坐以待毙不如拼死一搏，拼死一搏或可绝处逢生。十一月，刘縯率春陵八千子弟迎着寒风，踩着咯吱咯吱的薄冰从春陵起兵，刘縯豪情万丈，自称"柱天都部"，意喻自身为撑起汉室天空的擎天之柱。邓晨也带领自己的宾客，迅速前往与刘縯、刘秀汇合，众人齐心协力，共举义旗。刘秀手上资金有限，购买了起兵所需武器装备，再无余钱为自己买战马，便将平日耕地的老黄牛当作坐骑，老黄牛似是知晓小主人的壮志雄心，奔跑起来特别卖力。

合军绿林军

八千子弟兵，听起来人不少，真正能打仗的却不多。队伍中多是老弱妇孺，根本没有战斗力，刘縯愁肠满腹，恰在这时，绿林军来到南阳。

听到这个消息，刘縯喜出望外。

原来，绿林山中暴发瘟疫，绿林军分兵出山寻找出路，新市兵北上南阳，途中与陈牧率领的平林兵合军而进。

刘縯派族弟刘嘉前去游说。刘嘉在绿林军中看到了族兄刘玄。

刘玄(字圣公)，本在舂陵务农，如果不是宾客惹事，他定是八千子弟兵中的一员。

刘玄的父亲刘子张，被醉酒亭长辱骂，盛怒之下，一剑刺死了亭长。十余年后，亭长的儿子为父报仇，杀了刘玄的弟弟刘骞。弟弟无辜丧命，刘玄心如刀割，可是他生性温和腼腆，不敢手刃仇人。于是他结交豪侠，意图雪恨，谁知弟仇未报，宾客先惹了祸，官府把责任算到刘玄头上，刘玄不得已避逃他乡。官府没抓住刘玄，便抓了刘玄的父亲刘子张抵罪。为救父亲，藏匿平林(今湖北随州东北)山中的刘玄**"诈死"**，派人将棺材送回舂陵。罪人死了，官府也就释放了刘子张。"死"了的刘玄再也回不去了。平林人陈牧、廖湛拉杆子起事，东躲西藏的刘玄索性加入其中，因为识文断字，成了陈牧的安集掾(官名，掌安集军众)。

绿林军中有自己人，事情就好办多了。刘嘉马到成功，绿林军与舂陵子弟兵组成联军，杀向宛城。

[关于舂陵起兵与绿林军合军，版本也有所不同。《东观汉记》载："**皆合会，共劳飨新市、平林兵王凤、王匡等，因率舂陵子弟随之，兵合七八千人**"；"**圣公入平林中与伯升会，遂共围宛。圣公号更始将军。**"(《太平御览》卷十五)"**伯升自发舂陵子弟，合七八千人，部署宾客，自称柱天都部。使宗室刘嘉往诱新市、平林兵王匡、陈牧等，合军而进。**"从《东观汉记》的文字可以看出，舂陵子弟兵与绿林军合军，安集掾刘玄起到了一定的作用，进围宛城，是刘玄与刘縯见面后达成的共识，这从一个侧面说明刘玄在平林兵中有一定的地位。]

兵败小长安

联军一举攻取长聚，士气高涨，来到了唐子乡①(今湖北枣阳太平唐

①《水经注》卷二十九："唐子陂在唐子山西南，有唐子亭。汉光武自新野屠唐子乡，杀湖阳尉于是地。陂水清深，光武后以为神渊。"《大清一统志·襄阳府一》：唐子山(今唐梓山)"在枣阳县北五十里，接河南南阳府唐县界。"

梓山一带）。此地有新朝的"物资仓库"，由湖阳尉率兵把守。刘縯心生一计，智取唐子乡为联军补充军需。刘秀的族兄刘终摇身一变成了"江夏吏"，大摇大摆走进了军营，骗出湖阳尉，刘縯、刘秀等一拥而上杀了湖阳尉，守军不战而溃（建武十年，淄川王刘终，因父亲泗水王刘歙去世，伤心过度，在父亲去世二十多天后离世）。

无论是计谋还是行动，均是春陵子弟完成的，因此大部分战利品归了宗室。绿林好汉们却觉得自己"吃了亏"，恶向胆边生，**"众恚恨，欲反攻诸刘"**，一时间剑拔弩张。刘秀赶紧出面调停，说服了自家人拿出全部物资，悉数交给绿林军。绿林好汉们喜笑颜开，联军继续前进。不经意间，刘秀的领导才能和协调能力，尖尖角初露。

联军进入棘阳，邓晨也赶到棘阳，众人合力顺利拿下棘阳县城（故城遗址位于河南新野县前高庙乡），雄心勃勃，擂鼓前进，朝宛城进军。

别人是金戈铁马，刘秀是金戈老牛。一场大战下来，老牛累得气喘吁吁，或许上天见自己的"天选之子"骑笨牛，就将新野尉"送"到刘秀面前，刘秀**"杀新野尉乃得马"**，坐骑"鸟枪换炮"，**"进屠唐子乡，又杀湖阳尉"**，幸亏换上快马，要不然，在随后的小长安，他和妹妹刘伯姬的命运就很难说了。

南阳闹出如此大动静，王莽将在荆州围剿绿林军不利的严尤、陈茂调去南阳**"讨前队（南阳）丑虏"**，前队大夫甄阜、属正梁丘率十万郡兵截杀汉军。

一夜之间，大地笼罩上了一重浓稠的白色雾帐，联军在迷雾中跌跌撞撞走到了距离宛城只有二三十里地的小长安（今河南南阳瓦店镇），遭遇南阳官兵，联军哪里是官兵的对手？

混战中刘秀单骑逃走，看到妹妹伯姬拉上了马背，没跑多远，又看到二姐刘元和三个小外甥女，刘秀伸出手急呼要姐姐抓住他，他想将姐姐娘儿四人全都拉上马背，一起逃出来。

刘元知道，一匹马根本承载不了这么多人，挥手呵斥弟弟："你救不了我们，赶紧走，不然我们都得死。"刘元一掌狠狠地拍在马屁股上，马惊，仰蹄飞奔。世间姐弟真情，莫过如此！

刘縯带着残兵败将，退回到棘阳。宗室十多人遇难。刘元和三个女儿也惨死在了官兵的乱剑之下。

缠绵病榻多年的樊娴都病情急剧恶化，不幸离世，特殊时期，樊氏宗人樊巨公冒险收殓。刘秀登基后，拜樊巨公为太中大夫，以报殓母之恩。

蓝乡告捷

官兵首战告捷，大夫甄阜、属正梁丘赐顿生骄态，将全部辎重留在蓝乡(今河南新野东)，轻装南渡黄淳水(今河南新野县东北白河支流堵水段)，毁掉桥梁，在泌水(泌阳河)之畔安营扎寨，企图一举全歼汉军。

官兵的强大阵势，吓坏了平林兵和新市兵，他们又要与刘縯的队伍分道扬镳。得知情况，刘縯忧心如焚。

常言说："**天助自助之人。人自助，天恒助之；人必自助，而后人助之。**"

绿林军分兵出山时，五千下江兵去了南郡蓝口聚(今湖北省钟祥市西北)，被纳言将军严尤、秩宗将军陈茂阻击，下江兵无法按计划行事，只得掉头北上，一路跑一路抢，在上唐乡大败正欲北归的荆州牧，辗转来到了宜秋聚(今河南唐河县东南)。

刘縯立即带上刘秀、李通赶去了宜秋聚。

军中颇具威信的王常接待了刘秀一行，王常认真听刘縯说完天下大势，恍然大悟："王莽篡位，残虐无道，百姓思汉，刘氏兄弟欲救万民于倒悬，即为真主"当即表示愿辅助，效命刘氏真主，"**辅成大功**"，复兴汉家天下。

王常(字颜卿)，颍川郡舞阳县(今河南省舞阳县西北)人，本是安分守己的一介草民，为弟报仇犯禁而避居江夏郡，后加入绿林军，是王凤、王匡的得力干将，成为下江兵的一员。

王常晓之以理，说服下江兵首领成丹、张印与汉兵合作，推翻王莽，成就大业。

下江兵的加入，让刘縯、刘秀有了底气。他们快马回到棘阳，将城中的好酒好菜全部搬出，让所有人敞开肚皮大吃大喝三天，再美美睡上三天。刘縯用这三天时间，重新调整了作战计划，将部队分为六部，与众将士对天盟誓，杀强敌，建功业。

第三天的夜半，刘縯悄悄集结队伍，偷袭蓝乡，一锅端了官兵的后勤给养，甄阜、梁丘赐顿时心神大乱。

当第一缕晨光爬上棘阳城头，敌我战斗已进入白热化。汉兵自西南攻击甄阜，下江兵自东南攻击梁丘赐。

骄傲的甄阜、梁丘赐再也没有机会吃早饭了，官兵被阻在黄淳水畔，无处可逃，两万多人白白送了性命。

官兵明明占尽优势，甄阜却好高骛远，执意效仿项羽的破釜沉舟、韩信的背水一战，殊不知经典可以模仿，胜利却不可复制，成功是一种独特的组合与时机的把握，绝非仅凭东施效颦便可撷取。

刘縯自号"柱天大将军"，陈兵誓师，烧毁战利品，打碎炊具，擂鼓前进。

甄梁全军败没，震得严尤、陈茂目瞪口呆，管他什么下江兵上江兵，保命要紧，严尤、陈茂转头跑去宛城，在育阳(今河南南阳卧龙区)遇上汉军，汉军士气正旺，严尤、陈茂丢下三千余具尸体，向汝南狼狈逃窜。

汉军士气高昂，进围宛城。

百姓从四面八方赶来加入反莽的队伍，**"众至十余万"**，朱鲔〔wěi〕等绿林军将领提出拥立一位刘氏皇帝以从人望。

春陵子弟兵意属多谋善断的刘縯，朱鲔、张印等绿林军将帅放纵惯了，惧怕威严的刘縯，"相中"了软弱怯懦的刘玄，叫来刘縯"商量"。

刘縯知晓了朱鲔等人的用意，肯定他们拥立刘氏宗室**"其德甚厚"**，反对抢先尊立，直言青徐一带的赤眉军最为强盛，倘若他们听说南阳尊立宗室，肯定也要尊立，如此势必引起宗室内争，影响灭莽大计。历史上首义尊立的，也难成功，陈胜、项羽即是例证。

刘縯强调，**"舂陵去宛三百里耳，未足为功"**，不如相时而动，暂且称王，王亦足以发号施令，又无不公心道：**"若赤眉所立者贤，相率而往从之；若无所立，破莽降赤眉，然后举尊号，亦未晚也。"**

诸将皆认为刘縯所言有道理，张卬、朱鲔等人执拗不听，联军中绿林军势力大，大敌当前，刘縯不愿内部分裂，只能忍气吞声，降心相从。

地皇四年(23年)二月，绿林军在淯水之滨拥立刘玄为帝，复用国号"汉"，建元"更始"。

十万斤黄金"购"刘縯

刘縯的声望和勇猛，犹如春风吹遍黄河两岸，将王莽"吹"得寝食难安。王莽听到官兵失利败退的噩耗，怒气填胸，下令重金悬赏，举国缉杀刘縯。

"有能捕得此人者，皆封为上公，食邑万户，赐宝货五千万。"(《汉书》)没两天，赏金再度提高：**"购伯升邑五万户，黄金十万斤，位上公。"**

气急败坏的王莽，又下令长安城中官署以及全国各地乡亭，张贴悬赏刘縯的画像。每天早上对着画像猛射箭，又命人用槛车从东方押送数人到京，大肆宣扬杀了刘縯等人：**"刘伯升等皆行大戮。"**

百姓又不是三岁小孩，不是那么好糊弄的。王莽的话，无人相信。

舂陵起兵不足百日，反莽的队伍已经增至数万人。

刘秀与诸将，借着三月的春风，以摧枯拉朽之势，轻松拿下昆阳(今河南省叶县南)、定陵(今河南郾城南)、郾(今河南舞阳县北五十里)，**"多得牛、马、财物，谷数十万斛，转以馈宛下"**，为围攻宛城的汉军提供了强大的物质保障。

第四章　昆阳惊澜

偶发鸣镝

"死了"十几年的汉家皇帝"复活"了，王莽心慌意乱，大发雷霆，命令心腹王邑擒拿刘玄，将其碎尸万段。

大司空王邑、大司徒王寻征调天下精兵四十二万，**"车甲士马之盛，自古出师未尝有也"**。

浩荡的队伍中有精通63家兵法的军事参谋数百人，还有一位四匹马拉的车才拉得动的"奇人"巨毋霸。此人身高一丈，腰大十围，用铁筷子吃饭，用大鼓做枕头，怀揣号令猛禽野兽之"绝技"，王莽封其为垒尉，令其驱赶老虎豹子等猛兽参战。

一时间，南下百十里的大路上，车辚辚马萧萧，猛兽嘶吼叫，正在阳关聚(今河南禹州市境内)一带准备拦截的汉军诸将，被这好似沙尘暴一样呼啸阵势吓坏了，脖子一缩，扭头往各自驻扎的城池狂奔。

刘秀也当了回"逃兵"，跟着王凤等人，跑进了昆阳城(今河南省叶县)。

南下莽军刚好路过昆阳城，王邑脑袋一拍，决定来一个搂草打兔子，顺手将失守不久的昆阳收回来。

王邑的这个决定，令在颍川与其会合的严尤大惊失色，自比白起又懂些兵法的严尤劝阻道："昆阳城小坚固，易守难攻，称尊号的人在宛城，只要消灭了他，昆阳这等小城，不攻自破，大军不应停留，应抓紧时间极速前进。"

王邑说起十多年前一件往事，当年他率兵讨伐谋反的翟义，因为没能生擒翟义，被陛下责骂。这次，他带领百万大军，过城不下，于理不合也。王邑说罢，又轻蔑一笑，无不骄傲地道："**百万之师，所过当灭，今屠此城，喋血而进，前歌后舞，顾不快邪！**"

破局昆阳

莽军鸣镝昆阳，狂奔回城的汉军将士聚在一起商量对策。虽是五黄六月，将士们却打着寒颤，这个哆哆嗦嗦地说赶快带上妻儿财宝逃命，那个声音颤抖地讲晚了怕来不及，有些人已吓得面如土色，众口一词——快逃，惜财保命。

刘秀正色道："我们兵马不多粮草不足，只有同心合胆，背城一战，打赢了建功立业，若各自逃跑，力量也就散了，宛城还未攻下，那边的将士不可能来救我们。昆阳一旦失守，不出一天，汉军各部就会被消灭，大敌当前，不想着同心协力共建功业，反而想着守住妻子儿女和财物吗？"

王凤等人脸上挂不住了，一个小小的太常偏将军，平日里连说话都是柔声柔气的，这时候充什么强人，竟还敢教训他们，恼怒道："刘将军，你怎么敢这样说！"

刘秀苦笑，起身准备离开。这时，候骑（担任侦察巡逻任务的骑兵）满头大汗来报："莽军已到城北，大军蜿蜒数百里，看不见队尾。"

诸将吓得呆若木鸡，王常等人想起刘秀刚才的话，连忙叫住刘秀："还是请刘将军出谋划策。"

"**慎谋于未举事之前，坦然忘机于已举事之后。天锡帝王以智，而必锡之以勇。勇者，非气矜也，泊然于生死存亡而不失其度者也。**"（王夫之《读通鉴论·卷六》）

上天不仅赐给了刘秀智慧，更赐给他处惊不变的从容，不惧生死的壮烈，笑问苍天的豪迈。

刘秀从容地分析了形势，一针见血地指出："守城或死，弃城必死。不逃，还有一线生机。"

大家这会儿虽未从惊恐中缓过神，但也觉着刘秀所言不无道理。城若海上的扁舟，风浪之中，船虽飘摇，人在船上，至少有一线生机，离开了船，只能被巨浪无情地吞没灭顶。

守城，谈何容易？昆阳城中兵力不过八九千，如何御敌？千钧一发之际，挺身而出的人，就是御敌的屏障。刘秀自告奋勇出城求援，王凤、王常率城中众将士守城，等待援军。

莽军大部队临时改变行动计划，协调不畅，包围圈来不及合拢，时间和节点如此之好刘秀挑选了宗佻、李轶、邓晨等人组成十三人"敢死队"，在夜幕的掩护下，穿过这条缝隙，绝尘而去。之后，昆阳城就被先行来到城下的五、六万莽兵"箍"住，连只苍蝇也飞不出了。

这条缝隙，在刘秀等人杀出之后，便开始裂变，最终裂变成葬送新朝的深壕，十三勇士用马蹄踏出的音符，谱写了中国历史进程的新乐章。

困守危城

昆阳城外，钲鼓大噪，响彻云霄，埃尘连天，旌旗遍野，云车林立，莽兵站在云车上向城内不停射箭，城中乱箭如雨，百姓挑水烧饭都要背上门板，否则就会被乱箭射成"蜂窝"。

乱箭如雨还只是战前小试牛刀，王邑又下令挖地道，边挖边用冲车撞城门。

"咚咚"的撞击声，犹如重锤砸在城中人的心脏上，恐惧在汉军中弥漫，有士兵溜出城，投降了。严尤找来几个降兵询问城内情况，降兵说，城里的人都想带着财宝逃跑，只有偏将军刘秀主张守城。严尤耻笑道："就是那个浓眉大眼的美须男吗？他怎么能干这种事呢！"原来，刘秀曾为舂陵侯佃户欠租一事打官司，告到大司马府严尤处，严尤对英俊儒雅"美须眉"的刘秀印象深刻。当时，他还同刘秀说了会儿话，这次出征荆州过南阳，刘秀还"贡献"了一斛干粮，三十条干肉。

昆阳城被百万大军里三层外三层、里里外外又三层的包围，严尤建议留个缺口，让逃兵宣扬大军的威力，以震慑围攻宛城的汉兵。王邑不听，固执己见。

死亡像一群黑乌鸦在昆阳城上空盘旋，城内众汉军对刘秀搬兵救援毫无信心，担心刘秀他们是"赵老送灯台一去不回来"，即便是搬来两城兵力，三城兵力合起来，满打满算也不过二万人，与百万大军对抗，无异于以卵击石！

城内二王派人去城外——乞降。

"寻、邑自以为功在漏刻，意气甚逸"。城外二王以为稳操胜券，拒绝汉兵投降，执意屠城。

不准投降，城内将士只得硬着头皮死守，绝望地等待刘秀的救援。

"天欲其亡，必令其狂"，王邑王寻的傲慢，很快就让他们死无葬身之地。

（成语**"功在漏刻"**源自这段历史。）

逆袭序曲

刘秀狂奔至郾城、定陵，两城将领只想自保实力，守住钱财，不愿增援。刘秀的心头火苗升腾，他用力压制住，严正道："**今若破敌，珍宝万倍，大功可成；如为所败，首领无馀，何财物之有？**"打败敌人，将会有数不清的珍宝，昆阳失守，汉军各部很快都会覆灭，脑袋没了，还谈什么财宝？两城将士被刘秀威严的气势镇住，同意听从刘秀的调遣。

六月己卯（初一），刘秀奋勇当先，在距莽军四五里处陈兵叫阵。王邑听报，千余人汉兵在外围挑衅，又是轻蔑一笑，派出几千人迎战。

刘秀一马当先，杀入敌阵，斩首数十级。大家不敢相信，平日里温柔敦厚、见小敌生怯的刘秀，此刻像变了个人，英勇无比。将士们备受鼓舞，纷纷道：**"刘将军平生见小敌怯，今见大敌勇，甚可怪也，且复居前。请助将军!"** 汉军将士争先恐后投入战斗，不甘人后。

城外汉军在刘秀的带领下，气势如虹，屡战屡捷，打破一层又一层的包围圈，向昆阳城下稳步推进。

俗话说"擒贼先擒王，攻人先攻心"，刘秀让人假冒宛城信使，不小心"遗失书信"。"宛城来信"如愿到了王邑手上，看到**"宛下兵到"** 四个字，等着大捷凯旋的寻、邑像泄了气的皮球，瘫坐在大帐之中。

刘秀还真是"金口玉言"。"丢信计"仿佛是刘秀冥冥之中的感应，三天前，兄长刘縯攻克了宛城，只是还未顾上传书昆阳。

（成语**"大功可成""小怯大勇"** 源自这段历史。）

惊天逆转

刘秀率领的汉军，如同头顶火辣辣的太阳，炙烤得王邑和王寻喘不过气来。

在天上"俯瞰"这场战事的老天爷，似乎也有心助刘秀一臂之力，派"天兵天将"前来助战。只见硕大的云团如大山崩塌，黑沉沉直压莽军大营，莽兵吓得三尺神散，趴伏地上不敢动弹，黑云离地一尺才散去。莽兵怦怦狂跳的心脏还未平复，夜晚再遭重击。流星划过天际，径直坠入莽军大营，那在夜幕中划出的亮光，宛若寒光闪闪的长剑，穿入莽兵的身心。接连的"不祥之兆"，莽军士气一落千丈。后世有好事之徒说，这是刘秀施展神力，呼乌云唤陨石前来打击敌人。

刘秀不失时机祭出斩首大招，挑选了三千勇士组成尖刀队，偷渡昆水，迂回到寻邑的侧方，从城西水上冲击莽军主帅大营。

世间之事，竟如此巧合，巧合得只能用"机缘"解释。莽军围攻昆阳是临时行动，王邑担心变动引起混乱，传令各部没有命令不得妄动，刘秀出其不意杀来，二王措手不及，哪里还顾得上下令？本就是一盘散沙的莽军各部，眼睁睁地看着王寻成了"寻亡"。刘秀的斩首行动成功。

城外战斗激烈，刘秀带领的汉军占了上风，城内汉军趁势击鼓杀将出去。**"震呼动天地，莽兵大溃"**，这时天雷滚滚，天空骤然变色，仿佛巨龙腾云驾雾而来，龙尾轻轻一摇，屋顶到了空中，龙头稍稍一摆，电闪雷鸣，大嘴一张，滔滔洪流奔腾而下，眨眼工夫，滍水暴涨，莽兵狼奔豕突，自相践踏，慌不择路地跳河逃命。溺亡士兵的尸体塞满了河道，造成滍水断流，老虎豹子也吓得瑟瑟发抖，巨毋霸一命呜呼。王邑、严尤、陈茂等人踩着河里的尸体逃到河对岸，王邑一口气逃进洛阳城，关闭城门不敢露头，严尤、陈茂对王莽彻底失去了信心，自称汉将，投靠了在汝南自立的宗室刘望，后被刘玄剿灭。

大战结束，方圆百里都是遗弃的战车、武器、粮草等军用物资，**"车甲珍宝，不可胜算"**，汉军搬运了几个月也没有搬完，只好点了一把火烧毁。

（叶县叶邑镇境内的"烧车河"得名正是源自这把大火。）

这场史称"昆阳之战"的战争，决定了未来中原王朝的国运与兴衰，改变了历史的走向，被后世誉为**"中兴之战"**。

一个小小偏将军，以雄狮之姿，带领两万汉兵打败四十二万莽军，创造了中国战争史上以少胜多的奇迹。

（此战役生成了用于称颂在战斗中立功的典故**"昆阳之功"**，指歼敌制胜、奠定基业的伟绩的典故**"昆阳功业"**，喻指刘秀起兵的典故**"南阳龙奋"**等。后世文人骚客以**"昆阳""昆阳举""昆阳战"**为典，咏歼敌解围之战。）

第五章 隐忍权变

刘縯之殇

昆阳之战动摇了新朝的根基，新朝大厦摇摇欲坠，刘玄的心里也开始焦虑不安，每日如坐针毡。当初自己登上帝位，封刘縯为大司徒，刘秀为太常偏将军，刘縯无奈宾服，如今刘秀又如此出类拔萃，如若兄弟联手……

刘玄感到了前所未有的压力，刘縯更成了绿林军首领朱鲔等人的心头之患。

前不久，平林兵攻打新野，久攻未克，新野宰站在城门楼上喊话："得司徒刘公一信，愿先下。"平林兵赶紧将刘縯请到城下，新野宰见到偶像到来，立即打开城门，毕恭毕敬地请刘縯进城，刘縯竟不费一兵一卒而得城。如此情形若持续下去，朝廷里哪还有我朱鲔等人容身之地？王皇帝大戮不了刘縯，一定要用玄皇帝的"手"，绝了这个"后患"。

君臣心照不宣，联手谋杀了刘縯。

昆阳之战后，刘秀乘胜攻下颍阳（故城在今河南省襄城县颍阳镇）。可能是亲情感应，他虽然夺得城池，却是心烦意乱，心绪不宁。进城想要休息片刻，突然听到隆隆声响，心惊肉跳。邓晨起身出门查看，原来是进门时看到的那个驮着大鼓的马惊了。

刘秀得知哥哥遇难，心如刀割，他不敢哭，也不能回宛为哥哥收尸。此时，他人在父城(今河南省宝丰县东)，得到更始皇帝宣召，匆匆赶回宛城，代死去的兄长向刘玄道歉认错，与哥哥划清界限。刘縯的下属向他致哀，他礼节性地淡淡敷衍两句，不做过多交谈，尽量疏远哥哥的部下，不为哥哥服丧，绝口不提昆阳之功，该吃吃该喝喝，谈笑自若，"没心没肺"，好像刘縯与自己无关，仿佛什么都未发生。

至亲手足被杀，心怎会不痛？痛，也得咬牙忍着！

刘秀没了父亲，没了母亲，没了二哥二姐，破碎的心还没有缝合，又被狠狠砍一刀，大哥也没了。他要是再有个三长两短，大姐和妹妹怎么办？两个小侄儿怎么办？他得活下去，可是这个活下去，需要用自尊和憋屈换取，只能对不住大哥，假装大哥对他不重要、无所谓。

法国启蒙思想家伏尔泰说过："人生布满了荆棘，我们知道的唯一办法是从那些荆棘上面迅速踏过。"

丽华有光

刘秀与刘縯的一切"划清界限"，用"与我无关"掩盖踩在"荆棘"上的痛，洒扫庭除，迎娶心爱的姑娘阴丽华。

彼时，刘秀二十九岁，阴丽华十九岁。

刘秀娶亲是在兄长被谋杀前还是后，史书上并未有明确记载，仅有寥寥数字，**"更始元年六月，遂纳后于宛当成里"**，从"讳莫如深"的文字记录看，很可能是在刘縯被杀后。

为麻痹更始君臣，刘秀举办了一场并不盛大的婚礼，"表明"了态度，"划清"了界限：我哥是我哥，我是我。

只有留着青山在，才会有柴烧。

在特殊时期，阴丽华披上了嫁衣，来到刘秀身边，让接连失去母亲、姐姐、两位哥哥的刘秀不再孤苦。

有了心爱姑娘的陪伴，刘秀晦暗的生命有了一抹亮色，孤独的心灵得到莫大的慰藉。

在外，刘秀一切如常，用"冷血"包裹住他的痛苦，只有在阴丽华面前才会卸下伪装，任由自己忧愤的泪水肆意流淌。

凤凰于飞，阴丽华为刘秀带来了心灵的曙光，也带来了好运，让更始君臣放下了举在他脑后的屠刀，也为刘秀赢来了翻身的机会。

一个脚踏狂浪耳听惊雷胸中波涛翻滚脸上却平静如水的人，终有一天会踏碎一地繁花，将所有的"不堪"踩在脚下。

新朝崩塌

"眼看他起朱楼，眼看他宴宾客，眼看他楼塌了。"昆阳大战之后没过百天，地皇四年(23年)九月，三辅豪杰合力攻进皇宫。王莽兵败，在长安高十丈的沧池渐台上身首异处，头颅被快马送到宛城。

刘玄正在宛城衙门正堂的厢房休息，看到王莽的脑袋，波澜不惊，笑着说："王莽若不谋朝篡位，功劳堪比霍光啊。"

韩夫人撇嘴，不屑地说道："他若不这样，哪里还有陛下呢？"

刘玄大笑，命人将王莽头悬于闹市，以示谋朝篡位者的下场。

皇城攻陷，大火燎烧未央宫，大火烧到妃嫔居住地掖庭、承明，王莽的女儿——孝平皇后没有像父亲一样吓得外逃，平静地看着大火，说了句**"何面目以见汉家！"**便投火而亡。

新朝十五年，跟着王莽没头的尸首一同化作了尘烟，这段历史如航船经过海面，划出一道水痕，涟漪过后，归于平静，皱起的粼粼波纹，也只是后世的唏嘘。

[王莽骷髅头被刘秀用漆刷黑，保存在皇宫，作为乱成贼子反叛的警示。东汉灭亡后，骷髅头为曹魏、西晋收藏。永康五年(295年)西晋内乱，**"王莽头，孔子屐，汉高祖断白蛇剑及二百八万器械，一时荡尽。"**(《晋书》)骷髅头毁于兵燹，其被收藏时间长达272年。]

巾车之恩

刘秀的卑微和恭敬，让刘玄心生愧疚，**"更始以是惭，拜光武为破虏大将军，封武信侯"**。

汉军夺取洛阳，刘玄宣布定都洛阳，将宗室子弟扒拉了一遍，也只有族弟刘秀是可用之才。于是，让惴怯的刘秀行使司隶校尉的权利，先行至洛阳修缮宫殿，整饬官府，准备迎接他进驻洛阳。

刘秀北上洛阳途经父城，颍川郡掾吏冯异（字公孙）当即打开城门，奉上牛酒，献上城池，跟着刘秀走进洛阳，成了"刘办"秘书长——主簿。

这是冯异兑现对刘秀的承诺。

父城人冯异**"好读书，通《左氏春秋》《孙子兵法》"**，本与父城长苗萌共守父城，同时监护五县。前些日子，刘秀前来攻城，未克，在巾车乡（今河南省平顶山市南）扎下大营，准备打持久战。冯异见城外动静变小，乔装改扮溜出城去监护的五县巡查，被汉兵抓了个正着。

冯异的堂兄冯孝、同乡丁綝、吕晏等人均在刘秀军中，得知冯异被抓，都来说情作保，刘秀便让人将冯异带了过来。

"异一夫之用，不足为强弱。有老母在城中，愿归据五城，以效功报德。"冯异不卑不亢，开诚布公，放了他影响不了大局，只要能让他安顿好老母亲，愿奉上五座城池。

原来外出"巡查"的冯异见刘秀治军严谨，已怦然心动，只是尚不知城中苗萌的态度，考虑到城中老母和家小的安全，他不能立即追随。

刘秀欣赏冯异的磊落坦诚，感动于他的孝心，这时刘秀也得到哥哥刘縯被杀的消息，于是退兵。

承诺，可嘴巴一动脱口而出，践行又是一回事，有些人的承诺，只是为了糊弄应付，根本不作数，冯异却是一诺千金。有了刘秀，更始在他冯异眼里也是将就，宁可孤独，也不愿将就，更始大军前后来了十几拨人马攻城，全都铩羽而归。等到刘秀北上路过父城，冯异亲手奉上守护的五座城池，将一颗赤心交给了刘秀。从此，冯异成为刘秀的得力助手和事业伙伴，为刘秀推荐人才，为刘秀披荆斩棘。

冯异举荐了同郡郏县人以忠孝闻名的青年铫期，这个举荐，为日后刘秀的生命安全上了一道"保险"。如果没有铫期，刘秀可能逃不出蓟城，这是后话。

（这段历史形成成语"一夫之用"，以及表示不忘恩情知恩图报的典故"巾车之恩"。）

洛邑潜龙

刘秀在洛阳城中"平静"地穿梭忙碌，用尽职尽责伪装他的"**仁智明远，多权略**"，他深知"**毛羽不丰满者，不可以高飞**"，社会弱肉强食，弱者没有悲伤的权利，也没有资格要求公平公正。在不具备报仇条件、自身能力不够强大的情况下，除了隐忍，别无选择。他白日里尽量不去想哥哥，可是夜深人静时，思念还是涌上心头。

这天早上，冯异看到刘秀枕席上的斑斑泪痕，知道主公夜里又抱头痛哭了，心疼不已。细心的冯异早就发现，与人谈笑风生的主公，只要没有外人，就不喝酒不吃肉，他心里一百个不愿意主公如此憋屈，见左右无人，小声宽慰。

刘秀连忙阻止："**卿勿妄言。**""**事以密成，语以泄败。**"（《韩非子·说难》）秘密轻易出口，祸患便有了入口。冯异饱读经书，喜欢兵法，当然懂得这些道理，自从追随了刘秀，他就铁了心，唯命是从，眼下天下一片混乱，更始是扶上了墙也贴不住的烂泥，主公明明非等闲之辈，就应做他人不敢做之事。

"更始大军奸掳烧杀无恶不作，更始无力节制，百姓们难再拥戴他。

夏商之所以灭亡，是因为夏桀商纣昏庸无道，这才让商汤周武王有机会推翻夏商，天下大乱，谁能使天下安定老百姓就支持谁，'**人久饥渴，乃为充饱**'，就好比人饿了很久，只要有口吃食，哪管是剩饭残羹还是山珍海味，饱腹即可。您完全可以利用主政一方的机会，尽快分派官员去往郡县，审理冤案，广布恩泽，为未来做打算。"

冯异对更始不抱希望，所以说得透彻，且有骨头有肉。

古人云："**谋先事则昌，事先谋则亡。**"

刘秀接受冯异的建议，大展拳脚，广纳人才。"称善人，不善人远"，知人善任的刘秀，仿佛一块磁铁，吸引了一批人中骐骥。

刘玄移驾洛阳，京畿地区的官员们来到洛阳列队迎接，"**见诸将过，皆冠帻而服妇人衣**"。

十几支队伍，诸将帻巾包头，不少士兵穿女装，有的上衣还是彩色半臂，看到官民夹道欢迎，兴奋得手舞足蹈，你推我搡。眼前乱七八糟的装扮，如此不成体统，吏士们"**莫不笑之**"，心哇凉哇凉的，年老的官员心里暗叫"完了、完了"。正难过间，一支气宇轩昂的队伍走来，队伍中的将士们脸上洋溢着自信，"**衣冠制度皆如旧仪**"，领头的英姿勃发气度不凡。这正是刘秀和他的部下。"老干部"眼圈瞬间红了，哽咽道："**不图今日复见汉官威仪！**"

刘玄对刘秀的工作甚为满意，擢升刘秀为破虏大将军，代行大司马之职。

（"老干部"一激动，让原本指汉族朝廷的礼仪、服饰制度的"**汉官威仪**"上升到泛指华夏正统的皇室礼仪、典章制度的成语。后世用作恢复或者彰显朝廷威仪的典故。这段历史成为"**识汉衣冠**""**汉仪再睹**""**汉威仪**"等典故的典源。）

第六章　镇慰河北

持节启镇

长久以来，黄河以北地区都是中原王朝政权的关键所在。刘玄登基后，以**"先降者复爵位"**，派人去河北招抚，可效果并未达到预期。刘玄在洛阳安顿好，再派人招抚河北，招安拉拢北方郡县认可他这个皇帝。眼下河北各种力量错综复杂，数万大军的势力，更是遍地开花，谁能去棘手的河北火中取栗，将"夹生饭"做熟呢？光禄勋刘赐推荐了族弟刘秀，朱鲔等绿林诸将担心放走刘秀就是放虎归山，极力反对。

刘秀心里明白，这是他逃出险境的机会，一改往日的谨小慎微，与权倾一时的刘玄宠臣曹竟、曹诩父子**"厚结纳之"**，刘赐在一旁**"深劝之"**，刘玄点头。

刘玄同意刘秀北渡，或许也隐藏着他的小心思。刘秀如果能安顿河北，对他有益无害，如果刘秀招抚失败，被河北豪强所灭，对他更是有益无害。堂兄刘赐是丞相，曹氏父子是亲信，这笔"买卖"里外都划算，何不卖曹家父子和堂兄一个顺水人情呢。

刘秀成功地拿到"通关文牒"。

更始元年(23年)十月，刘秀以大司马之职持节北渡黄河，**"镇慰河北"**。

刘秀带上了刘縯的护军朱祐以及冯异、铫期、王霸等人，从此**"劈**

破玉笼飞彩凤，掣开金锁走蛟龙"。

刘秀一边走，一边考察民情，废除王莽时期的弊政，恢复王莽乱改的官名、地名；行使州牧的权利，考察官员的工作能力，以此作为任免的依据；化身青天大老爷，平反了一批冤案，纠正了一批错案，释放了一批关押的囚徒……每到一地，热情地会见各级官员以及贤达人士，二千石〔dàn〕高官、部门的佐史官属以及各地的耆老、孝子等。

刘秀仿佛一道冬日暖阳，照得河北吏民暖烘烘的，**"吏民大喜，牛酒盈路，皆辞而不受。"**（《后汉纪》）

冯异、铫期等顺带将二千石的高官逐一摸排，将同心的、异心的，调查清楚，整理成册，上报刘秀。让刘秀心中有数的同时，为未来治国理政做了干部储备。

邺城对

刘秀一行来到邺，刘秀的"小同学"邓禹背着干粮，从新野老家风雨兼程追到了邺(今河北省临漳县邺城镇)。

当年刘秀学习结束回了家，小邓禹继续盘桓长安求学，一晃几年过去，乾坤变幻，多人推举天才少年邓禹入仕更始，邓禹坚决拒绝。凭他对时事的观察，认定这个老乡皇帝难堪天下重器大任，与烟花无几，灿烂不了多久。刘玄杀害了刘縯，邓禹更加坚定了自己的判断，听闻刘秀北渡**"镇慰州郡"**，邓禹心绪一下子沸腾了。

自古以来，中原逐鹿，黄河以北都是兵家必争之地。那里背山负海，山河襟带，沃野千里，一望无际，谁能将河北攥入手中，谁就有机会执天下之牛耳。刘秀本就非池中之物，而今又去了河北，搞定河北，不就有了混一车书的资本了嘛！一个石破天惊的"金石之策"跃出邓禹的胸膛。二十一岁的邓禹背着干粮，**"杖策北渡"**，徒步两千里，终于在邺城追上了刘秀。

两人在黄河这岸相见，分外亲切。

刘秀打趣道："我有封官的特权，你远道而来，是想做官吗?"

邓禹摇摇头，严色道："我不分昼夜千里追君，仅是为了讨个一官半职? 真是门缝里看人!"

邓禹一本正经，还未完全褪去稚嫩的面庞上无一丝笑容，刘秀噗嗤笑了："既如此，何苦千里迢迢来这儿呢?"

邓禹眉头一挑，道："**但愿明公威德加于四海，禹得效其尺寸，垂功名于竹帛耳。**"

刘秀哈哈大笑。

邓禹有比做官更高级的愿望，他想要为刘秀尽忠效力，希望刘秀威德远播天下时，他也好搭上"顺风车"，垂功名于后世。

想当年游学长安时见到威风凛凛走过的执金吾，刘秀发出洞穿历史的一声长叹："**仕宦当作执金吾，娶妻当得阴丽华**"，而今梦想实现了一半，阴丽华已是刘秀的娇妻美眷，也就剩下那个"执金吾"了……

在毛头小子邓禹看来，执金吾的位子太小了，太委屈他的偶像，他此番赶来就是为助偶像夺取天下。

邓禹分析天下大势和当前的局势，将心中的"千军万马"在刘秀的面前娓娓道来：更始虽说已定都关西①，可是，崤〔xiáo〕山以东有赤眉、青犊②、铜马、大枪等多支农民军队伍，动辄上万人，三辅③地区还有拉帮结伙假借名号的，更始没有能力打败他们，三辅地区的豪杰们也不听命于他，更始群臣忙着争权夺利，眼睛里只看得见"孔方兄"，这些人根本成不了大事。

在邓禹看来，古代圣君兴起，无外乎两个条件：天时、人事。而

---

①　关西：函谷关或潼关以西的地区。

②　青犊：新莽末年河北地区一支较为强大的农民起义军。建武三年为刘秀镇压。赤眉、青犊后泛指农民起义军。

③　三辅：又称"三秦"，泛指京畿地区。汉时指治理长安周边地区的京兆尹、左冯翊〔píng yì〕、右扶风三位官员以及所管辖区京兆、左冯翊、右扶风三个地方。隋唐以后称"辅"。

今，更始即位后，灾变之相方兴未已，这是天时；**"诸将皆庸人屈起，志在财币"**是为人事。这样的天时人事，**"分崩离析，形势可见"**。

邓禹坦率直言："帝王大业凡夫俗子根本无法胜任。明公虽已有建藩辅之功，最终可能不会有更大的成就。"潜台词：刘玄庸人一枚，指望他复兴大汉，麻绳绑豆腐，没戏。

邓禹话锋一转：**"况明公素有盛德大功，为天下所向服，军政齐肃，赏罚明信。"**

话中之意呼之欲出，那些没有"忠良明智""深虑远图"的人都能在乱世中分一杯羹，何况刘秀您还是有"盛德大功"，又是人人愿意追随的"非常人"，怎就不能"立高祖之业"呢？鹿死谁手，犹未可知，只要大哥您愿意……机会只垂青于懂得追求者。

刘秀饶有兴趣地听着。

邓禹呈上了他的"深虑远图"：**"于今之计，莫如延揽英雄，务悦民心，立高祖之业，救万民之命。以公而虑天下，不足定也。"**

邓禹为刘秀制定了"延揽英雄"和"务悦民心"双轨并行的努力方向和长远计划。

壮大自己，顺应民意，取悦民心，收拾残局，以弱胜强，将天下收入囊中。到那时，就可以站在桥上看风景了。

当务之急，将河北攥入手中，而后徐图天下。

此番乱世之中，以弱势夺取天下的雄韬伟略廓开大计，似璀璨星辰，骤破昏冥夜空，掀起美丽的巨浪，刘秀**"大悦"**。眼前这个意气飞扬的少年，再也不是长安城中跟在他身后的那个聪慧的小毛孩儿了。

刘秀将邓禹留在了身边，要左右称他邓将军。

邓禹鲜衣怒马的人生就此拉开帷幕。

事实证明，邓禹的"图天下策"，经过时间的沉淀，更显高瞻远瞩，成为刘秀快速崛起的关键。

很多事情，不是很难做不了，而是因为不敢做，才变得很难。

这个世界不会直接给你荣华富贵、高官厚禄，只会给你机会和平台，这就看你的眼光、胆量和担当了。

刺奸将军

军市令祭〔zhài〕遵，英武俊朗，乃刘秀在颍阳（今河南登封）所吸纳的人才。

祭遵（字弟孙）家境优渥，同一般富家孩子不同，从小就是个朴素的小哥哥，最喜欢的不是锦衣玉食而是读经书。爹娘又给了祭遵一副绝世容颜，这让县中小吏极为嫉妒，总是欺凌他。祭遵本不想惹事，一忍再忍终忍无可忍，将那人杀了。此事震惊全县，人们对他忌惮三分。母亲过世，祭遵一趟一趟地背土，为母起坟。

果然物以类聚，人以群分。

昆阳之战后，刘秀略地颍阳，祭遵以本县人县吏身份多次拜见，**"光武爱其容仪，署为门下史"**。北渡时，带上了他并提拔为军士令。

花美男祭遵，执起法来可是个黑脸包公。刘秀的侍从犯了法，被祭遵依法处死。

打狗还要看主人，不禀报就杀了自己的舍中儿，太目中无人了。刘秀火冒三丈，吩咐手下将祭遵抓来问罪。

"您常想要军纪整肃，现在祭遵执法，不避权势，这正是您的教令得到了执行呀！"主簿陈副一语惊醒刘秀，严格执法有百利而无一害，他这点颜面算什么！

刘秀掐灭怒火，宽宥了祭遵，还将他提拔为"刺奸将军"，时常提醒诸将："你们要小心祭遵，他可是只认法不认人，我的侍从他都敢格杀，对你们肯定不会徇私。"

祭遵成了刘秀手中的一张王牌，经常以这种方式敦促诸将遵纪守法。

邯郸惊变

刘秀来到河北，不知不觉过去了两个多月。刘秀一行披着腊月的雪花，走进邯郸城。谁也没想到，邯郸竟成了"镇慰河北"之旅的终点。

伏里西北风，腊月船不通。黄河正在封冻，邯郸城内故赵缪王之子刘林，害怕河东的赤眉军踩着冻冰过来邯郸，一见刘秀就献上他的灭敌之计，扒开黄河，水淹赤眉，**"百万之众可使为鱼"**。

寒冬腊月，决口黄河，赤眉军是"为鱼"了，河东百姓呢？这个不顾河东百姓死活的阴损"计策"，刘秀没有同意。

[**"百万化鱼"**（万人为鱼）成典，形容杀伤为数极多。]

刘林碰了一鼻子灰，讨了个没趣，心里冒出了改弦易张的念头，换个听他的天子，汉成帝的遗骨刚好就在邯郸，不如……

成帝所谓"遗骨"，其实是邯郸城中看相算命的"卜相工"王郎（一名昌）假冒的，王郎懂些天文历数，颇识人心理，知道刘林**好奇数**，便投其所好与之交好。常在刘林面前说**"河北有天子气"**，透露他的母亲是汉成帝的歌姬，一天下朝扑倒在地，一股黄气贯穿全身，之后便怀孕生下了他，为避赵氏姐妹的黑手，养在民间，这些年在中山、燕赵之间辗转往来，就是为了等待天时的到来。

事实上，假冒汉成帝之子，王郎并非第一个。曾经有个人自称是成帝之子刘子舆，刚刚翻起水泡，就被王莽拍碎了。不过，这朵没翻起来的浪花，却让王郎"醍醐灌顶"，茅塞顿开，在群雄竞逐的年代，以"皇室血脉"谋取天下，不失为捷径。于是，王郎瞄上了笃信神道的刘林，编造了这套神乎其神的身世，假装无意实则有意透露一些"天机"，说得有鼻子有眼，忽悠得刘林一愣一愣的，将信将疑。

刘秀完成了邯郸的工作，继续"镇慰"之旅，刘林串通城里的豪强李育、张参等人商议另起炉灶，对外大肆宣扬赤眉军即将过河，百姓惊恐万分。"林等因此宣言'赤眉当立刘子舆',以观众心,百姓多信之。"

腊月壬辰(十七)(24年1月16日),刘林带着数百车骑,天不亮就驶入邯郸城中的赵王宫,拥立王郎为天子,刘林自为丞相,都邯郸,分遣将帅,旋风般拿下幽、冀二州。

王郎粉墨登场,"诏告"河北各州刺史、郡太守,他是成帝之子刘子舆,天象昭示汉室复兴应该在此。在这个时候,即位于赵王宫,刘圣公因为不知有他,所以暂时做了皇帝,其实是在仗义兴兵,帮他,等等。为顺从民望,王郎又编造被王莽夷三族的翟义并未死。

王郎的假话编得跟真的一样,刘林推波助澜,乱世之中,人人都渴望被拯救,人们将"刘子舆"当作了救命的稻草,"于是赵国以北,辽东以西,皆从风而靡"。

王郎"曲线谋国",成功上位,唯刘林之命是从,旋即发出高额悬赏令——"移檄购光武十万户"。

刘秀来到了卢奴(今河北定州市),尚不知邯郸发生的惊天巨变。同先前一样,刘秀得到了卢奴吏民的热烈欢迎。

王郎在邯郸城内大搜捕,骑都尉耿纯趁夜色逃离邯郸,以执行公务为名,骗了一匹驿马,催马飙驰卢奴,向刘秀报告王郎已反。

耿纯(字伯山)是宋子(今河北赵县东北)人,来邯郸的时间并不长,其父亲耿艾本是新朝的济平(济南)尹,归附了舞阴王李轶,留任济南太守。为表感谢,也为求得一官半职,早在长安求学时便为纳言士的耿纯求见李轶。李轶门庭若市,耿纯几经周折方才见到人,他并没有像其他人那样逢迎拍马,而是说了一通违时绝俗之语,听惯了溜须拍马的李轶顿觉"耳目一新",觉得耿纯与众不同,有点意思,大笔一挥,委任耿纯为骑都尉,授以符节,令其安集赵、魏。

俗话说,不比不知道,一比见分晓。刘秀的行事作风与李轶大不相同,不仅纪律严明,办事清廉公正,手下也个个精明强干,这才是能成大事者。耿纯认准了刘秀,献上马匹、缣帛数百匹。

耿纯握住了刘秀的手,这一握,命运的轨迹自此而迁,也为日后真定王刘扬骨化行销暗伏隐线。

北道主人

耿纯报过信飞马折返。

刘秀召集冯异、邓禹、铫期、朱祐等人商量对策。属下来报，上谷太守之子耿弇〔yǎn〕(字伯昭)求见。

刘秀安排耿弇做门下吏。

耿弇虽然只有二十岁，还是个弱冠少年，见识和胆量却不俗。此番前来，可不是为了求顶官帽，他是来为国家效力的。

耿弇的父亲耿况(字侠游)与王莽的堂弟王伋，同在安丘先生门下研读《老子》，因为王伋的推荐，耿况来到边郡上谷(今河北省张家口市怀来县东)为太守。更始元年，刘玄"**使使者徇郡国，曰：'先降者复爵位'**"。招抚使来到上谷，耿况早早到郡界迎接，第一时间上交印绶表示归顺。按照告示，也就是走个流程而已，可是使者突然变卦，不愿归还印绶，"官凭印绶"的时代，没有印绶即为罢官。使者公然破坏规则，这让郡功曹寇恂气愤不已。第二天一早，带着一队郡兵去找使者理论，喝令使者遵守公告，使者无奈只好"**承制诏之**"。耿况的太守之位保住了，可是"抢"来的大印总是拿不稳。耿况并非上谷本地人，作为一个来自于扶风茂陵(今陕西省兴平市)的外乡人，既没有本地人寇恂在上谷的根基，又与王莽有如此"深厚"的关系。耿况担心连累家人，为此愁得寝食难安。耿弇安慰老爹，说自己去京城活动活动，打通打通关节，刚好快过年了，正是向京城权贵示好的好时机。

耿弇背上一大笔敬奉，带着郡吏孙仓、卫包，信心满满奔向长安。刚走到宋子，就听到"帝子刘子舆"登基的消息，孙仓、卫包说啥也不愿再去长安了，力劝耿弇去邯郸。耿弇按剑斥骂孙卫二人愚蠢，称那刘子舆不过是个弊贼，早晚都是阶下囚，还说等他到了长安，禀明情况，

"归发突骑以磷乌合之众，如摧枯折腐耳！"

孙仓、卫包二人恨耿弇有眼不识"荆山玉"，索性撇下耿弇，一溜烟去了邯郸。耿弇又气又恼，跺跺脚独自上路，没走多远，听说刘秀在卢奴，当机立断来投效刘秀。

耿弇找到护军朱祐，请求朱祐转告大司马："愿回上谷发突骑，助国家平定邯郸。"

刘秀惊奇面容稚嫩的耿弇，竟有如此大气魄，甚感惊奇，夸赞道："**小儿曹乃有大意哉！**"

刘秀喜欢这个胸有大志的少年郎，将耿弇留在身边。

此时的刘秀，俨然已成焦点。河北各路渴望财富与权力的人们纷纷朝刘秀扑来，刘秀紧急北上，到了蓟城(治今北京城西南)，召集众人商量如何应对强敌。

耿弇抢先说："敌兵从南边来，南下是自投罗网，渔阳(今北京市密云区西南)太守彭宠是大司马的同乡，上谷太守是我老爹。这两郡突骑兵少说一万人，大司马以国家的名义征发这两郡兵马，踏平邯郸易如反掌。"

官属们一听耿弇要继续北上，急赤白脸地反对，有人激动得大声说，死了也要头朝南，怎么能够继续北上自投罗网呢？

众人强烈要求南下"回家"，认定北上是自寻死路，刘秀也只得尊重大家的意见。豪气冲天的小小少年让刘秀心中涌起一股莫名的感动，他指着耿弇郑重说道："**是我北道主人也**。"

正是这位少年将军，用赫赫战功证明了刘秀慧眼如炬，帮助刘秀打下了半壁江山，完美诠释了什么是忠诚与荣耀。

(成语"**北道主人**"意同"东道主"，现已很少用。成语"**乌合之众**""**摧枯折腐**"由这段历史而来。)

第七章　南奔险途

王霸揶揄

南下绝非安全之策，亦非明智之举，刘秀不愿不战而退，欲奋力一搏。刘秀让王霸去集市上招兵买马，南下讨伐王郎。

王霸写好告示张贴在集市中心，站在告示下大声吆喝："大司马南下讨伐邯郸逆贼，大家快来报名，建功立业的时候到了。"

人们听到王霸的吆喝，纷纷投去异样的目光，对王霸指指点点，嘲笑挖苦王霸不识时务，如今帝子"刘子舆"已在邯郸继位，不知改弦易张、顺应时势，还在这里瞎叫，真是个二百五。

"市人皆大笑，举手邪揄之。"

王霸一个人也没招到，一脸羞愧地回传舍复命。耿弇外出打探消息也回来了，刘秀还没吃完饭，放下筷子，准备听取汇报。

事态发展迅猛，如烈火燎原，坏消息接踵而至。故广阳王之子刘接，已从蓟中起兵来捉刘秀了，这个令人震惊的消息还没消化，打探消息的人又神色慌张地奔回禀报，街上都在传邯郸使者已至，二千石以下的官员都出城去迎接了。

事情紧急，容不得再商议，刘秀吩咐套车快快离开。

蓟城中的人们涌上街头，都想看一看高达"十万户"的脑袋究竟长啥样，自己有没有机会拿到那"十万户"的豪奖。

人潮汹涌，刘秀的车驾寸步难行，车辕上的马匹已有些烦躁，前蹄子刨着地，马头扬起，鼻子里发出哼哼的颤音，情急之中铫期拍马冲到车前，高举长戟，怒目圆睁，对着人群高喊"跸"，声音洪亮如同响雷。

铫期身长八尺二寸，**"容貌绝异"**，骑在高头大马上，高大的身躯越发**"矜严有威"**。此刻，又祭出皇帝出行才用的警跸，声色俱厉，气势震天骇地，人们吓得连连退避。水泄不通的人流，撕开了一条口子，刘秀的马车得以启动，奔驰至南城门，守门人关闭城门，妄图抓住刘秀领赏。铫期、邓禹、冯异、耿弇等冲上前去，左冲右杀，城中人看打了起来，趁火打劫哄抢辎重①。冯异等已经顾不上财物，齐心协力攻破城门，护卫着刘秀绝尘而去。

耿弇却被拦在城门内，无奈之下，将坐骑给了城门亭长，才得以脱身出城，这时刘秀已走远，没有马的耿弇，凭两条腿也追不上。好在蓟地离上谷不算远，走着也能走回上谷。

（王霸征兵的这段历史，生成了用做被人嘲笑的典故**"王霸揶揄"**。这个被人奚落嘲笑的王霸，此后，被王霸天下的刘秀夸赞为"疾风"中的"劲草"。王霸也成为成语"疾风劲草"的第一位主人公。）

芜蒌粥恩

凛冽的北风，如脱缰的烈马，在河北的大地上狂野地奔跑。刘秀如丧家之犬，仓皇南逃，好不容易逃到饶阳城北的芜蒌亭(故址今河北省衡水市饶阳县滹沱河北岸)，众人肚子饿得咕咕叫。事情发展太快，根本来不及准备干粮，逃出城时物资被抢，辎重车马也被拦在城里，眼下众人的口袋如水洗一般，空空如也。而冯异却变戏法似的，给刘秀呈上一碗豆粥。

---

　　①　辎重：指古代部队所携带的军械、粮草、被服等物资。

史书上并未记载，冯异在哪儿讨的这碗豆粥，什么时候讨的，在怀里揣了多久，史书上也没有记载刘秀有无推让，如何感动，只是留下了这样的文字：**"明旦，光武谓诸将曰：'昨得公孙豆粥，饥寒俱解。'"**

这碗豆粥对刘秀而言，味道非同寻常，"俱解"的何止身体的饥寒。冯异的机智与忠诚，鼓舞着众人前行。

众人肚子如被火烧一般，饿得眼冒金，冒险走进饶阳城，直奔传〔zhuàn〕舍①。刘秀诈称是邯郸派来的使者，小吏刚将饭食端上，众人如饿虎扑食般竞相抢夺。小吏斜眼看这群人狼吞虎咽的狼狈样子，疑窦丛生，跑去连击鼓数十通，大叫："邯郸将军到！"这声呼喊如同惊雷乍响，有人吓得手一颤栗，食物掉到了地上。刘秀亦周身一凛，起身往外走，走到车前，一只脚跨上了车，转念一想，邯郸将军若真到了，恐难以逃脱，倒不如见机行事。于是，收回踏上车的脚，返回坐下，从容地说道：**"请邯郸将军入。"**

刘秀镇定端坐有顷，未见那邯郸将军前来，方泰然示意驾车快速撤离。小吏心中已明白八九分，高声叫嚷"是洛阳吏耳！"（《东观汉记》）急切呼叫守门人不要开门放行。守门人毫不客气回怼："天下大势怎可预知，怎能阻拦长者？"

门长可谓大隐于市的高人，刘秀逃难中的"贵人"。他这一怼，"怼"出了日后的新天地。

刘秀一行狂奔出了饶阳城，顶着呼啸的北风，艰难地逃到南宫（今河北省邢台），突降暴雨，众人瞬间成了"落汤鸡"，上下牙不由自主地磕碰，那声响令人心悸。北风裹挟着冰雨，仿佛浸泡了盐水的皮鞭，狠狠抽打着快僵成冰块的身体，路边有户人家，众人心头一热，加把劲跑了过去，发现是所空房子。

冯异找了些柴，邓禹燃起了一堆火，**"光武对灶燎衣"**，刘秀烤着湿衣服，看着大家冻得通红的脸，红肿的耳朵，肿胀的手，心里很不是

---

① 传舍：供驿长、驿夫，以及往来官吏，休息食宿之地。

滋味。

频仍的灾害战乱，田园荒芜，十室九空，这屋的主人，也不知惨死何处……

刘秀愁绪满怀，肚子又不听话地咕噜了一声，**"异复进麦饭菟肩"**。

冯异再次变戏法似的，"变"出了一碗野菜麦饭。尽管冯异的肚子也在噜咕咕乱响，也不知冯异在怀里揣了多久。

豆粥麦饭之恩，刘秀铭记在心，感恩了一辈子。

[**豆粥麦饭"、"芜蒌粥"**因为冯异，也成为咏饥困得食之典。后世也将粥称为**"呼沱饭"**。千年后，因乌台诗案被贬黄州的苏轼，离开黄州，奉诏赴汝州就任途中感叹人生为一碗豆粥而奔波，感动当年刘秀身处险境时身边有冯异："湿薪破灶自燎衣，饥寒顿解刘文叔。"（宋·苏轼《豆粥》）]

（后以**"燎灶"**为帝王受困时臣子效忠之典。）

危途纯义

刘秀一行马不解鞍，**"晨夜不敢入城邑，舍食道傍"**，到了育①城，突然看到前面黑压压一片，心里猛地一惊，难道王郎派兵在此"拦截"？刘秀不由得捏紧了手中的剑，大家屏声静气，做好了战斗准备。

人群中冒出几匹马，朝刘秀一行飞奔过来，跑在最前面的人是骑都尉耿纯。刘秀看见他，紧绷的心弦松了些许。

原来，耿纯报告了邯郸谋反状况后急匆匆离去，是回到老家宋子说服全族和宾客，抛家舍业追随刘秀。

耿纯族人和宾客两千多人，让原本不宽的路显得更加拥挤，刘秀看到了人群中凸起的棺材，再看看大家，头上裹着红头巾，脸冻得通红，

---

① 育：古县名。李贤注"育，县名，故城在冀州。"后世有学者说是"贳县"之误。贳县（原贳侯国），位于河北辛集。《水经注》云："百尺沟东南经贳城西，斯洨水流经贳城北。"

在凛冽的寒风中瑟瑟发抖，瞬时红了眼圈。自颍川就跟着他的一些人见形势有变，脚底抹油溜了，这才认识没几天的耿纯，明知他自身难保，还带着耿氏全族，年老体弱的连棺木都拉上，这哪里是棺材，分明是决心啊……

刘秀被感动包围着，耿纯也顾不上寒暄，招手叫过来两个兄弟，让他俩抓紧回去，放把火，把庐舍点了。

见刘秀不解，耿纯解释道："**窃见明公单车临河北，非有府臧之蓄，重赏甘饵，可以聚人者也，徒以恩德怀之，是故士众乐附。**"

在耿纯看来，刘秀单枪匹马赤手空拳来到河北，并没有用重金做诱饵诱骗，仅仅是以恩德为怀，就有这么多优秀的人无怨无悔追随，他说服耿氏族人男女老少全族同进退，只是，如今邯郸已自立尊号，北州也有不少人游移不定，一把火，家园化为灰烬，也就断了族人中意志不坚定、想打退堂鼓者的念头。

（成语"**重赏甘饵**"由此而来。）

原来，耿纯是担心族人中有意志不坚定者生出"返心"。寒风中的刘秀倍感温暖，浑身暖流涌动。耿纯的忠心不二，毁家纾难的决心和行动，也为寒风中的刘秀加了一件御寒的"袍子"，他觉着肩上的担子也更重了，无论如何不能辜负这份生命的重托。

刘秀拜耿纯为前将军，封耿乡侯，耿䜣、耿宿、耿植三人为偏将军、列侯。耿氏兄弟居前队，宋子举城投降。

昼夜不停地赶路，人困马乏，神经紧绷，刘秀想让大家在鄗城（今河北高邑）休息一晚。众人刚进入梦乡，鄗城大姓苏公偷偷打开城门，将王郎的人李恽放进了城，警觉的耿纯发觉险情，一番短兵激战，耿纯斩杀了李恽，大家不敢继续休息，只得拖着疲惫的身体，继续躲避追杀。他们来到下曲阳，听闻王郎的追兵就在后方，只差那么一点点就追上他们了，众人顿时汗毛倒立，惊出一身冷汗，不敢停留，继续躲逃。

滹沱冰合

为躲避追杀，刘秀他们在滹沱河两岸迂回。黑云压顶，天空灰暗而深沉，呼啸的北风，如鬼哭狼嚎，狠狠地撕裂大地的寂静，刘秀他们再次来到滹沱〔hū tuó〕河畔。

"现在河里流冰碴子，没有船，也找不到船，过不去。"候吏①这一句话，令那本就冻得几近僵如冰雕的一行人愈发绝望。

"流澌，无船，不可济"，这可如何是好？

众人的心刹那间如坠冰渊，恐惧和无助瞬间蔓延。刘秀怎甘就此"冻死"在这河畔？于是吩咐王霸再去仔细打探，或许尚有转机。

天低云暗，呼啸的寒风像发酒疯的醉汉，扯着喉咙狂喊乱叫。宽阔的水面漂浮着冰块，你挤我拥地流着，情形同候吏所言相差无几。

怎么办呢？追兵在后，大河在前，现在这情形，若照实说，大家定会绝望，绝望之下，定会作鸟兽散，如若那样，岂不置大司马于险境？

王霸愁绪萦怀，竟浑然不觉寒冷，凝视那缓缓流动着浮冰，恨不能化冰为船以解困厄，思忖片刻，有了主意。

王霸策马一路小跑回去复命，跪报：**"冰坚可度(古通渡)。"**

王霸神色淡定，不慌不忙地说道："滹沱河面已结冰。"刘秀素知王霸为人沉稳，虽心存疑惑，然念及或为转机，加之向来举重若轻，于是，抚掌大笑，道："候吏果妄语也。"

刘秀大笑候吏说了假话，众人悬吊的心胆，也在刘秀笑声中，宽松下来。大家振奋精神，往滹沱河奔去。

历史常如风云变幻，出其不意间，便峰回路转，柳暗花明。候吏之实言，转瞬竟成妄语；而王霸之谎言，却意外化作现实。

---

① 候吏：又称候人、幕门候吏，多指驿吏，掌迎送宾客及瞭望事宜。

老天爷真的给力！慷慨地馈送了一份巨大的惊喜。

王霸离开时似银鱼嬉于水波间的冰凌，待刘秀抵达河畔，已化为晶莹剔透的巨龙横卧两岸。河面已然冻住，恰似老天爷专给刘秀搭建的奇异"冰桥"。

刘秀令王霸护卫大家快速过河，冰面太光，一步三滑，人车马均难前行，大家赶紧挖了些土撒在冰面上，抢"渡"滹沱河。

（李贤注《后汉书》："《续汉书》曰：时冰滑马僵，乃各以囊盛沙，布冰上度焉。"）

老天爷施为让那奔涌的滹沱河冰封成桥，给绝境中的刘秀，开启一扇希望之门。待刘秀安然通过，这扇"门"竟又迅疾闭合，**"未毕数车而陷"**。

后续的几辆马车尚在冰面，冰层便开始碎裂、融化，最后几辆车掉进了冰冷的河里。

滹沱河冰化，追兵也被大河隔断在对岸，刘秀暂且摆脱了追杀。

脱离险境，刘秀由衷慨赞王霸："我们大家能够安全渡河，有惊无险，完全仰仗你啊。"

王霸真诚地说道："不是我的功劳。明公至德，感动上天，得到神灵护佑。周武王的白鱼之应，不过如此。"

王霸所说"白鱼之应"是历史上著名的"白鱼入舟"典故。当年武王伐纣，渡盟津，船行大河中流，一条大白鱼跃入武王的舟中，武王姬发以它祭天，以为好兆头，伐商纣，将是手到擒来。

王霸此言虽说有奉承之嫌，却也是真心话。他也无法解释冰合冰融的古怪，除了天命所归，还有什么可能呢？

刘秀感动"神灵之佑"，想了想也觉得是得到了老天眷顾，动情道："王霸临危能随机应变避祸，大概这就是天降祥瑞吧。"

正所谓"自助者天助之，自弃者天弃之"，谁都无法预知未来，于困境之中，只有永不言弃，方有扭转命运之机。

滹沱河冰似刘秀人生的分水岭，那河冰将刘秀的过去封冻，一切就此重新开始。

多年以后，刘秀回顾从前，感慨万千：**"颍川从我者皆逝，而子独留，始验疾风知劲草。"**风和日丽，"劲草"同一般草没什么不同，只有经过狂风暴雨的洗礼，才能显现"劲草"的不同。

王霸(字元伯)，刘秀的忠实拥趸，眼中只有刘秀，其他人之于他都是微不足道的埃尘。

王霸初次追随，是在刘秀略地颍川降服颍阳之时，颍阳人的王霸率众宾客恭候请求加入，当时，他满含敬意地说："将军您兴义兵，我也不知道自己有没有能力。仰慕您的威德，愿意追随您，在您的军中当个小兵。"

刘秀满怀热忱地欢迎王霸的加入："我日夜期盼能与贤能之士携手共成大业，同铸辉煌，别无他念。"

王霸跟着刘秀在昆阳大战中大显身手，之后回到家乡颍阳。王霸为何"还休乡里"，史书上并未给出明确记载。

或许是在昆阳之战中负伤，回家调养，恰逢刘秀为兄长被杀而暂作隐忍，作为刘秀忠实追随者，王霸伤愈后，不愿改换门庭，所以待在家里。当然，也有可能存在其他缘由，但无论何种原因，王霸一心认准刘秀，这是不争的事实。

王霸出身于法律世家，心怀远大抱负。他精通法律，曾为郡中狱吏，为成就一番事业，曾远赴长安寻觅机会，却未遇伯乐，因不愿虚度光阴，返回家乡。对于如此不甘平庸之人，放弃"他主"在家闲居，便意味着放弃大好前程。然而，王霸对此并不在意。所幸上天并未让王霸久等。

刘秀"蹉跎"了一段时日后，"复出"去洛阳操持刘玄定都登基事宜，路过颍阳，王霸请示父亲继续追随刘秀。父亲明白了儿子的心志，感叹自己年老体迈，无法适应军旅生活，要不然父子同行，如今的他只能叮嘱儿子好好干：**"吾老矣，不任军旅，汝往，勉之！"**王霸带上数十名宾客，跟着刘秀到了洛阳，又跟着刘秀来到河北。

（这段历史诞生了表示处于危险境地，忽然绝路逢生的历史典故**"王霸冰合"**
"冰合流澌""滹沱凝合""冰坚可度"。）

（王霸的故事，也是成语**"疾风劲草"**的由来。）

（数百年后，李世民诗赠萧宰相，赞美萧瑀在政局混乱、社会动荡不安、尖锐
复杂的斗争中经受住了考验，如刘秀的讨虏将军王霸一样，有着忠贞的品质和节
操：**"疾风知劲草，板荡识诚臣。勇夫安识义，智者必怀仁。"**李世民《赐萧瑀》）

白衣老人

再次强渡滹沱河，虽然侥幸暂时摆脱了追兵，然而，河北已是王郎
的天下。邯郸如难以逾越的巨障，横亘在南下的必经之路。一味在滹沱
河两岸迂回周旋，终究不是长久之计。可是，前路如浓雾深锁，一片迷
茫。究竟该去何处，该走向何方？哪里才是能暂避风雨，栖身立命的
地方？

刘秀一行在下博(今河北深州市东南)城西茫然若迷，似漂泊在浩渺沧
海的孤舟，不知何处是可以停靠的岸。正犯愁间，路边一位穿着白衣的
老人，对着他们招手。老人精神矍铄，面容和善，抬手遥指南边，大声
说道："小伙子们，切莫灰心丧气，往南去八十里就是信都，那里的军
民依然矢志效忠大汉啊。"

"什么？什么？"

大家简直不敢相信自己的耳朵，你看看我，我看看你，确认没有听
错：**"信都郡为长安守，去此八十里！"**

白衣老人宛若传说中的神仙，扬手一指，刘秀从此踏上了充满生
机、洒满阳光的康庄大道。

刘秀没齿难忘白衣老人的恩情，后来，在下博县西立"白衣老父祠"。

（更有后人大开脑洞，说白衣老者是高祖刘邦显灵。）

第八章　卷土重来

信都转折

刘秀一行振奋精神朝信都城邑(今河北冀州市旧城)奔去。

正行间，突见前方马路上黑压压一片，刘秀一众心头大颤，下意识勒住缰绳，却发觉这支队伍不像拦截，反倒像是在等候，果然如此。

刘秀"镇慰州郡"来到下曲阳(和成郡治所地，今河北晋州西北)，和成卒正(和成太守)邳肜〔pī róng〕(字伟君)率全城吏民夹道欢迎。邳肜生于官宦之家，父亲邳吉是辽西太守，他也从政多年，见地和认识远超常人。他从刘秀的身上看到了希望，刘秀继续"镇慰"之旅，邳肜继续做他的太守，追随的心却跟在了刘秀身旁。

王郎称帝，河北望风而靡，邳肜不愿归附，刘秀的处境令他担忧。得知刘秀摆脱追兵，过滹沱河时，本就不多的人马还掉进河里几骑。邳肜立即挑选了二千多精骑兵，带上队伍，沿刘秀必经之路，迎接刘秀。

想来，指路的白衣老人，极有可能是邳肜的特别遣派，所以老人笃定地等候在那里，而邳肜也才会那般自信地**"选精骑二千余匹，缘路迎世祖军"**。

邳肜等到了刘秀，不多寒暄，簇拥着刘秀来到了信都城下。

信都太守任光，此刻正与信都令万脩〔xiū〕、都尉李忠、功曹阮况、五官掾郭唐商量如何守城，听闻大司马刘秀来到了信都，任光一路小跑去开门迎接。

信都城关闭多日的大门打开了，刘秀踏进信都城，城中吏民激动地高呼万岁。

任光一定没想到，他打开的不只是信都城的大门，他打开的是刘秀未来君临天下的大门，也打开了王郎的死亡之门。刘秀踏进信都城，也踏上了开创东汉王朝的新征程。

填饱了肚子，刘秀召开了决定他未来和命运的会议。

会上大家你一言我一语，意见相当统一，用两郡兵力护送刘秀回长安，只有邳彤力主反击。

邳彤关注刘秀的行踪，带两千骑兵沿路寻找、等候刘秀，绝不是为了送刘秀回长安。

邳彤说："老百姓想重回大汉已很久了，所以更始一称尊号，天下群起响应，三辅清宫除道，扫榻以待，一人举戟高呼一声，千里之外的守将就弃城而逃，贼虏伏地请降，感动人民到这种程度，自古以来从未出现过。一个算卦的冒充帝子，就能集乌合之众，攻陷燕赵，号令河北，更何况您是大司马，调集二郡之兵，宣恩扬威，岂能攻无不克战无不胜？如果弃此而去，不但白白失去河北百姓，三辅百姓也将惊恐不已，如此将严重损害您的威信，绝非良策。假若您没有讨伐王郎的意图，即便是信都之兵恐怕也难以召集，因为您一旦离去，邯郸就控制了局势，老百姓断然不会不顾父母妻儿听从城主调遣，千里迢迢送您去长安，那么，他们必定会离散逃亡。"

邳彤说得直白也很实在，于情于理都不应该"逃跑"，众人被邳彤犀利的言辞打哑了腔，你看看我，我看看你，不知如何是好。刘秀面色凝重。

邳彤向刘秀陈明其离开后的"恶果"，也等于提醒刘秀，若其返回极有可能陷入重重困境。如果河北是龙潭，对刘秀来说，长安亦如虎穴，二者并无本质区别，留于龙潭，尚有机会搅弄风云，成就一番作为；一旦踏入虎穴，必然凶多吉少，甚至可能万劫不复。

刘秀纳之，决定止步逃亡，重整河山。拜邳肜为右大将军，命其领兵在前。

邳肜的此番慷慨陈词被后世誉为"**一言兴邦**"。邳肜堪为撩起东汉王朝面纱的第一人。他的慷慨陈词，可谓是东汉王朝叩门的第一声。

绝地反击

刘秀决定绝地反击，可是仅有这几千兵力，难以抗衡兵势强盛的王郎，怎么办呢？刘秀想到之前招降的两支流寇队伍，于是，叫来信都太守任光商量。

任光（字伯卿），南阳宛人，为人忠厚实诚，在郡里做着小官。更始元年（23年）五月，汉军攻克宛城，一小卒见任光衣着光鲜，顿生歹意，想杀人抢衣服，又怕血污染了衣服，逼迫任光脱衣服。恰好光禄勋刘赐路过，见任光敦厚质朴颇有长者风范，出面救下了他。任光感激救命之恩，带领亲族归附了刘赐，获拜偏将军，参加了昆阳之战。战后出任信都太守。河北郡县望风倒向王郎，任光杀了前来游说他归附王郎的扶柳县（今河北冀州市西北扶柳城）廷掾，关闭城门婴城自守，可是但凭仅有的四千兵力，能否守住信都城，又能坚守几时，大家心里没底，正一筹莫展，刘秀翩然而至。刘秀力挽狂澜的超凡之能，任光亲身经历，此刻见刘秀前来，仿佛于黑暗中乍见曙光。

任光信心满满，刘秀心里却有些担忧。王郎的势力席卷了河北，自己一路过来信都险象环生，这两郡兵马不过六千，如何应敌？他突然想到一个壮大力量的办法："伯卿啊，我们势力虚弱，我想我们去投靠城头子路、力子都，如何？"

"绝对不可以。"任光毫不犹豫地掐断了刘秀的念头。

城头子路姓爰名曾，与肥城刘翊因在卢县城头起兵，队伍被称为"城头子路"，有部众二十余万。新莽末年，"**寇掠河、济间**"，后被更始招降，刘玄将爰曾拜为东莱郡太守，刘翊拜为济南太守。后来，爰曾被部下杀死，他的部下全部投奔了刘翊，刘玄担心刘翊人多生出祸端，封刘翊为助国侯，令其罢兵回老家。

力子都——赤眉军的创始人之一，手下有六七万人马，常年活动在徐州、兖州一带(力子都被家奴谋害，其旧部重新聚集，成为檀乡"贼"一部分，被吴汉消灭)。

任光明白刘秀投靠是假，借力是真。可是，这两支队伍是彻头彻尾的贼寇队伍，加入其中，不确定的因素太多，万一赔了夫人又折兵，得不偿失。

"可是我们手上要人没人，要兵没兵，怎么办呢?"刘秀无不惆怅。巧妇难为无米之炊，可城头子路、力子都也绝不是什么好"米"，任光灵机一现，咱可利用他们的名号啊。

任光献上他的计策：招募奔命兵①，发檄文，通告各郡县，速降，可保命保财。乱世之下，**"人贪财物，则兵可招而致也。"**

财帛动人心，厚利驱勇夫。以财诱人易募兵。刘秀采纳了任光的策略，绝地求生，拜任光为左大将军，封武成侯，李忠为右大将军，封武固侯，出城招兵买马，令南阳人宗广暂代信都太守。

刘秀解下自己的绶带给李忠戴上，决心再来一次乾坤大挪移，如"昆阳之战"将"天"翻转。

任光制作了多份耸人听闻的讨贼檄文：大司马刘公率领城头子路、力子都兵百万之众，前来征讨各部反贼。同时发出警告：识相的抓紧投降，不识相的，城破之日便是财散人亡之时。

讨贼檄书被快马广泛散发在钜鹿(今邢台平乡一带)界。檄文内容如同深水炸弹，掀起滔天巨浪。

---

① 奔命兵：汉代兵种。多为军情紧急时临时征募的应急应变士兵。平时各司其职，闻国家之命而奔赴险难事件，由此集合起来组成军队叫做"奔命兵"。"应劭曰：旧时郡国皆有材官、骑士以赴急难；今夷反，常兵不足以讨，故权发精勇，闻命奔走，故谓之奔命。"

　　檄书是射向王郎的第一支利箭，一经射出，威力劲爆。

　　紧接着，第二箭射出，比上一箭更劲爆。

　　傍晚时分，任光、邳肜等带兵进入堂阳界，让骑兵拿着手持火把，将大泽中的野草全部点燃。为加强效果，又令士兵爬上大树，将树冠点燃，堂阳城外火光烛天，熊熊烈焰映红了大泽。城中的人们白日里看到的檄文，本就惊魂未定，此刻又见一片火海，真的以为百万大军压境，吓得魂不附体，当夜举城投降。

　　邳肜快速进城，接管堂阳(今河北新河县)，派人将刘秀迎进堂阳城。

　　没费一兵一卒就拿下堂阳城，刘秀声威大震，**"旬日之间，兵众大盛"**，郡县纷纷响应，中山、卢奴等县相继臣服。

　　刘秀不希望掳掠，行军至苦陉〔xíng〕(今河北定州市东南邢邑)，召集诸将，询问所得财物，只有李忠口袋空空。刘秀赞许李忠的行为，说："我欲特赐李忠，诸卿没有意见吧？"

　　刘秀将自己所乘大骊马及绣被衣物，全部赐给了李忠以褒奖其仁心。

　　刘秀重磅出击，周边各县如多米诺骨牌，一个接一个倒在刘秀脚旁。

　　这个世界就是这样，奇迹，总是会从希望渺茫中喷薄而出。

　　"智者之举事也，转祸而为福，因败而成功者也。"

　　刘秀强势回归，人们又看到了希望，归附刘秀的部众越来越多，**"至有数万人"**，刘秀一跃成为号令数万部众的大将军。

　　从信都重新出发的刘秀，势如蛟龙出，摧山搅海，摧搅出了一片属于自己的天下，王郎和邯郸，都变成了他崛起的垫脚石。

联姻动局

　　刘秀点燃讨伐王郎的熊熊火焰，从堂阳燃起一路北上烧向邯郸，真定(今河北石家庄市东)国横亘路上，犹如邯郸的"防火门"。倘若这道

"门"紧紧关闭，大火不但烧不到邯郸，还可能就此熄灭，必须打开这道"门"。

坐拥真定国的真定王刘扬手握十万重兵，虽已倒向了邯郸，但与邯郸的关系并不牢固。眼下号令数万兵将的刘秀，实力上仍属兵微将寡。真定军一旦有所行动，必将影响战事走向，倘若争取并掌控这股力量，刘秀就拥有了排山倒海之力。刘秀经过一番思考，叫来骁骑将军刘植（字伯先），对这位来自昌城（今河北省丰南市西北）的宗亲，如此这般交代一番。

刘植穿过朦胧的春雾，胸有成竹地走进了真定国，一通游说下来，刘秀多了一房媳妇。

更始二年（24年），这个春天最娇艳的那花朵，为刘秀而绽放。

史书上没有记录"联姻"是谁的主意，有没有这样的可能，刘秀从邯郸去往真定与郭圣通"擦肩而过"？只是他在明处，她在暗处，他不知她，她却知他，或者是她之前听说过他，见到真人，英气逼人，芳心暗许？然后告诉了舅舅……

婚姻之于古代的女性，几乎是生命的全部，一生的依靠。但对于古代男性，却只是一生中很小一部分，很多时候，甚至是政治的附庸。这桩婚事，对刘秀而言，也只有利而无弊。

对真定王刘扬来说也是如此，刘秀与外甥女郭圣通结为秦晋之好，大司马刘秀就成了他的"马前卒"。

婚礼在郭家的漆里舍举行，为外甥女寻得如意郎君，刘扬心情大好，喜宴上亲自拿着尺八，击筑欢歌。

如此盛大铺张的婚礼，郭圣通是第一次，刘秀同样如此，即便是他已娶了阴丽华，可是当时情况特殊，并不允许他大操大办。

"三杯竹叶穿心过，两朵桃花脸上来。"刘秀的心情恰如桃红芬芳的春天，在真定大宴宾客，击筑而歌。

这场婚礼也让高祖九世孙刘秀与高祖十世孙刘扬辈分翻转，刘秀由长辈降为晚辈。刘秀与郭圣通两人的"爷孙"辈分，彻底改变。

正是这场婚礼，使得真定王刘扬倒戈转向刘秀，波谲云诡的政治局势发生了翻天覆地的变化。

刘秀通过这场婚姻，顺利拆掉了邯郸的"防火门"，将刘扬的十万兵马变成自己的"火力"，真定王刘扬变成了他的"马前卒"。

有了郭圣通的刘秀，事业进入了快车道。河北由此成为刘秀强势崛起的基础和保障。

红袖添香，刘秀春笋怒发，率领邓禹等将，"**击王郎横野将军刘奉，大破之。**"

突骑援至

刘秀广发檄文，趁水和泥，召天下人共击邯郸，一鼓作气拿下乐阳（今河北鹿泉市东北）、广阿（今河北隆尧县东）等城池。

邓禹陪刘秀登上广阿城门楼，极目远眺。刘秀看着邓禹，笑着说："天下的郡国那么多，我忙乎了这么久也仅得一个，你以前怎么说我足以平定天下呢？"

邓禹没有嘻哈，神色严肃道："而今天下混乱，人民思念明君，就像小娃娃想念娘亲。'**古之兴者，在德薄厚，不以大小**'。"

邓禹用小孩子思慕慈母来比喻百姓渴望明君，强调刘秀具有仁君之德。自古以来，国家兴隆，关键在为政者的德行，而非所占地盘的大小。

孟子曰："**以德行仁者王。**"仁德之君，自是民心所向，刘秀满面春风，内心信念愈发坚定，他将一往无前，无所畏惧，肩负起复兴汉室的大任。

刘秀站在广阿城楼上，凝眸远望，忽见大路远端烟尘腾起，仿佛一团快速移动的乌云，由远及近，心里咯噔一下，莫不是王郎的援军？立即下达作战命令，弓箭手就位，严阵以待"来敌"。

快速移动的乌云停了下来，从乌云中飞出一匹快马，飞至城下，马上之人仰头高声问城中是谁的部队：**"此何兵?"**

城门上的士兵傲娇回答：**"大司马刘公也。"**

听到答案，城下问话人立即调转马头，如闪电般离去。不一会儿，黑压压的骑兵呼啸而至，疾风骤雨般的马蹄声在广阿城门前戛然而止，城中的人神经瞬间拉紧。

刘秀登上西城楼，大声问："城下何人?"

城下队伍异口同声高喊："上谷渔阳突骑，特来襄助刘公，讨伐邯郸。"

耿弇在城下，挥舞着双臂，高兴地大叫："大司马，我耿弇来了!"

刘秀定睛一看，果然是那个豪气冲天的小儿曹，顿时喜上眉梢，命人打开城门，欢迎众将士入城。

原来，耿弇在蓟与刘秀离散后，回到上谷说服父亲发兵支持刘秀。寇恂又代表耿况说服了渔阳太守彭宠，两郡各发步兵一千突骑兵二千，共计六千精兵。两郡突骑兵一路追赶，一路拼杀，来到广阿，**"闻城中车骑甚众"**，上谷突骑兵长官景丹自告奋勇前往打探，打探出城中正是大司马刘公之兵，耿弇尤为兴奋，终于又见到刘秀了。

刘秀亲切地接见大家，无限感慨地说："邯郸将帅多次说我征发上谷、渔阳突骑精兵，我权且应承说是，没想到，二郡真的来了。太感谢了!"刘秀目光灼灼，环视一周，郑重言道："我将与诸位共同建功立业。"

上谷渔阳两郡突骑兵，给刘秀献上了一份丰厚的见面礼，摘下王郎的大将、九卿、校尉以下官员脑袋四百余颗，收缴印绶一百二十五个，符节二个，消灭敌人三万余人，将涿郡、中山等二十二县，装进刘秀的口袋。

上谷、渔阳突骑兵的加入，刘秀如虎添翼，实力也在讨伐王郎的过程中迅速壮大。

（"**上谷兵**"闻名遐迩，西汉时期就有上谷雄兵之称。后世以"**上谷兵**"指边防劲旅之师。以"**渔阳突骑**"咏精锐之师，比喻最优秀的突击部队。）

围攻钜鹿

时间过得飞快，很快到了人间芳菲尽的四月。区区一百天，刘秀打到了柏人（今河北省邢台市隆尧县城西），柏人守将李育龟缩坚守，刘秀转攻钜鹿，计划在强敌到来之前拿下钜鹿。

钜鹿太守王饶是个狠角色，死命坚守，刘秀围攻月余，毫无进展。

邯郸城里的王郎，没想到刘秀壮大得如此之快，急调精兵，妄图在邯郸的门户钜鹿，给予刘秀致命一击，将刘秀如齑粉般摧毁。大将倪宏、刘奉领兵汹汹杀向钜鹿，刘秀将计就计避开锋芒，重新调整了兵力，在大陆泽和漳水之间最狭窄处的南栾〔luán〕挖好墓穴，只等将敌人引到那里全部埋葬。

王郎派出大军救援钜鹿的同时，又派出一支队伍，偷袭了信都城，信都城中大户马宠，偷摸打开城门，引王郎部进城，囚禁代太守宗广，抓押了邳肜、李忠的父母妻儿。

王郎兵抄了刘秀的后路，又让人写信要挟邳肜、李忠立即投降，否则灭族。

邳肜收信，泪如雨下，哽咽道："国事是大事，刘公此刻正在忙着国事，我正在为国家效力，不能以私事影响国事，只能对不起老母亲您老了。"

李忠接信怒目切齿，怒斥马宠背恩反叛，将在他军中的马宠之弟杀了。可怜马宠弟，天降横祸。

刘秀担心此举激怒马宠，让李忠带上队伍回信都解救家人们，安慰李忠："部队我已经部署好，可城中悬赏，只要能救出你的家人，赏钱千万，赏金到我这里来领。"

李忠决然回绝，说："明公大恩，在下铭记在心，我只想到为主公效命，实在不敢顾及家人。"

邓彤说**"事君者不得顾家……公方争国事，彤不得复念私也"**，李忠言**"蒙明公大恩，思得效命，诚不敢内顾宗亲"**，二人都不愿为了自己的"私事"影响国家大事，感动不已的刘秀只好另安排任光去解救人质。

任光带上队伍急匆匆奔回信都，这些兵卒原本是为混口饭吃临时参军的，这要去送脑袋，心里害怕，一个个开小差，还没到信都，任光的队伍真的"人光"了。

"光杆司令"的任光沮丧地返回钜鹿。万幸的是刘玄派尚书仆射谢躬率大军过黄河讨伐王郎，夺回了信都，"人质"得以保全。

［"临患不忘国，忠也。"（《左传·昭年》）受王郎兵威胁邓彤和李忠都用自己的行为，回答了什么是为国尽"忠"，这是中国古代士人的情怀，"生，亦我所欲也；义，亦我所欲也。二者不可得兼，舍生而取义者也"。自古忠孝不能两全，舍生取义，为国尽忠，就是最大的尽孝。］

血战南欒

倪宏、刘奉率军杀到，铫期为先锋迎敌，一口气剁下五十多颗脑袋。混战中，铫期的额头被长戟戳中，鲜血涌出，铫期扯下头巾裹住额头，继续战斗。

铫期立马横刀如黑煞星，骇得敌人连连后退，不敢前进。

倪宏、刘奉又组织了几次进攻，铫期裹血力战，如狂风经过，敌人如狂风中的麦子，横倒了一地。

倪宏、刘奉仗着人多，稍作调整后，再次扑了上来，利刃与血肉一同横飞，战斗再度白热化。铫期渐渐"变弱"，边打边退，倪宏像打了鸡血，兴奋地催军追击，汉军"节节败退"，抱头"逃窜"，倪宏"缴获"汉军的鼓车以及数辆运送军用物资的车辆。

汉军兵荒马乱"逃跑"，其实都是"演戏"，目的只有一个，诱敌入南欒"舞台"。汉军"戏"做得足，演得逼真，倪宏等被牵着鼻子毫无悬念地登上刘秀为他们布置好的"舞台"。

倪宏兵兴高采烈争抢东西，埋伏在树林里的景丹率领突骑兵骤然杀出，快马和喊杀声如海啸咆哮而至，出其不意的袭击，倪宏兵猝不及防，毫无招架之力，纷纷倒毙在血泊之中。顷刻间，尸横大地。南欒成了人间地狱，刀光剑影，纵横交错，马蹄所过，血流成河，敌人抱头鼠窜，溃不成军。景丹等纵马驰骋，**"追奔十余里，死伤者从横"**。

横七竖八的尸体蜿蜒十余里，突骑兵强大的作战能力，震惊了一旁观战的刘秀。景丹得胜归来，雄健的战马奔腾如飞，气势若汹涌澎湃的大潮，刘秀大开眼界，直言："我从前只是听闻突骑是天下精兵，无往不克，今日亲眼目睹，果真是名不虚传！"

打败了钜鹿援军，刘秀打算继续攻打未能攻下的钜鹿，可是攻城并非骑兵强项，思维活跃的耿纯献上胜战良策，直捣邯郸，斩杀了王郎，钜鹿不攻自破。

刘秀拍手称好，留下部分汉军围困钜鹿，亲率大军大举南下，杀向邯郸。

长安乱象

刘秀在河北浴血奋战，刘玄在长安声色犬马，忘了长安城外是乱麻一团。

王莽死后，长安皇宫仅未央宫被焚，其余宫殿完好无损，钟鼓、帷帐、舆辇、器服、太仓、武库、官府等还是老样子，数千宫娥也都在，大将军申屠建、丞相司值李松将乘舆、龙袍送到洛阳，劝说更始迁都。李松为确保顺利"迁都"，来了双保险，将擅长历算的儒学大师郑兴拜为丞相府长史，派去洛阳接驾入关，举棋不定的刘玄被说服，在他登基一周年之际，离开了洛阳来到了前都城长安。

刘玄还算清醒，迁都前派尚书仆射〔yè〕谢躬（字子张）率六将军过黄河，讨伐逆贼王郎，这样，在河北率先讨伐王郎的刘秀不再是孤军作战。

更始二年二月，刘玄在自己登基一周年之际启程离开洛阳，李松担任车驾引导，原本安静的马不知怎的突然癫狂，拖着车驾在宫中胡乱狂奔，撞在北宫的铁柱门上才停下，三匹马血溅当场。

迁都之旅的开局仿佛莫名地预示了刘玄未来的"血光之灾"。

刘玄住进了长安金碧辉煌的长乐宫。该上朝了，他来到前殿，郎吏早早依次在庭中排列好，第一次见识偌大的上朝阵仗，**"更始羞怍，俯首刮席不敢视"**。

刘玄本就腼腆，此刻紧张得大气儿不敢出，低着头不敢直视众人，僵硬地坐在龙椅上，手不自觉地刮抠坐席。绿林诸将进殿，为掩盖心里的慌张，刘玄开口问："你们掳掠了多少啊？"

左右侍官都是宫中老人儿，从未听过皇帝问臣子**"虏掠得几何"**这般惊世骇俗之语，一脸错愕，面面相觑。

（**"刘玄刮席"**，用为形容害羞窘迫的样子。）

"巍峨的宫殿"给了刘玄自信，他将刘嘉、刘赐等六位春陵宗室以及朱鲔、张卬、廖湛、申屠建、李轶、王凤、陈牧等十四位异姓将领全封为王。刘邦曾定"白马盟约"，非刘氏不得封王，朱鲔以不符合礼制为由辞让，刘玄又将朱鲔改封为左大司马。

刘玄一口气封了二十个王，却"忘记"了远在河北讨伐王郎的刘秀。

王封了，官派了，朝政也委托给新宠的父亲赵萌了。刘玄住进雕梁画栋的长乐宫，开启了酌金馔玉的"常乐"生活，每日与宠姬新欢饮酒作乐，酩酊大醉。群臣有事上奏，刘玄醉得不能见人，荒唐地让侍中冒充他，坐在帷帐之中，想要将大臣糊弄过去。敏锐的大臣们听出声音不对，出了大殿，忿忿然："太不像话，成败都没最终定局，竟然放纵成这样。"

刘玄的宠姬韩夫人酷爱饮酒，每次陪侍都不愿被人打扰。这天韩夫人正陪刘玄对酌，常侍（官名，皇帝的侍从近臣）奏事，韩夫人怒叱常侍眼瞎：**"帝方对我饮，正用此时持事来乎！"**

韩夫人杏眼圆睁柳眉倒竖，厉声责骂常侍拿那些"破事"打扰他们对饮的雅兴，一把抢过公文案卷，恨恨扯毁，天女散花般扔了一地，将常侍赶了出去。

韩夫人"**抵破书案**"，刘玄醉眼朦胧，无动于衷。

（"**抵破书案**"，后用为妃嫔专横之典，又可借指下朝后不理政务。韩夫人"抵破书案"的历史，也是成语"**正中下怀**"的源头。后人用典或化用典，表达心情。）

刘玄君臣在帝都的花花世界里迷失，并迅速腐化。

刘玄贪图软香温玉灯红酒绿，充耳不闻城外事，连朝政也懒得多看两眼。朝堂被他委托的赵萌等人弄得乌烟瘴气，更始政权的官场丑态百出，官员们成了佩戴印绶的强盗，手中的权力变成了雁过拔毛的工具，毫不掩饰贪婪，官场不良风气横行。

权力一旦被滥用，手握大权的人就会挖空心思，将权利据为己有，让自己的利益最大化。

王匡、张卬、申屠建、廖湛等"王爷"们暴虐三辅，四处抢劫。诸将为敛财各自安置亲信，大臣们各自打着自己的小算盘，州牧郡守等长官任职，安排交错，州郡无所适从。

赵萌小人得志，大肆卖官鬻〔yù〕爵，只要舍得花钱儿就能封官，"**群小贾〔gǔ〕竖，或有膳夫庖人**"都成了政府官员。这些新官员穿着绣衣锦缎，招摇过市，得意忘形的样子令人侧目。坊间议论纷纷，心心念念"迎回"的汉家皇帝，连那个瞎折腾的王莽都不如，还带来一群强盗，三辅百姓们失望透顶，恨不得时光倒转，重回新朝。一时间，怨声盈道，人言啧啧，四海怨叛。

歌谣"**灶下养，中郎将。烂羊胃，骑都尉。烂羊头，关内侯。**"不胫而走，在大江南北传唱。

（成语"**群小贾竖**"因刘玄而诞生。）

["**烂羊头**"、"**羊胃羊头（官滥羊头）**"、"**侯封总羊头**"、"**灶下养**"、"**烂羊费官爵**"、"**烂羊**"等由此成为典故，后用为地位卑下者求官、滥授官爵之典。]

宗亲中的"能人"也不服刘玄，梁王刘永率先按捺不住。

刘永的父亲是第七代梁王，被王莽所杀，刘永失去继承权，刘玄登基，刘永急赴洛阳效忠，是宗室中最早的效忠者。刘玄很是大方，恢复了他的梁王爵位。然而，为了无上权力，刘永全然不顾这份再造"恩情"，在梁国都城睢阳为取代刘玄悄悄做着准备。

安定没多久的天下，再次沸腾起来。**"是时，长安政乱，四方背叛。"** "王侯将相宁有种乎？"刘玄坐上龙椅也定不了天下，宝座我辈何尝不能坐！长安城外，豪杰纷纷自立，公孙述称蜀王；李宪自立为淮南王；秦丰自号楚黎王；张步、董宪、延岑、田戎分别占领琅琊、东海(今江苏省连云港)、汉中、夷陵……**"并置将帅，侵略郡县"。**

功封萧王

刘玄耽溺后宫的美酒美色不能自拔，刘秀在河北剑气如霜。王郎见大势已去，连忙派谏议大夫杜威持节请降，杜威抬出汉成帝，声称王郎就是成帝的嫡亲骨肉，血统纯正的皇子。

刘秀冷笑道："**设使成帝复生，天下不可得，况诈子舆者乎！**"

刘秀语意明了，纵成帝复活也枉然，何况这个冒牌货！休提条件，莫作痴心！

杜威见"虎皮大旗"无用，又提出为王郎封"万户侯"。

刘秀果断回绝："饶他一命，就不错了。"

杜威大怒离去，放言要鱼死网破。只是这个世界，不屑狠话，只认实力。

刘秀来到邯郸城下，谢躬已经包围了邯郸多日，一直未能克城，刘秀来到两军合力，不到一个月，顺利打开邯郸的大门。

王郎终究再也看不到五月的石榴花红。

王郎半夜逃跑被发现，**"追斩之"**，杜威不知去向。

从王郎"王宫"中搜出书信**"数千章"**，既有官员中伤诽谤刘秀的，也有河北各地吏民献媚讨好的王郎的，甚至不乏出自汉军将士之手的。

对于这些"投名状"，刘秀一个字不看，当着诸将的面，一把火全部烧成灰烬，诙谐道："让那些睡不着觉的安心睡觉吧。"

火光映红了众人的脸，安抚了众人的心。

（刘秀轻松诙谐的"令反侧子自安"，又为后世贡献了一个成语"反侧自安"。）

消灭了王郎，刘秀得封萧王。

（"萧王"成典，多指刘秀。典故"萧王困监"指萧何。）

（刘秀烧信安人心的高招，被三国时期的曹操、南北朝时期齐高帝萧道成、明成祖朱棣等"抄作业"。这些反复上演的历史事件，印证了人性恒常不变，智慧彼此相通，且相承延续。历史仿佛一个周而复始的圆，人生亦似一台多姿多彩的戏，剧情大同小异，情节大致相仿，如巡回演出，所不同者，无非是更了主角，换了舞台而已。）

大树将军

邯郸事毕，刘秀重新调整军中将领，为他们分配属官。这一分配，刘秀发现冯异最受欢迎，**"军士皆言愿属大树将军"**。

刘秀开启横扫河北的征程，冯异从谦谦文官主簿，完美蜕变为战场上的猛将，冲锋陷阵，屡建奇功。许是熟读《孙子兵法》的缘故，冯异治军严谨，带兵讲究章法规则，军队整齐划一。他带领的队伍，行进都有不同的标帜，路上与其他将领相遇，**"辄引车避道"**，自己避让路边，请对方先行。

累立战功的他，从不居功自傲，也从不抢功。大战过后，将领们围坐一起谈论各自战功，冯异却默默走开，一个人坐在大树下，思考下一战该怎么打。这样的次数多了，大家便给冯异送上"大树将军"的雅号。

（成语**"引车避道"**源自冯异。**"大树将军"**等更成为功成不居的象征。）

（**"大树将军""将军树""大树日萧萧""坐树不言""思冯异"**等成典，用为称颂德行高尚，不争名夺利。）

第九章　崛起河北

邯郸定计

刘玄担心刘秀在河北势力壮大，封刘秀萧王的同时，令其罢兵回朝。

刘玄的旨意到达邯郸，刘秀正在王宫温明殿小憩，耿弇径直走到刘秀的床前，请求回上谷征兵，补充因伤亡减少的兵员。

刘秀疑惑道："王郎已灭，河北大致平定，还补充兵力做什么？"

"王郎虽身死，天下争战才刚刚开始，且不可听什么诏令罢兵回朝。铜马军、赤眉军这类的队伍，人马少的有数十万，多的有百万，他们所向无前，更始莫可奈何，离垮台不远了。"耿弇口无遮拦，无所顾忌。

刘秀从床上坐了起来，说道："你再乱说，小心我斩了你。"

耿弇明显有些急了，语速不由自主地加快："大王您待我如父，我才敢掏心窝子。"

刘秀笑了："我开玩笑的，你为何这样说呢？"

"大王您看现在，更始是个什么事儿，朝纲混乱君臣无道，新贵们在长安专横跋扈，天子之命出不了城门。他们四处烧杀，掳掠妇女、财物，地方官走马灯似的随意更换，百姓惶恐无所适从，士人惴惴不安，日子糟得一塌糊涂。人们追悔莫及，捶胸顿足，甚至又开始想念新朝了。所以，我认为，更始朝就是兔子尾巴——长不了。大王的丰功英名已经传扬四海，您从南阳举义，横扫百万劲敌，今又定河北这天府之地，霸业初成。您是为正义而兴师作战，每有号令，景从云集。而今的天下已到了传檄可定之时，江山如画，天下大器，且莫让外姓人抢了去。"耿弇连珠炮似的一口气说完，又豪气冲天道："我愿回幽州，增发精兵，助大王完成宏图大计。"

耿弇大胆直率，掏心掏肺，见解如一道闪电，透亮了刘秀的内心。

古人云："天予不取，反受其咎；时至不行，反受其殃。"机会既已来敲门，为什么不开门？刘秀以河北未定为由，接受封号，拒绝回京，悄然启动与刘玄的分手程序。

征调幽州突骑

河北大地上的纷争并未因王郎覆灭而消散，这片广袤的土地俨然成了一个大战场，铜马、大肜、高湖、重连、铁胫、大枪、尤来、上江、青犊、五校、檀乡、五幡、五楼、富平等多支农民军如潮水般涌来，数百万人全都汇集于此，其中以铜马军势最盛。刘秀决定先啃这块硬骨头。

南栾之战，刘秀见识了突骑兵的威力，他想将整个幽州的突骑部队全部征调，为他所用。

自秦统一六国以来，幽州一直是外族入侵中原政权的前沿阵地，被骚扰的次数多了，百姓们也都练就了一身武艺。西汉建立后，为抵御外族入侵又加强郡兵训练，就这样，训练出了中国第一支甲骑具装部队——幽州突骑。这支队伍中的将士，个个弓马娴熟，人人身手了得。

谁能调得来这支队伍？刘秀心里没底，邓禹推荐吴汉，**"间数与吴汉言，其人勇鸷有智谋，诸将鲜能及者。"**刘秀相信邓禹的眼光——那就他了。

吴汉(字子颜)是宛县人。自小家贫，没读过多少书，但为人豪爽仗义，爱交朋友。后因朋友犯事，惧怕连坐被抓，便逃到边郡渔阳，在燕蓟一带贩马为生。新朝土崩瓦解，来北州的招抚使是南阳人韩鸿，有人向韩鸿推荐了吴汉，两人在蓟县相见，相谈甚欢，吴汉便成为安乐令。若不是王郎横生枝节，吴汉或许会在安乐县"安乐"到老。

刘秀举兵讨伐王郎，吴汉力劝太守彭宠襄助，在消灭王郎的战斗中，吴汉所向披靡，攻无不克，战无不胜。

幽州牧苗曾是刘玄的心腹，暗中约束各郡不得应萧王征调。

吴汉带着耿弇等二十几个随从，扬鞭催马来到了无终(今天津蓟州区一带)，一刀结果了前来"迎接"他的苗曾，寒光利刃震骇北州，幽州十郡莫敢不听从调遣。吴汉顺利调集幽州十郡兵马，顺带将幽州十郡收进了刘秀的荷包。

吴汉带着浩荡骑兵队伍来到清阳，诸将羡慕眼馋吴汉"发达"了，都以为吴汉会将兵马死死抓在自己手上，在刘秀面前嘀嘀咕咕。

吴汉却出人意料地将所调兵马的花名册如实上交幕府，诸将得到消息争先恐后来要兵。

刘秀奚落众人："你们先不都以为吴汉会吃独食吗？现在怎么又来狮子大开口呢？"

诸将羞愧不已，无不敬佩吴汉的大公无私。

幽州十郡坚兵利甲的加入，使得刘秀的军事实力得到了质的飞跃，为收编铜马军提供了军事上的保障。

五千突击骑兵归在吴汉麾下，在吴汉的带领下，攻城陷阵，横扫千军。幽州突骑，这支精锐之师，成为刘秀一统赤县神州的重型利器，极具杀伤力。

("**突骑五千**"成典，后用为咏兵精将勇。)

刘秀将主簿、偏将军朱浮(字叔元)提拔为大将军，为幽州牧，正是这个任命，为日后埋下祸根，让新生的东汉政权遭到一次猛烈的撞击。

推心置腹

秋高气爽，手中有了重装幽州突骑部队，刘秀吃下铜马军这块肥肉的底气更足了，他巧妙地布下"布袋阵"，汉军分兵两路将铜马军往"布袋"里赶。

数十万铜马军兵进入了清阳(今河北省清河县东南)、博平。

刘秀、吴汉、陈俊等扼守要道，阻断了铜马军粮道。这样拦阻了一个多月，铜马军粮绝，趁伸手不见五指的黑夜逃之夭夭。刘秀跟踪追击，将铜马军赶往馆陶(今河北邯郸馆陶县)。

铫期率军如猛狮扑食咬着铜马军一翼，紧追至博平(今山东省茌平县博平)，双方展开激烈厮杀。铜马军人多，铫期兵力不足，势单力薄，只好边打边退，一直退到黄河边，再无路可退。铫期等人做好了慷慨赴死的准备，奋不顾身冲入敌阵。命悬一线之际，刘秀带领汉军从另一端杀将过来，战鼓咚咚，穿云裂石，喊杀声震天动地，先前气焰嚣张的铜马军如霜打的茄子失去斗志，无心恋战，只想保命，抱头逃往馆陶。十余万铜马大军进入"布袋"。

刘秀、铫期、耿弇、吴汉、邓禹、盖延等各路汉军会师馆陶，一些"漏网之鱼"刚跑到蒲阳，就被新晋的强弩将军陈俊全部抓到了"鱼篓里"。

数十万铜马军俯首称臣，被刘秀编入汉军，降将们被封为列侯。尽管得此优待，降将们的心里依旧是小鹿乱撞，很是忐忑，担心项上人头不保。为安抚降将，刘秀不做任何改变，降将们各自回营继续领着自己的队伍。刘秀轻车简从，巡查降将们的营地，降将们见刘秀如此不设防，内心无比感动，若不肝脑涂地以死相报，对不住萧王待他们的这颗赤诚之心，异口同声："**萧王推赤心置人腹中，安得不投死乎！**"

铜马军诸将不再张皇，刘秀这才打散铜马军各部，分配到汉军各部，汉军诸将也放下戒心，不再横眼看降虏，脸色也不再那么难看了。

刘秀以胆略和智慧，驱散了紧张对立的阴霾。

数十万铜马大军的加入，让刘秀的军事实力又上了一个台阶。

（刘秀用非凡的智慧和真诚安顿人心，为后人贡献了一个成语"推心置腹"。）

（馆陶立有"铜马祠"，实为光武庙。祠以关西称刘秀为铜马帝得名。）

不得不说刘秀的大智大勇，**"自乘轻骑按行部陈"**，这种安定降卒的举动，尽管彰显了刘秀的英雄气概，可也将他本人置于非常危险的境地，倘若铜马将领中有一两个心怀不满，伺机报复，刘秀必然有进无出。

千年后，元末名将察罕帖木儿学着刘秀的样子，轻装简从走进红巾军降将田丰大营，可怜他的赤心被一刀砍成了两瓣，一代英豪，因此枉死。

昨夜困乎

整编了铜马军，刘秀军事力量大增。当大肜、青犊军等数十支农民军队伍如钱塘大潮奔涌至射犬（今沁阳市东北）时，刘秀毫不犹豫也追到了射犬。耿纯军为前军，先行到达射犬，趁着天光未暗，安下营寨。因为是先头部队，夜幕之下，耿纯的大营显得格外孤独。敌人发现了这一片"孤零零"的军帐，半夜摸来，箭矢如雨点般射入耿纯大营。士卒无处可藏，死伤不少。耿纯沉着冷静，下令众将士自我保护坚守不动，挑选了两千勇士组成敢死队，每人发三支利箭，勇士们**"衔枚①间行"**，手持强弩，走小路绕到敌人背后，强弩并发，巨浪般的高呼随着强弩一起抵达。正往耿纯军营射箭的敌人后背突遭飞箭穿心，阵脚大乱，耿纯下令打开营门，将士们杀将出去，两面夹击之，偷袭之敌人仰马翻，丢下一地尸体，溃败而逃。

打跑了敌人，耿纯这才派人向几十里外的刘秀禀告。

---

① 衔枚："枚"状如筷子，两端有带，可系于颈上。古代秘密行军时，兵士口中衔枚，防止出声。最早见《周礼·夏官·大司马》："徒衔枚而进。"

刘秀同破晓的晨光一同走进耿纯的大营，又是心疼又是自责，关切问道："昨夜一定很艰难吧。"

黑灯瞎火，敌我混战，大概率会发生自相残杀，这道理耿纯懂，宽慰刘秀道："仰赖您的威德，幸得一切安好。"

"大军不可夜间行动，所以昨夜没来相救。"刘秀道出无奈，体贴道："军队进退没有常规，危险随时都有可能发生，你的宗族不可全在军中啊。"

刘秀将耿纯的族人安置在蒲吾县(今河北平山县东南十五里蒲吾村)，任命耿纯的族人耿及为蒲吾长，安顿好耿纯的族人，刘秀这才放心。当年耿纯的族人"**老病者皆载木自随**"，义无反顾追随他，他怎忍他们再遭战争的磨难？耿纯自此心无旁骛跟着刘秀继续征战燕、代。

战将如是　何忧

刘秀率众将追击各方农民军，向北逃窜的尤来、五幡、大枪等农民军，与青州来的五校军纠合，会聚成几十万之众的"联合军"。

在与铜马军大战中功封强弩将军的陈俊，在安次县(今河北廊坊市安次区)率先追上了五校军。

陈俊一马当先冲入敌阵，跳下马背，手执短兵，与五校兵展开了激烈的白刃战。只见赤雾弥漫，血肉横飞，五校兵支持不住开始败逃，陈俊紧追不舍，追奔二十余里，直到斩杀了五校军大帅，才在战袍上擦了擦短剑，收兵回营。

刘秀远远地看着陈俊，叹道："汉军将领作战，如果都像陈俊这样勇猛，还有什么可担忧的呢！"

刘秀对老乡陈俊的喜爱，溢于言表。

陈俊(字子昭)是西鄂县(今河南省南阳市石桥镇)人，起初在郡里做着小吏。后来，成为太常将军刘嘉的长史，刘嘉觉得他是个人才，特将他推荐给了北渡的族弟刘秀，刘秀让陈俊做了自己的安集掾。在与铜马作战中，陈俊累立战功。

五校军被陈俊打得心惊胆破，狼狈窜入渔阳。农民军被汉军穷追猛打，如溃蚁之堤四处逃窜，没有粮草的他们四处劫掠，这让汉军一时不知如何彻底剿灭。陈俊想出了一条妙策：我军轻骑兵穿插敌人前方，让各地百姓坚壁清野，坚守壁垒，敌人一旦饿瘪了肚子，必不战而灭。

刘秀深以为然，令陈俊率领轻骑兵在前方拦截，在野外放置一些散食。除了野外刘秀特意放置的那点儿粮食，农民军再也抢不到任何食物。饥饿如绞索，勒住了他们的喉咙，为活命，只得各奔东西。

刘秀赞道："困此虏者，将军策也。"

翦除谢躬

诛杀谢躬，再次提上刘秀的日程表。

当初，更始帝遣尚书仆射谢躬过黄河讨伐王郎，谢躬自以为自己是朝廷派来的"中央军"，瞧不起刘秀的杂牌军。虽然谢躬也是南阳人，却不念一点儿同乡之情，总想干掉刘秀，但碍于刘秀兵强马壮，无法下手。

谢躬的那点歪心思，刘秀洞若观火，因为战事紧张，也就由着他先"磨刀霍霍"。"中央军"大肆掳掠，谢司令听之任之，刘秀深恶痛绝。攻克邯郸后，两军虽然同处邯郸，却分置两地。

刘秀举行盛大庆功酒会，准备在酒会上干掉谢躬。谢躬带着部将马武兴致勃勃来刘秀军营庆贺。

马武(字子张)是湖阳县(今河南省唐河县)人，当年因为在家乡惹祸，为躲仇家追杀，跑到了绿林山中做了绿林好汉，被更始拜为侍郎。在昆阳大战中立下战功，晋升为振威将军，跟着谢躬来到河北。

马武外号"武瘟神"，为确保万无一失，刘秀暂且收起诛杀的利刃。

谢躬率"中央军"雄赳赳地进驻魏郡，魏郡是河北少数几个没经历兵燹之祸的大郡，刘秀怎会放任谢躬以魏郡为大本营，成为自己的强劲对手！因为马武，暂且让谢躬多活了些时日。

进驻魏郡的谢躬，人生也进入了倒计时。

没过太久，萧王刘秀来邺城拜望谢尚书，一番赞美，谢尚书如喝了蜜，刘秀不失时机地送上"大礼"："我将在射犬大破青犊贼寇，到时山阳(今河南省焦作)的尤来贼必会惊慌北窜，以君之威力，在北面拦截，散虏必被尚书全部歼灭。"

谢躬被夸得飘上了天，对刘秀送上门来的"肥肉"，欣然"笑纳"。

其实，为麻痹谢躬，在邯郸的时候，刘秀就常表扬谢躬**"谢尚书真吏也"**。

谢夫人知道丈夫与刘秀不对付，规劝丈夫小心刘秀的糖衣炮弹，提防刘秀是口蜜腹剑。然而，本也就勤于职事的谢躬，很受用"表扬"，谢夫人的规劝若马耳春风。

现代心理学家说过，人类本质中最殷切的要求就是渴望被肯定。因此，当听到别人对自己的长处的赞美时，大脑就会多生产多巴胺，身体就会感到无比的愉快。人性不变，千年前的古人谢躬，同样爱听漂亮话，只是他不知道多巴胺。

谢躬知道贾复等人在射犬杀得天昏地暗，为展现自己的英勇神武，谢躬留下大将刘庆和魏郡太守陈康守城，意气风发地亲率大部队去歼灭"散虏"。

吴汉遵照刘秀的指示，提前找好能言善辩的辩士候场，谢躬前脚出城，辩士后脚进城。三言两语间，太守陈康"幡然醒悟"，**"于是康收刘庆及躬妻子"**，邺城移帜，在外打散虏的谢尚书浑然不觉。

情形确实也如刘秀所言，尤来等"散虏"北逃，谢躬紧追至隆虑山(今河南省林州西北)，再无路可逃的"散虏"，以命搏命，锋锐不可当，中央军死伤数千人。

本想捡便宜立大功的谢躬，栽了个大跟头，与数百骑头破血流往回跑，刚踏进城门，事先埋伏的伏兵，乘其不备，一跃而起，一掌拍死了他，**"其众悉降"**，夺命戏杀青。

魏郡完美落入刘秀"口袋"。

诛杀谢躬，还有一个版本，记载在《续汉书》中，司马彪记录的那个历史的瞬间更血腥。

谢躬狼狈回逃，只剩数百骑，轻车入城。进城方知城中天已变，岑彭已经在城中，配合吴汉行动的他被刘秀拜为刺奸将军。

谢躬孙子似的苦苦哀求岑彭看在同乡的份上放他一条生路。岑彭不敢做主，抑或是有心放同乡一马，派人请示吴汉。吴汉过来，瞟了眼趴在地上的老乡，冷冷道："同个鬼说什么话！"抽出刀，寒光一闪，谢躬身首分离。

这个版本的吴汉更凶狠冷酷，手段更为狠辣利落，更显**"勇鸷"**。

司马彪还原的或许是历史的原貌，只是"狂士"范晔不愿如此血腥，于是便在后来的《后汉书》中做了淡化处理，**"汉以伏兵收之，手击杀躬"**，这样的记述，吴汉不至于太冷血。

挖掉了身边的"眼睛"，刘秀与刘玄的决裂又近了一步。

丛台撬心

谢躬的人头落地，马武飞马而"遁"，疾驰数百里，直奔射犬。

其实在邯郸酒会的第二天，刘秀就将老乡马武约到了武灵丛台(故址在今河北省邯郸市丛台区丛台公园)。

武灵丛台是战国时期赵武灵王操练兵马之地，当时的赵武灵王推行胡服骑射，使赵国一跃成为战国"七雄"之一。刘秀选择这个地方漫步，自然不是请老乡来叙旧看风景，而是有他不言而喻的用意。

刘秀单刀直入："将军知道，渔阳、上谷两支突骑部队归附于我，想请将军来统领这两支队伍，将军意下如何？"

渔阳、上谷突骑天下闻名，其战斗力不用刘秀多说，马武一清二楚。刘秀扔出王炸，要马武做他王牌部队的"司令"。

马武始料未及，顾左右而含糊其词："我这个人很愚笨，胆小，没有计谋哦。"

绿林好汉又怎会是迟钝胆小无方略之人呢。马武不正面回答，刘秀心知肚明，微微一笑，真诚地说："将军是带兵打仗的猛将，怎能与参谋们相比？"

刘秀想"撬"人，虽没将人"撬走"，却把人心撬动了，**"武由是归心"**。

当时，马武虽然动了心，可是毕竟没有明确答应。如今谢躬已死，马武撇掉近在咫尺的吴汉，飞马直投刘秀。

马武来到刘秀身边，表现得非常的低调和谦卑，刘秀设宴犒劳诸将。曾经的绿林好汉，又好酒的马武化身小弟，恭恭敬敬地为刘秀和诸将斟酒。刘秀看在眼里，很是开心，过了段时间，召来马武："我准备让你重回邺城统领旧部，如何？"

马武扑通跪在地上："臣叩谢大王的信任，臣不愿意！"马武言辞恳切，要誓死追随刘秀左右。如果说这是刘秀对马武的考验，玲珑的马武顺利过关，**"世祖愈美其意"**。

马武是云台二十八将中最后一位归附者，也是二十八将中最后一位离世者。

（在刘秀故里枣阳，有个地方叫"马武"，据说是马武的封地。）

（马武和铫期被尊为门神，马武是"武瘟神"，铫期是"文太岁"，自东汉起，就是百姓心中的保护神。）

指腹为婚

刘秀在河北大地上的战斗依旧如大戏开场前的锣鼓，密集而急促。

汉军与青犊军从拂晓打到日上中天，也没分出个胜负。刘秀感觉一时半会儿还定不了胜负，就让传令兵去告诉都护将军贾复，先鸣锣收兵，吃了饭再打。

贾复幽幽道："回去告诉萧王，还是先破贼，再吃饭好了。"

"**(贾复)被羽先登，所向皆靡，贼乃败走，咸服其勇。**"贾复说罢扛起由羽毛装饰的大旗，跃上战马冲入敌阵，马蹄所过，肢体崩裂，血污横溅，血肉横飞，嘶鸣的战马混杂着疾驰马蹄下的哀嚎，喊杀声如雷鸣嘶吼，盖住了兵器激烈的碰撞声。疲惫不堪的汉军将士，犹如注入了强心针满血复活，累得气喘吁吁的青犊军，在贾复的猛烈冲锋下，如落叶在秋风之中凌乱散飞，汉军大获全胜。

冠军县的前身是冠军侯国。冠军(今河南省邓州西北)人贾复(字君文)的心中有一个梦，那就是像盖世英雄冠军侯霍去病那样建功立业。

贾复生得英俊，曾拜舞阴县大儒李生门下，研读《尚书》。他善于思考，学习勤奋，深为李老师称道，常夸他有"**将相之器**"。新朝末年，天下大乱，贾复褪去儒生的青涩，啸聚羽山自称将军，率众奔赴千里归附了汉中王刘嘉。然而，新政权腐败不堪，贾复大失所望，力谏刘嘉别树一帜。刘嘉自知能力有限，便让贾复去找正"镇慰河北"的族弟刘秀。

贾复拿着刘嘉的亲笔信在柏人追上刘秀。刘秀拜贾复为破虏将军代理督盗贼①，见贾复的马又瘦又弱，解下自己车驾左边最强壮的马送给了他。贾复工作认真，容不得人有丝毫懈怠，批评起来毫不客气，同僚都怕他，纷纷请求刘秀将他"**调补鄗尉**"。

刘秀批评一干人："**贾督有折冲千里之威，方任以职，勿得擅除。**"
贾复用实力证明了刘秀的识人眼光。

消灭了青犊，贾复擐甲挥戈北上，在真定追上了五校军，激烈交战，大败敌人。贾复身受重伤，生命垂危。

消息传来，刘秀又急又痛："我平常不让贾复与主力部队配合作战，

---

① 督盗贼：汉置。为门下督盗贼省称。佐吏。掌侍从护卫。长官出行，侍从护卫；长官在官府，巡察守护。

就是因为他总是轻敌冒险，赤膊上阵，唉，又要让我失去一位大将。"

刘秀听说贾复的妻子有孕，让信使快马回去告诉贾复："**生女邪，我子娶之，生男邪，我女嫁之，不令其忧妻子也。**"

有了主公能量的加持，贾复的生命力更加顽强，很快养好了伤，无恙归来。刘秀喜形于色，喜于言表，赶紧下令杀鸡宰牛大摆筵席，众目睽睽之下，将贾复到招呼到身前就座。

此后，刘秀不再让贾复做主攻手，让贾复待在自己身边，诸将论功，刘秀常为贾复代言："**贾君之功，我自知之。**"

贾复充当着刘秀的"卫队长"，"**复从征伐，未尝丧败**"，数次保护刘秀化险为夷。

（贾复的故事是成语**"所向皆靡"**的源头，也是中国历史上有文字记载的最早的**"指腹为婚"**。）

河内基石

萧王刘秀在河北快速发展，将河内郡（今河南北部一带）收入囊中。河内郡不仅物产丰富，而且完美地避开了河北大地上的混战。没有战争的蹂躏，经济基础完好，刘秀与刘玄分手在即，河内将是他们决裂的大本营。

虽然河内郡西北有太行山守护，东南有黄河天险，可是南边的洛阳有更始的大司马朱鲔和他统领的三十万大军，北边的并州（今山西太原一带），有手握重兵的尚书仆射鲍永，这二人如若联手，两面夹击，河内堪忧。河内一旦失守，刘秀将会腹背受敌，还将失去战略支撑。

确保大本营稳如磐石，关系重大，谁能堪此大任呢？邓禹推荐了寇恂，说此人文武兼备，非他莫属。刘秀相信邓禹的眼光，拜寇恂为河内太守，兼行大将军事。

刘秀要出征了，叫来寇恂叮嘱道："将军留守河内，如同当年萧何镇守关中，对未来至关重要。将军切记加强郡兵训练，与孟津将军冯异守好大本营，只要守住渡口，不让他军北渡即可。"

寇恂接过河内，一边要求属县加强讲武习射，提高防御能力，一边筹军粮，做干粮，带领全郡百姓砍竹造箭，做出了一百多万支箭，筹集了四百万斛食粮，豢养了两千多匹战马，源源不断地送往前线。

王丰救主

有了强有力的后勤保障，刘秀的仗越打越顺，胜利的捷报也同那阡陌上的花儿，争先恐后地怒放。

胜仗打多了，人多会忘乎所以，刘秀也有些飘飘然。他轻敌冒进，紧紧追击尤来、大枪、五幡等农民军，一路追到了元氏县，随后又直抵北平(故址今河北满城区城北)。

这几支农民军联手围攻汉军，刘秀在慎水(一说"顺水")北岸陷入重围。敌人包抄了刘秀，刘秀杀出缺口，朝水边悬崖奔去。

悬崖太高，刘秀手脚并用，也没能爬上。耿弇正忙着射杀涌上来的敌人，无法分身，刘秀命悬一线。

生机总是在刘秀最需要的时候出现。要不怎么说刘秀是天选之子呢，总能绝处逢生，柳暗花明。

紧要关头，王丰骑着大马来了，就像滹沱河结冰，一切刚刚好。

王丰快马疾驰悬崖边，毫不犹豫跃下战马，单膝跪地，让刘秀踏着他的膝盖，快快上马。

刘秀跃上马背，这时耿弇赶到，刘秀回头来笑着对耿弇说，差点被贼寇笑话。

突破包围的汉军跑回范阳城(今河北定兴县境内)，队伍中却不见了刘秀。众人以为刘秀喋血疆场，惊慌不已，吴汉沉着地要大家不要慌，一句话稳住混乱的局面："卿曹努力！王兄子在南阳，何忧无主？"

刘秀骑着快马，耿弇护着，马武断后，冲破敌阵，平安回到范阳城。

刘秀逃出生天，将坐骑让给刘秀的突骑兵王丰，却再也没有了消息，就像一颗流星，划过历史的天空，倏然消失了踪迹。

刘秀骑着战马，若驾着"祥云"平安归来，舍身救主的王丰却化为命运"亡风"，不知"亡"在何方。此后，萧王的人生，渐趋顺遂，最终荣耀加身，而成为"亡风"的王丰，却成被历史忽略的真实之痛，唯遗一丝残痕隐于泛黄竹帛深处，遗忘在岁月里。

假如王丰自私一些，假装没看见刘秀，刘秀的结局又会是怎样呢？耿弇会像王丰那样让出战马？还是两人同骑一匹战马？如果耿弇如王丰，耿弇又会是怎么样的结局？

可是，历史没有如果，只有结果。

泰戈尔说："天空没有翅膀的痕迹，但是我已飞过。"小人物王丰，未能入东汉王朝的"云台"，史书上仅留下"王丰"二字。这就是历史，未留下墨迹的是大多数。

历史是伟人创造的，也是平凡人创造的。

借刀杀人

朱鲔在洛阳的三十万的兵力，对征伐燕代的刘秀是严重的威胁。刘秀要冯异、寇恂防止朱鲔北渡，黄河无险可依，防不胜防，怎么办呢？冯异想到从背叛者李轶身上打开缺口，从内部瓦解敌人。

冯异充分发挥自己的文学水平，撰写了封文辞优美、谈古喻今又动情晓理的劝降书，密送洛阳城的李轶。

冯异有的放矢，以"闻明镜所以照形，往事所以知今"起头，列举微子、项伯、周勃、霍光等弃旧主之人，他们因畏天知命，看到了存亡的征兆，懂得盛衰的规律，从而抓住成功的契机，成就了万世功业。昭然深意，若想成功，理当如此。直言更始安排李轶远离京城，是一种疏远，离间李轶的"忠心"。而今，长安四面楚歌，人心背离，萧王却是人心齐向，俊贤云集，已超过历史上的邠歧①慕周，指明明主。奉劝李轶借鉴古人，畏天之命，洞识时务，还能转祸为福，等到兵临城下，悔之晚矣。

冯异的信，犹如丘比特的箭，一下射中了墙头草的灵魂。风雨飘摇生死存亡之际，谁不想给自己谋一条后路呢？当初背弃最早追随的刘家兄弟，不就是为了高官厚禄吗？眼下形势对更始政权越来越不利，长安城危在旦夕，刘秀势如中天，自己的利益不能最大化反而要失去，甚至可能化为乌有，未来八百里春光与自己无缘，香茶千杯无自己一盏，"太冤"了……可是，自己参与杀害刘縯，刘秀会放过他吗？

李轶又不想放弃投机的机会，思前想后，给冯异回了一封信："我本与萧王首谋起义，志在复兴汉室。如今奉命镇守洛阳，将军镇守孟津，您我所据守的都是关隘要口，机会千载难逢。我愿与将军合作共事，只要我们的计划周密，同心协力，一定会无往不胜。请转告萧王，我愿意竭尽全力佐国安民。"

冯异收到回信觉着有戏，赶紧试探效果。留数千人屯守孟津，扬鞭跃马攻破南北要冲太行山最南部的险隘天井关，攻拔上党两城，又过黄河进入河南郡，将成皋(今河南荥阳西北)以东的十三个县收入囊中，招降守军十余万人。

李轶按兵不动，不发一兵一卒，坐视冯异在他的眼皮底下攻城略地。

冯异见李轶果然"守信"，相信李轶是真心投诚。于是向刘秀汇报，并呈上李轶的亲笔信。

刘秀言辞还算温和，"李轶这个人诡诈多端，很难知道他心里咋想的"，手上的动作却是简单粗暴，将李轶的信交给太守、都尉传看，特别嘱咐大家小心防范诡计。

---

① 邠歧，古代地名，今陕西岐山县。周文化的发祥地之一。

一时间，李轶写给冯异的密函成了公开信，传遍黄河两岸。朱鲔大怒李轶的背叛，派人刺杀李轶，洛阳城中人心浮动，不少将士溜出城投降。

刘秀借刀杀人，除掉了李轶，为兄长雪了恨，也为刘隆报了仇。

李轶死有余辜，其罪不仅在于背叛，更在于他残杀无辜的歹毒和残暴。

当年，刘隆父亲参与安众侯反莽事败，全家惨遭抄斩，刘隆未满七岁幸免。后来，刘隆被刘玄拜为骑都尉，他特意回乡将妻儿从安众接到了洛阳，以期护佑家人周全。奈何刘玄昏庸无能，复兴大汉如镜花水月，而刘秀在河北声名鹊起，这让刘隆看到了希望，于是，刘隆一路追赶刘秀至射犬，李轶见刘隆如此坚定地舍近求远，妒火中烧，丧心病狂，泄愤残忍杀害了刘隆的妻儿，刘隆再遭灭门之痛。

刘秀借朱鲔之手除掉了背信弃义之人，同时成功离间了洛阳守将，令他们互相猜疑，削弱了守军力量，使得洛阳守军军心动荡，纷纷叛离。

（"彼皆畏天知命，睹存亡之符，见废兴之事，故能成功于一时，垂业于万世也"，成语"畏天知命"源自冯异这封信。）

温县大捷

刘秀与刘玄已经是伯劳飞燕，各奔东西。更始大司马朱鲔统领30万大军，坐镇洛阳，其势力辐射黄河南岸。得知刘秀北上征伐燕代，朱鲔蠢蠢欲动，欲趁河内"空虚"，抄了刘秀的大本营，如此一来，刘秀便会失去后勤保障，成了无根浮萍。

朱鲔以苏茂为帅，贾强为副将，领兵三万偷渡巩河突袭河内门户——温县，自己领兵攻打洛阳西北的平阴，以牵制驻守孟津的将军冯异。

温县告急，寇恂紧急集合城中所有人员急赴温县，命令各属县迅速增援。

敌兵来势汹汹，为了寇恂的安全，军吏建议调集好各县人马，安排妥当再出发。

寇恂严色道："温县是河内屏障，一旦失守，后果将不堪设想，增援温县，刻不容缓。"

当第一缕晨光射穿薄雾，温县城下已是旌旗猎猎，人潮涌动。冯异也从孟津星夜驰援，赶到温县，各属县人马正陆续赶来，寇恂灵机一动，要士兵登上城楼齐声高喊："刘公兵到！""刘公"堪比晴空霹雳，迎头击中刚刚上岸的敌人。敌人瞬时乱了阵脚，寇恂趁势杀出，敌人如无头苍蝇般乱窜，慌不择路竞相跳河逃生，淹死者不计其数，一万余人被俘，贾强阵亡。苏茂连滚带爬逃回洛阳，寇恂、冯异一路紧追，一直追到洛阳。朱鲔、苏茂闭城龟缩，不敢露头。洛阳池深城高，固若金汤，寇、冯二人绕洛阳城一周，只好悻悻而返。

"自是，洛阳震恐，城门昼闭。"

众劝登基

捷报传到前线，刘秀喜笑颜开："我就知道寇子翼是可用之才！"温县大捷，众将士欢欣鼓舞。

刘秀在河北蓬勃发展，短短数月，就从狼狈南逃时的一无所有，一跃成为**"跨州据土，带甲百万"**的大将军。

消灭王郎后，警跸开道的偏将军铫期被擢升为虎牙大将军。

铫期当即露出锋锐的"虎牙"："河北地处边塞，常年与胡人斗争，人人练就了一身本领，号称精勇，而今更始失政，汉之大统危殆，'**明公据河山之固，拥精锐之众**，以顺万人思汉之心，则天下谁敢不从？'"

刘秀闻言，笑谑道："你是不是想让你上次传跸之事成为事实吗？"

（成语**"精锐之师"**因刘秀而诞生。）

有这想法的自然不止铫期一人，老实人的朱祐也早有了这样"不老实"的想法。有次陪刘秀吃饭，他盯着刘秀说道："现在长安政权动荡，国家政局不稳，君天生隆准日角，妥妥的帝王之相，天命啊！"

刘秀是个非常谨慎之人，立即给朱祐来了一个急刹车："快叫刺奸将军来，逮了这个护军。"

朱祐笑笑，点到为止，两人继续吃饭。

其实朱祐、铫期不过是说出了众将士闷在心里的话。

更始三年夏四月，公孙述自称天子，在成都"登基"。刘玄政乱长安已失民心，众将纷纷谏言刘秀称帝。刘秀不答应，命令诸将只管认真收敛战殒的将士，其他不要再提。

温县大捷消息传来，马武不管不顾，咚咚地敲响了当面鼓："如今天下无主，要是强人趁机抢了天下，就算是孔子为相，孙武为将，怕也无能为力了，'**反水不收，后悔无及**'，大王执意谦让，怎么对得起汉家祖宗和天下百姓呢？应该先登基，再议征伐，现在谁是贼人，该打谁都不清楚，仗怎么打？"

马武如此直白大胆的言论惊着了刘秀，虽说如今的他指挥千军万马，将河北大部分地区收入囊中，再也不是那个只敢半夜偷偷哭念兄长的柔弱刘秀，但眼下还不是时候，当即出言阻止："将军何出此言，可杀头了。"

马武瞪着眼睛，别着脖子，争辩道："诸将都这样想。"

带头奏请的马武，虽被刘秀严肃"批评"，大家还是不愿就此作罢，趁着拿下中山（今河北定州一带），再次请求刘秀称帝。

众将异口同声："本来首义的是萧王兄弟，更始只是凭借宗室得到大位，却不能奉承大统，纲纪败坏，天下一片混乱。萧王战昆阳，克邯郸，平定北州，三分天下已有其二，拥有百万甲兵，论武力无人能抗衡，讲文德没谁比得上……"

众将皆言，帝位不可久悬，天命不可谦拒，希望刘秀为社稷着想，为天下苍生着想，快快即位。

"欲戴皇冠，必承其重"，没有十足把握，刘秀断不会贸然行动，诸将言辞中肯，刘秀还是没有应允。

众将士气壮如虹，攻城拔地，所向披靡。

行军到南平棘（今河北赵县东南），扎营休整，诸将再次请求，态度更为恳切。刘秀仍是摇头，告诫大家贼寇未灭，四面受敌，还不是称帝的时候。

三番请求，三番拒绝，诸将垂头丧气走出刘秀的大帐。

耿纯留在最后，待众人离开，面色凝重，说："有几句心里话想同大王说道说道。天下的士大夫们抛家舍业，跟随大王浴血奋战，无非是想攀龙附凤，博取功名，以实现自己的夙愿罢了。如今大王您称霸天下的功业已定，登基已是众望所归，可是大王您再三推辞，迟迟不允。我担心再这样下去，大家心灰意冷，丧失了信心，生出回家的念头，一哄而散，之后再想聚集起来，从头开始，那可就很难了。大王，'时不可留，众不可逆'啊。"

众人誓死追随，并非无欲无求，是为了**"攀龙鳞，附凤翼，以成其所志耳"**，如果实现无望，会怎样呢？

"天予不取，反受其咎。时至不行，反受其殃。"

耿纯的肺腑之言，深深触动了刘秀的内心，点头道：**"吾将思之"**。

（**"附凤"**成典，后因以指依附帝王以成就功业。）

（马武的大胆言论，也让**反水不收，后悔莫及**成为传颂千古的金句。）

［明代赵州刺史蔡懋昭以虞世南手书**"攀龙鳞，附凤翼"**六字制碑纪念耿纯，乾隆南巡览"龙凤碑"，欣然赋诗"虞碑字具龙凤势，吴水体兼文武流"。（《赵州柏林寺小憩》）历经风雨，石碑留存至今，立于赵州桥公园内。这是对先贤功绩的敬怀，更是历史文化传承的脉络所在，忠义气节，铭记其中。］

更始交煎

更始三年(25年)三月，彤云密布，十万赤眉军兵锋逼近长安，长安城摇摇欲坠。四个异姓王张印、申屠建、廖湛、胡殷入宫劝说刘玄，抢点财宝回南阳，最不济，入湖池中做强盗，也比困守愁城丢了性命强。

刘玄勃然大怒，张印等不敢再说。

赤眉军越来越近，长安危在旦夕。张印等人担心鸡飞蛋打，就想霸王硬上弓——劫持刘玄东归，密谋在立秋日动手。依照惯例，天子在立秋日祀宗庙，行大射礼。

他们的窃窃私语被刘玄的耳目侍中刘能卿听了去。

立秋日，刘玄托病不出，设下杀局，召见张印等人。

张印等四人不知事情败露，大咧咧去了皇宫，刘玄发难杀了申屠建，张、廖、胡逃脱，三人劫掠了东西二市，天黑后火烧皇宫大门强行闯入皇宫，在皇宫内混战一夜，破晓时分，刘玄带着妻儿老小和百余车骑逃去了新丰(今陕西西安城东)赵萌那里。

三王嚣张反叛，刘玄越想越气，怀疑王匡、陈牧、成丹等人也是张印的同伙，同时召见他们。陈、成到了新丰，刀斧手伺候，王匡吓得转头去了长安。

李松、赵萌等与王匡、张印等在长安城内"巷战"一个多月，张印、王匡败退，投降了赤眉军。

刘玄重回皇城，迁居长信宫。

长安城东赤眉军的外忧没解决，长安城内乱了一个多月，百姓如惊弓之鸟。

天命所归

耿纯的一席话触动了刘秀，但是刘秀生性谨慎，心中还是有不少顾虑。于是，将冯异从孟津叫到了鄗，征求他的意见，询问四方动静。

冯异早早做好了准备，恳言三王反叛，更始败局已定，为了国家稳定，黎民百姓不再受苦，大王应该接受大家的建议。冯异的一席话，深深打动刘秀。

刘秀同冯异说起做的一个梦："我昨夜梦见乘赤龙上天，醒来后心狂跳不已。"

冯异笑着起身离席叩拜，道："乘赤龙上天，是主公的天命感应，心跳加快，那是主公慎重的个性使然啊。"

冯异这席话，仿佛当年那碗豆粥，刘秀顿时"饥寒俱解"。

冯异对门口招了招手，一个人手捧《赤伏符》，边往里走边高声宣读："**刘秀发兵捕不道，四夷云集龙斗野，四七之际火为主。**"

此人就是刘秀长安游学时，同一学舍的强华。

强华说："这可是您家老祖宗从天上传到人间的最高指示。老同学，上天明示你做皇帝，天意不可违啊。"

"赤伏符"为刘秀"君命天授"提供了"理论依据"。刘秀的顾虑全部消除，冯异笑逐颜开，与诸将军喜气洋洋商议上尊号。

一介布衣泥腿子的庄稼汉，华丽转身，成为了天下之主，"赤伏符"的助力和助攻，恰到好处。

（**"赤伏符"、"赤伏"**后因用为咏承天命登皇帝位之典。）

建武元年六月己未(二十二日)(25年8月5日)，鄗县南(今河北柏乡县北)千秋亭五成陌上旌旗猎猎，祭天坛庄严肃穆，齐鸣的钟鼓，盖住了震天的蝉鸣。吉时到，刘秀登上祭坛，烧柴祭天。从此，他肩负起天下重任，缝合分裂的九州。

刘秀对着天地山川各路神仙宣读祝文："**皇天上帝，后土神祇，眷顾降命，属秀黎元，为人父母，秀不敢当。群下百辟，不谋同辞，咸曰：'王莽篡位，秀发愤兴兵，破王寻、王邑于昆阳，诛王郎、铜马于河北，平定天下，海内蒙恩。上当天地之心，下为元元所归。'谶记曰：'刘秀发兵捕不道，卯金修德为天子。'秀犹固辞，至于再，至于三。群下佥曰：'皇天大命，不可稽留。'敢不敬承。**"

刘秀定国号为"汉"，建元建武，大赦天下，改鄗为高邑。

而立之年的刘秀，唱响了自己的"大风歌"。

　　两年前的六月，刘秀在昆阳大败莽军，锁定王莽败局，只是那时的他，没想到两年后的六月，会有如此辉煌的一刻。

　　因为收编了数十万铜马大军，刘秀因此获得"铜马帝"的别号。

　　起兵之初，刘秀骑牛上阵杀敌，因此也被称为"牛背上的开国皇帝"，他也是历史上唯一骑牛开创帝业的君主。

　　（成语**"不谋同辞"**源自刘秀的登基祝文。**"建武"**成典，后多用以咏封建王朝衰落后的中兴。）

　　（起兵三年，既未闻赤帝子的神话，亦不见斩白莽的奇闻，出身旁系小宗，家里只有几亩薄地，童年丧父、青年丧母兄，一介布衣泥腿，能做执金吾即心满意足的刘秀，竟活成了"赤帝子"九世祖刘邦的样子，像老祖宗那样睿智果敢，"以布衣提三尺剑取天下"，用翱翔的双翼，重新诠释了先祖"鸿鹄高飞，一举千里"的豪迈，绘就了自己的壮丽篇章。）

第十章　统一天下

二十四岁的三公

刘秀登基称帝，站上了邓禹期望的**"立高祖之业，救万民命"**的峰巅，褒奖的诏书随即送抵关西前线，24 岁的邓禹一跃成为一人之下、万人之上的大司徒，位列三公。

邓禹回想起分麾那一幕，仿佛还是昨天。

邯郸平定，刘秀去邓禹那儿"蹭饭"，赶上邓禹在吃烤鱼，刘秀随性坐下就吃了起来。将士们听说刘秀来了，都跑来围观，没想到威猛破敌的萧王，如此不拘小节，平易近人，简简单单的烤鱼也吃得津津有味，而且边吃边慰问、勉励在场吏士，神情庄重威严，将士们切切私语："刘公果然是天人啊。"

更始二年(24 年)十二月，青犊、赤眉军入函谷关，进攻长安。刘秀料定更始军不敌赤眉军，此乃天赐良机，待双方鹬蚌相争，自己可渔翁得利，夺取关中、河洛等战略要地。他认为邓禹沉深有大度，拜为前将军，中分麾下精兵二万人，半是商量半是命令："如今，赤眉军的大火将要烧到长安，如若把握好时机，可拿下关中。四万兵马，你我各分两万，我战山东，你伺长安，偏裨将你自行挑选，如何？"

刘秀准备"抓鹿"了，这正是邓禹所愿，焉能不舍命效力？

新春正月，邓禹仅用十天便攻破箕关(今河南省济源市西、王屋山南，为著名关隘，处于古代太行八陉之一的轵关陉），缴获辎重千余乘，顺利进入河东郡(今山西省运城)。六月，击溃定国公王匡的军队，斩杀大将刘均，平定了河东，为刘秀登基准备了一份丰厚的大礼。

在刘秀眼中，邓禹的功劳极大，正是得益于他的高瞻远瞩，运筹帷幄，终让大汉决胜千里。刘秀毫不掩饰对邓禹的喜爱。

"制诏前将军禹：深执忠孝，与朕谋谟帷幄，决胜千里。孔子曰：'自吾有回，门人日亲。'斩将破军，平定山西，功效尤著。百姓不亲，五品不训，汝作司徒，敬敷五教，五教在宽。今遣奉车都尉授印绶，封为酂侯，食邑万户。敬之哉！"

历史上，最年轻的大司徒横空出世，年仅二十四岁的邓禹，披上了象征三公尊荣的衮服，成功跻身"三公"行列。可谓少年得志，前途无量。正因邓禹二十四岁达成此殊勋，后世遂赋予此年龄一个独特称谓"拜衮之岁"，象征年少成名、功成名就。

（刘秀的这份诏书生成了成语**"谋谟帷幄"**，指拟定作战策略。）

（这段历史也就是著名的历史典故**"邓禹分麾"**，后世常用此典咏将帅，寄语当下的将军。）

（**"邓禹"**成典，后世用以称美胸怀大志的辅国重臣。）

（二十四岁的年纪，成为一个国家领导人之一，古今中外也是前无古人后无来者，正因如此，后世还衍生出了**"邓禹笑人""惭邓禹""邓禹笑拙"**等用以慨叹功名迟暮之典。南朝齐大臣、文学家、"竟陵八友"之一的俊才王融，不满自己老大不小了却还一个小小的中书郎，抚案喟叹："为尔寂寂，邓禹笑人。"）

更始下线

这时，赤眉军到了华阴(今陕西华阴东)，距离长安仅剩二百里，因形势紧迫，未及周全筹备，仓促拥立了军中负责养牛事务的牛吏、已故式侯刘萌之子、15岁的刘盆子为"上将军"，建元"建世"，史称"建世皇帝"。

（**"赤眉立盆子"**成典，**多指**拥立伪帝之典。**"赤眉"**成典，泛指农民起义。）

重新住进皇宫的刘玄，惊魂未定，赤眉军就已兵临城下。

九月，赤眉军攻破长安城门，刘玄单人单骑逃跑。右辅都尉严本紧随其后，他怕放跑刘玄，赤眉军降罪于他，便以保卫为名软禁了刘玄。

刘秀得知赤眉军占领了长安，怜悯族兄刘玄的妻儿流落荒野，想给族兄一些保护，特封刘玄为淮阳王，诏告天下：残害淮阳王者，处以大逆不道之罪。

只可惜当时刘秀还未掌控关中，左右不了赤眉军，诏书形同一纸空文。

刘玄落入赤眉军谢禄手中，为了保命，不得不冒着十月的风寒，裸露着上身再进长安，一脸凄苦来到承载他快活的长乐宫谢罪，将传国玉玺交给了刘盆子。

赤眉军最终用一根弓弦勒死了刘玄。

得到刘玄死讯，刘秀很是难过，诏令邓禹将刘玄葬在霸陵——汉文帝的安息地。刘秀让刘玄安眠在八世祖身旁，也算是给族兄在这个世上最后的安慰。

霸陵东北角，成了刘玄在这个世界最后的栖息地。

刘秀的诏书虽然对保护刘玄无济于事，但是，对"痛恨"赤眉军能够推波助势，关中豪强、百姓齐心坚壁清野，这也为赤眉军彻底断粮埋下伏笔。

也为效忠刘玄的"玄粉"指明了归降的方向。刘玄的"忠粉儿"鲍永、冯衍在确认了刘玄死讯后归附了刘秀。

刘玄仿佛是东汉王朝的暖场人，他除旧布新"更始"年号，给了历史发展一个很好的寓意，似乎为东汉搭了个喧闹的舞台，为刘秀的大戏热了热场打了打闹台。

洛水之誓

刘秀宣布定都洛阳时，洛阳依旧掌控在朱鲔手里。虽然，他借朱鲔之手杀了李轶，动摇了洛阳守军之心，然而洛阳城高池深，汉军久攻不克，刘秀想不战而得城，找来到岑彭商议和平解决的对策，岑彭曾是朱鲔的部下。

岑彭（字君然），南阳棘阳人，曾为代理棘阳长，后与前队副将严说共守宛城，汉军围宛城数月，"**城中粮尽，人相食，彭乃与说举城降。**"

汉兵愤恨岑彭力战要杀他，刘縯出面救下了他，劫后余生的岑彭归在刘縯麾下。刘縯死后，岑彭被分给了朱鲔，跟随朱鲔征战扬州，功擢颍川太守。

岑彭赴颍川上任，遇上舂陵宗室刘茂因不满刘玄即位，起兵占领颍川自任官员，无法就职的岑彭，只好去投奔任河内太守的同乡韩歆。岑彭达到怀县不久，刘秀兵临怀县城下，在岑彭的劝说下韩歆开城投降。

岑彭见到刘秀非常激动，红着眼圈说："我还没来得及报答大司徒的救命之恩，大司徒就遭遇了不测，永恨于心。上天垂怜，让我见到了您，我愿为您效劳，万死不辞。"

刘秀将劝降的艰巨任务交给了岑彭。岑彭单枪匹马来到洛阳城下，求见朱鲔。岑彭在城下叙起了旧，追忆往昔，这才多久的光景，已经是物是人非，城上的朱鲔唏嘘不已。

往事随风，岑彭话锋一转，点明了局势："赤眉军已得长安，更始已落幕，当今陛下天下归心，如今又亲率大军来攻打洛阳。天下的事儿，过去的都已经过去了，您守城还有什么意义呢？"

大势如何，朱鲔也是小鸡吃萤火虫——心知肚明，可是自己做过什么，同样也是一清二楚。

朱鲔说："杀大司徒我有份，又谏阻萧王北渡，诚知罪孽深重。"

岑彭听出朱鲔的话外音，害怕刘秀不会放过他，与其下场都不好，不如拼一天算一天。岑彭如是报告。

刘秀郑重地说："'建大事者，不忌小怨'，朱鲔若投降，我还要给他封官加爵，怎会杀他呢？'河水在此，吾不食言'。"

朱鲔投降。刘秀虚怀若谷，不计前嫌，言而有信，封投降的朱鲔为扶沟侯，拜平狄将军。朱鲔平安过完一生，子孙承袭爵位封国。

建武元年(25 年)，金秋十月的洛阳城，满城尽带黄金甲。枣阳有句谚语"要得发，不离八"，刘秀选定十月十八日进京。

建武元年十月癸丑(十八日)，浩荡的队伍，气势磅礴地进入洛阳城，刘秀傲首阔步走进南宫，大步流星进入却非殿，面南而坐。

这世界上最魔幻的事，大概就是当你以为这一切与自己无关时，却峰回路转，与自己紧密关联。

两年前，刘秀在洛阳尽心、尽责、尽职，为刘玄定都忙前忙后，没承想真正定都洛阳的是刘秀自己。

很多事都是这样，看似为他人，实际上都是为自己。那些看似出乎意料的回报，其实也是老天给予真心付出的嘉奖。老天从不会辜负奋发图强的隐忍者。

(刘秀宽宥善待朱鲔的"能量波"波及数百年后，南北朝时期，南齐文学家丘迟借用这段历史，成功说服投降北魏的前齐大臣陈伯之投降。)

刘秀以洛水为证起誓，允诺赦免朱鲔，成"洛水之誓"。此誓兼具政治契约效力与信诺庄严，为后世法。刘秀一诺千金，树立帝王守信楷模，令后世敬仰。司马懿效仿，亦指洛水起誓，只是他把誓言把交给了洛水，致使局势动荡，乱象丛生。司马懿也因违背盟誓，污此庄重之约，为天下人所诟。发誓易，践诺难。誓言，实为诚信的试金石，可鉴人心善恶，可察世道兴衰。

邓禹困斗　隗嚣入局

赤眉军在长安城内夜夜笙歌，祸害百姓，这让心系百姓的刘秀心急如焚，催促邓禹加大力度，加快步伐，消灭赤眉军：**"司徒，尧也；亡贼，桀也。长安吏人，遑遑无所依归。宜以时进讨，镇慰西京，系百姓之心。"**

敕令中批评与喜爱共存，很有兄长哄小弟的味道，潜台词是："出兵吧，别磨叽了，长安百姓太苦了，翘首以盼，等着解救啊。"

刘秀的话都说到了这份上，邓禹还是觉得时机不成熟，将敕令揣进口袋，主力驻扎在大要县(今甘肃宁县东南)，按甲不动，遣小分队攻打上郡诸县，招兵买马，筹集粮草。

实际上，邓禹分麾两万兵马，西征以来受到百姓的热烈欢迎，前来投奔的人众日以千计。短短的时间内，邓禹的队伍滚雪球似的越滚越大，滚成了百万之众，邓禹也成了百万人的"老大"。

关中的饥荒越来越严重，汉军的后勤保障严重不足。百万之众的队伍看似足够浩荡，然而，真正能打仗的还是只有区区两万，如果这时与才刚占领长安、粮食充足且士气旺盛的赤眉军正面交锋，汉军毫无胜算，邓禹不愿冒这个险。

邓禹认为，饥荒之下，赤眉军在长安城一准儿呆不长，汉军将士亦为饥饿所困，面如霜打的秋菊。与其打无把握之仗，不如暂且北上，将部队带到地广人稀，粮食储备相对丰厚的上郡[郡治(肤施)今陕西榆林东南]、北地[郡治(富平)今宁夏吴忠市西南]、安定[郡治(临泾)今甘肃镇原县东南]三郡，**"休兵北道，就粮养士"**，暂抚饥肠，同时，密切关注赤眉军的动向，等到赤眉军弱点暴露，再出手收拾他们，这样可一举取胜。

邓禹让冯愔〔yīn〕、宗歆二将守枸邑(今陕西省旬邑县东北)，谁料冯、宗二人争权夺利，冯愔杀了宗歆率部西逃，割据陇西的隗嚣，担心惹祸烧身而拦截，邓禹感谢隗嚣的出手相助，帮他拦截叛将，以刘秀赋予他的特权，借机**"遣使持节命嚣为西州大将军，得专制凉州、朔方事"**。

隗嚣(字季孟)，天水成纪(今甘肃省秦安县)人，**"素有名，好经书"**，博学多才，得到经学大家、国师刘歆的青睐，将他推荐为国士(一国中最优秀的人才)，入选了新朝的人才库，可惜还未等他大展宏图，举荐人刘歆谋诛王莽事泄自杀，隗嚣担心小命不保，逃回天水。

从长安灰溜溜逃走的隗嚣，趁天下大乱之际，打着辅汉的旗号，得到陇西豪强的响应，又在天水城东立庙祭祀"高祖太宗世宗"(即汉高帝刘邦，汉文帝刘恒，汉武帝刘彻)三帝，引得思汉百姓纷纷加入，从而壮大势力，占领了西北大部分地区。更始二年，他接受更始帝征召去了长安。后来，因参与"劫持"刘玄的密谋，事泄被刘玄派兵包围，隗嚣与王遵、周宗等数十个手下拼死抵抗，杀出重围，夜闯平城门，杀门关夺门而逃，逃回天水，重聚旧部，自称"西州上将军"，再度割据陇右。

本来是王婆卖瓜的"西州上将军"，一个小小的"拦截"，就拿到了大汉"西州大将军"印绶，可以名正言顺"插手"凉州、朔方事务，这让好面子的隗嚣，喜不自禁。

隗嚣容光焕发，邓禹有点儿灰头土脸，受叛逃事件影响，**"其威损枸邑"**，不过从隗嚣后续表现看，邓禹的这个"威损"也是非常值得的。

(建武三年，公孙述勾结关中豪强吕鲔侵犯三辅，新任西州大将军隗嚣协助冯异大败来敌，吕鲔败北逃去西蜀，也算帮助冯异挖掉了盘踞关中的这颗毒瘤，事后，为表功也为讨好，**"嚣乃上书诣阙"**，开始了与刘秀的往来，少了一个捣乱的敌人，刘秀有了更多的精力统一东部。)

计诛刘扬

建武二年春，对大半岁的东汉王朝至关重要。关东战事，方兴未艾，刘秀面临的考验，有来自天上的饥荒、大地上的战乱，还有卧榻之侧的刘扬，犹如一只伺机而动的猛虎，给新生的东汉政权增添了诸多不安定因素。

刘秀登基后，并未册封皇后，而是将郭圣通和发妻阴丽华同封为贵人。

刘扬并未像外甥女结婚时那么开心，外甥女荣升"贵人"，他开始心猿意马起来。刘秀不过是外来的破落户，手无寸兵，到河北不过年余，就成了天子，都是高祖子孙，自己身份比他尊贵，手中还有十万雄兵，论实力论身份，都远比破落户雄厚，难不成不能当皇帝？然而，刘扬不敢公然抢夺外甥女婿的大位，又想坐享其成。于是，他用上了刘秀登基使用的"工具"——**"复造作谶记云，'赤九之后，瘿扬为主'。"**刘秀是高祖九世孙，正是"赤九"，刘扬以此谶语喊话刘秀：你先当皇帝，之后，皇帝是我刘扬，又以脖子上的赘瘤为符应的祥瑞，大造舆论。

刘扬用谶做引大声嚷嚷，暗地里又勾搭绵曼县(今河北鹿泉东北)的贼寇，以壮大自己的势力。

觊觎皇位，抢夺胜利果实，别说是郭圣通的舅舅，就是自己的亲舅舅，也绝不容许！

春光明媚，刘秀派出骑都尉陈副、游击将军邓隆去真定国，宣刘扬进京。刘扬心虚紧闭城门，不让邓隆进城，征召之事不了了之。

刘扬许是以为自己不去，刘秀奈他无何，还真是太小瞧刘秀。

大浪涌起前的海面，大都是细浪涓涓。

征召仅仅只是大浪前的平静，甚至连细浪都算不上。

老虎即使不发威，也不是猫。

没过多久，刘秀宣布大赦天下，让耿纯持节前往幽州、冀州颁布大赦令，**"所过并使劳慰王侯"**。

耿纯在战斗中受伤，本在怀宫(今河南省泌阳县城)休养，被刘秀召回，代表天子"慰问"地方。

"钦差大臣"耿纯带着一百多人，一路大肆宣威皇恩，大张旗鼓行事，实则是"演"给刘扬看的，怀中揣着**"刘扬若见，因而收之"**的密诏。

耿纯与陈副、邓隆在元氏汇合，很快就到了真正国，径直住进传舍。

刘扬以生病为由闭门不出。虽说刘扬没去拜见天子派来的使者，可是他又想打听点消息，想着耿纯母亲是自己的同宗姊妹，就想将耿纯叫到真定王城来私下见一见，**"遣使与纯书，欲相见"**。

等待猎物的野兽，往往是潜伏在丛林中，这是大自然的法则。耿纯负有特殊使命，肯定不会去他无法掌控的地方见刘扬，要刘扬人头落地是他此行的目的。因此，见刘扬也是他的迫切需求。但是，他又不能表现出心中的急迫，于是告诉来人："请转告真定王，我奉诏前来慰劳王侯牧守，这些人还没见，就先去见亲戚不合适，若真相见，就来传舍一见。"

耿纯的这个理由既恰当又合理，毫无破绽。刘扬心想自己兵多势强，弟弟临邑侯刘让、堂兄刘细也各拥兵万余人，耿纯随行不过百余人，量他翻不起什么花儿来。于是，带上兄弟刘让、刘细以及随从，大大咧咧地来到了耿纯歇息的传舍。

耿纯的脸上洋溢着欢快的笑容，示意随从在外等候，将三兄弟让进里屋，兄弟三人一进门，事先埋伏好的刀斧手一拥而上，刘扬三兄弟人头瞬间落地。

耿纯"因勒兵而出。真定震怖，无敢动者"。

清除了卧榻之侧的"猛虎"，警报解除，"帝怜扬、让谋未发，并封其子，复故国"。

刘秀此举，稳定了真定，又安抚了十万真定兵马。

密令"收"刘扬一人，刘扬却主动送上一拖二，或许这也是冥冥之中的安排，三刘同赴黄泉，真定侯国失去了主心骨，再也翻不起浪了。

没那金刚钻还想揽那瓷器活儿，说的就是刘扬这号人。到头来，刘扬不仅碎了瓷器，还搭上了两兄弟的命。

（后因以**"赤九"**为指刘秀之典。）

折棰笞之

刘扬的戏码落幕，长安政治舞台上的戏码刚到中场，且出现第一个小高潮。

赤眉军在长安城疯狂地吃喝玩乐，不过几个月的时间，就将官府的存粮全部"造"完，地主豪强坚壁清野，赤眉军再也抢不到粮食。战乱之下，没人敢到关中贩粮，关中也闹起了粮荒。建武二年春，断粮的赤眉军迫不得已，只得另寻生路，心有不甘，便放火焚城。赤眉军在熊熊大火照耀下，离开长安，去往未被战火波及的西部。

北上"**就粮养士**"的邓禹迅速率军南下，顺利进入长安，大部队于城郊的昆明池驻扎休整，邓禹犒赏三军，"**大飨士卒**"。而后，"**率诸将斋戒，择吉日，修礼谒祠高庙**"，将西汉十一位皇帝的神主收起，派使者捧至洛阳，安排人值守皇陵。

战争造成交通中断，外面的粮食运不进来，关中饥荒已如冬天的暴雪覆盖了大地，粮食极度缺乏，"**黄金一斤易豆五升**"，饿莩满地，白骨蔽野，目之所及尽是饿死的人。城郭皆空，死寂如鬼域，出现人吃人的惨况。长安已经被赤眉军劫掠一空，粮食枯竭，邓禹无奈带领部队离开长安，辗转云阳(今陕西省淳化县西北)求食。

缺食少粮，归附邓禹的人纷纷离去。这还不是最糟糕的，更糟糕的事很快到来。

决绝离开的赤眉军遇上暴风雪，又被隗嚣拦截，无法继续西行。如汹涌回潮去而复返，邓禹军肚子空空，一战败北，赤眉军再度占领长安。

长安城内赤眉军再度断炊，刘秀决定抓住这次机会，团灭赤眉。如果他做不到，就把他撤掉。从古至今即是如此。

刘秀决定撤回邓禹，换上老成的冯异。

为使邓禹安心回师，刘秀在调令里特意加了点儿"调料"："**赤眉无谷，自当来东，吾折捶笞之，非诸将忧也。无得复妄进兵。**"

忙乎了二年，徒劳无功，邓禹内心深感内疚，觉得对不起刘秀，拒绝回师，一心想要在刘秀折马鞭子将赤眉军打趴下之前，他先将赤眉军打趴下，只是将士们饿着肚子，士气不振，总吃败仗。

(邓禹祭祀大汉皇帝的这段历史，形成典故"**修高庙**"，用为咏恢复社稷之典。)

[刘秀召回邓禹的诏书诞生了典故"**折捶笞**"或"**折捶(笞之)**"，形容轻易制敌取胜，或比喻稍加惩罚；后人常以此典，鼓励地方官，该出手时就出手。]

冯异征西

正在老家父城燕飨众宾的冯异，接到诏令，快马扬鞭赶往京城。

冯异自追随刘秀，征战沙场，也难得回家乡，这次是颍川郡发生暴乱，刘秀将熟悉颍川的冯异调回平乱。冯异不负所望，很快就捕杀了暴乱分子，让颍川恢复了平静。为奖励冯异，刘秀给冯异放了大假，让冯异回老家上冢祭祖，会集宗族、宾客、故人，诏令二百里以内的太守、都尉全到父城参加冯异的祭会，并派太中大夫从洛阳赶到父城奉上牛酒，浩荡的皇恩令冯异备受感动。

冯异回到京城，刘秀已经为他准备了新的战车，又赐给他一把七尺具剑①，一路相送到河南县（今河南洛阳市西郊涧河东岸）。刘秀细心叮嘱，此次出征，不是为攻城略地，主要是安抚百姓。

刘秀可怜三辅百姓接连遭受天灾人祸，先王莽又更始，而今又遭赤眉军蹂躏、延岑祸害，一直生活在兵荒马乱、缺衣少食的境况之中，孤苦无依。他要求冯异严格约束部队，不要让关中百姓再遭受更多的苦难，同时也告诉了冯异他的战略部署，他在东方部署好兵阵，只要赤眉军东来，便是步入绝境。

冯异领命引兵向西，军纪严明，威信远播，慑于汉军的威力，趁火打劫的贼寇纷纷缴械投降。

冯异与赤眉军在华阴对峙了六十多日，大战数十回合，成功收降刘始、王宣等五千多赤眉军。

---

① 七尺具剑：一种玉饰长剑。象征荣誉和权力。《吴书》载东吴名将太史慈临终叹息："丈夫生世，当带七尺之剑，以开天子之阶。今所志未从，奈何而死乎！"

彭宠反叛

赤眉军在关中持续兴兵扰动，刘秀登基前便已听从号令并受其节制的幽州，也开始动荡了。

建武二年春，幽州牧朱浮上密奏：彭宠在山谷屯兵囤粮，收受贿赂，杀害朋友，自家乡接亲眷，只接妻子不接母亲，**"意计难量"**。

朱浮指控彭宠杀害朋友，并非无端诬陷。

彭宠的老朋友赵宽带着家人，从老家渤海来渔阳投奔彭宠。赵宽的仇家赵伯贿赂彭宠，彭宠贪图贿赂，把赵宽一家子全杀了。

彭宠有谋反的行迹，这令刘秀十分担忧。刘秀的根基未稳，中原各方纷争正酣，他疲于应对扰攘的局面，实在无暇顾及北方，便故意泄露密奏，希望起到一定吓阻的作用。可刘秀还是不放心，宣诏彭宠进京。

彭宠气得火冒三丈，他给老部下吴汉等人写信，极言朱浮诬枉他，恳求他们帮他辩白，并上书刘秀强烈要求朱浮同去京城，当面对质。这个要求，或许刘秀觉得无理，并未理会。彭宠傻了眼，也没了主张，在家长吁短叹。彭夫人素来要强，不愿丈夫受这"窝囊气"，撺掇丈夫无视圣旨，天下还指不定是谁的，渔阳兵强马壮，没必要当"孙子"。

彭宠心乱如麻，找来亲信、官属商议，大家全都讨厌朱浮，众口一词，不理什么召见，不去洛阳。

彭宠(字伯通)，南阳宛县人，他本是大司空王邑的部下——大司空士，王邑兵败昆阳，彭宠跟着王邑仓惶逃进洛阳，惊魂未定之际听说弟弟参加了汉军，担心小命不保，连夜逃往渔阳投奔父亲的老部下。彭父彭宏曾是渔阳太守，在渔阳颇有威信，当年因为不愿归附居摄的王莽遇害。彭宠逃到渔阳不久，新朝塌楼，更始遣使到各地招降，使者韩鸿见到了"落难"渔阳的老乡彭宠，老乡见老乡两眼泪汪汪，之后，彭宠穿上了官服，成了偏将军代行渔阳太守职事。

刘秀"镇慰河北"到了蓟县，给彭宠写了一封信，彭宠也备好了牛、酒准备去谒见，却因为王郎而中断。

刘秀讨伐王郎之时，彭宠发兵支持，刘秀欣喜盈怀，封彭宠为建忠侯，赐号大将军，继续担任渔阳太守。彭宠受宠若惊，为表达感激之情，给予老乡极大的支持，**"宠转粮食，前后不绝"**。

刘秀追铜马军来到蓟，彭宠前去拜见，想着自己的手下吴汉已拜大将军，自己出钱出粮，尽心尽力，劳绩远超吴汉，心中充满了期待和幻想。然而，刘秀只是接见了他，并无表示。彭宠失望而归，一肚子怨气，牢骚很快传进了刘秀的耳朵，刘秀便找来幽州牧朱浮询问情况。

彭宠自恃功高，平日里瞧不起空降幽州的小主薄朱浮，朱浮由此怀恨在心，趁机搬弄是非，拱火道："昔日吴汉去幽州调兵，大王您赠彭宠佩剑，又倚以为北道主人，他这次前来，以为大王您会在门口拱手相迎，同他坐在一起说说笑笑，如今不是这样，所以他深感失望。"朱浮恨不得置彭宠于死地，又拿出甄丰的例子暗示，"王莽为宰衡时，甄丰每天泡在王府，以至于坊间都传'夜半客，甄长伯'。王莽篡位后，甄丰觉得自己没被重用，心生不满，被杀了。"

天下未定，怎会先杀功臣，刘秀哈哈一笑："不至于到这种地步。"

刘秀登基，大封功臣，吴汉、王梁分别封大司马、大司空。彭宠见两个手下都坐上高位，贵为三公，可是自己仍旧原地踏步，心里愈发不平衡，无比幽怨道："我的功劳应当封王，现在却依旧如此，无任何尺寸的封赏，难道陛下忘了我的贡献了吗？"

得不到刘秀赏识，彭宠抑郁了一阵子，好在并未沉溺纠结，很快调整了心态，将心思转到了发家致富上，努力经营好自己的一亩三分地。

北方各郡大都受到战争的蹂躏，经济破烂不堪，渔阳幸运地躲过战争的厄运，又有很长的海岸线，彭宠组织全郡百姓利用靠海的有利条件大力煮盐、冶铁，再将盐和铁销到外地，买回粮食、珍宝。这一卖一买，口袋里的铜版越来越多，被"遗忘"的怨气，也在越过越滋润的小日子里淡化。

朱浮忌恨彭宠，公报私仇，多次给刘秀打小报告说彭宠的坏话，二人的积怨如气球不断充气越来越大，最终爆炸。

彭宠拦住刘秀派回渔阳催促他进京的堂弟子后兰卿，不让他回京复命，抄起家伙，**"自将二万余人攻朱浮于蓟"**，去为自己讨要说法。

彭宠与朱浮彻底翻脸，走上反叛刘秀之路。

邓奉谋反

"此所谓福不重至，祸必重来者也。"（汉·刘向《说苑·权谋》）

彭宠在北方兴风作浪，东汉王朝的后院也着了火。

已安定的南阳骤生变故。堵乡（今河南省方城）人董䜣，趁着刘秀与尤来、青犊、五校等百万大军激烈交战，钻了后方"空虚"的空子，偷袭宛城，囚禁了南阳太守刘驎，复阳（今河南省桐柏县东）人许邯随即狐唱枭和，起兵呼应，更始残余旧将也趁机占据南阳诸城。

一夜之间，刘秀的后院火光冲天，刘秀急调吴汉火速回老家灭火。

吴汉一路高歌猛进，所过宛城、穰县、新野等地皆烟消火灭，吴汉顺风顺水的灭火行动，被破虏将军邓奉终止。

吴汉治军不严，任由手下兵士劫抢，回到老家南阳也是如此，**"所过多侵暴"**，回新野探亲的邓奉看到这一幕，愤怒如火山爆发。

邓奉年纪不大，能力了得，一怒拉起队伍将吴汉赶出南阳。

邓氏家族是南阳大户，家族多人从政且身居高位，"世吏二千石"，世家子弟的邓奉，打跑了勇猛的吴汉，邓奉的心思发生了微妙的变化，欲望随之而来并膨胀，萌生"另立门户"的念头，勾结秦丰及更始的残存势力，将南阳占为己有。

刘秀起兵后，阴丽华一家躲进邓奉的家里。在邓奉的保护下，安然无恙，刘秀对此感激不尽，特封邓奉为破虏将军。

而今，破虏将军，曾经的忠义之士，性情大变，变成了一头狂暴藏獒，张开大嘴，露出森冷狰狞的獠牙，眼神中涌动着不可遏制的疯狂，仿佛自己拥有战胜一切的逆天能量，态度高傲且狂妄。

邓奉抄捡了刘秀的后院，屯据淯阳，不可一世，无法无天。

"卧镇"弘农

一波未平，一波又起。南阳的战火横飞，距离京师仅有数百里的弘农(今河南灵宝市北)又发生了状况。陕县人苏况趁弘农平定初期局面尚显淆乱之际，乘隙而入，抢占弘农，活捉了郡守。当消息传到京城，刘秀忧心如捣。弘农毗连京师，若沦为第二个南阳，后果实难逆料，将不堪设想，大后方必将永无宁日。

虎牙大将军盖延在围剿刘永，征西大将军冯异正与赤眉军缠斗，征南大将军岑彭在荆州大地上驰骋，执金吾贾复正与更始最强的郾王打得难舍难分，大司马吴汉挥师南阳平叛……刘秀苦思了半宿，无人可抽调，京城里除了骠骑大将军景丹，再也找不出一个能去弘农平乱的将军。

可是景丹病重，刘秀虽已安排医生为景丹诊治，派小黄门送去许多药，奈何病情并未好转。在怀县，刘秀看到被疟疾折磨得脱形的景丹，故作轻松安慰道："我听说壮士都不生病，我们威猛的大将军怎么还生病了呢？"

回到洛阳，景丹的病势更加沉重了。可是，弘农对京师太重要了，刘秀万分煎熬，无奈只能狠心夜召景丹。

景丹虚弱无力的样子，令刘秀鼻子发酸。然而事关国家安危，又不能不顾，只得咬咬牙，道："**贼迫近京师，但得将军威重，卧以镇之足矣。**"

在刘秀的心里，景丹威猛无比，威名远播，只要他出马，即使躺在床上，也能让敌人闻风丧胆。

尽管景丹已病入膏肓，深觉力不从心，但他能理解陛下的迫不得已，也不想刘秀失望，"**乃力疾拜命**"。到达弘农，强撑了十多日，终于没能撑下去。景丹将生命的最后时刻交给了弘农。

刘秀心痛不已，他时常想起不久前的那一幕。

建武元年，刘秀论功行赏，封景丹为栎阳侯。

栎阳人景丹封栎阳侯，景丹脸上却没有一丝笑容，嘴唇紧抿着，嘴角微微下垂，神色十分严肃冷峻。因为他已知吴汉食邑四县，自己的战功何曾输于吴汉半分，可封赏却这般悬殊，叫人怎能不心生愤懑，意难平？

刘秀目光如电，叫过景丹，轻声道："**今关东故王国，虽数县，不过栎阳万户邑。夫'富贵不归故乡，如衣绣夜行'，故以封卿耳。**"

景丹不好意思嘿嘿一笑，陛下将家乡封给他，是要他回去"光宗耀祖"，要不然就是锦衣夜行，没意思！而且栎阳是万户邑，其他小县根本没法比。言外之意，别看吴汉封赏四个县，加起来不如你一个县大。

景丹没有留下任何遗言突然离去，刘秀的心痛，无法用语言形容，只有极尽可能照顾景丹的亲人。景丹的后世子孙也到了朝廷不间断恩赏和照顾。

（景丹的故事，系历史典故"**力疾从事**"的最早记录，此典意为抱病竭力报效公家。）

（"**卧镇**"成典，用以比喻英勇令敌人胆寒，后世用为赞美和勉励。）

痛斩邓奉

藏獒发了狂，再不捕杀，将会贻害无穷。

刘秀将征战荆州的岑彭调往南阳，岑彭顾不上欣赏层林尽染的秋色，快速攻破杏城，许邯缴械投降，岑彭荣升征南大将军。刘秀又调来了建义大将军朱祐以及贾复、耿弇、王常等七员彪悍大将，组成豪华战队会战南阳。

豪华战队刚踏进南阳，邓奉就给了一个下马威。朱祐被邓奉活捉，还好看在叔叔邓晨的面子，邓奉并未为难朱祐，反而礼待有加。

岑彭率大军攻打堵乡，邓奉率万余名南阳精兵援助董䜣，岑彭连续进攻几个月，毫无进展。

邓奉在南阳祸乱一年多了，百姓生计艰难，苦苦挨到建武三年的夏天。天气越来越热，阵阵蝉鸣吵得刘秀心烦，邓奉之患一日不除，百姓一日难安。刘秀不得不穿上铠甲，顶着毒辣的太阳，**"自将南征"**。

刘秀亲自来南阳平乱，车驾刚走到叶县，突然遭到董䜣别将率数千人拦截。岑彭得到消息，飞奔救驾。

陛下亲自来了，畏惧君威的邓奉，连夜奔逃淯阳老巢。刘秀紧追，追到小长安**"大破之"**。

见了棺材的邓奉，这会儿也知道怕了，忙请出朱祐，让朱祐押着他裸露上身刘秀面前请罪。

邓奉曾庇护过阴丽华全家，又是姐夫邓晨的侄儿，谋反也是事出有因，刘秀就想赦免了他，却遭到耿弇、岑彭的反对：**"放任背恩反叛者，难以惩恶。"**

刘秀眼睛一闭，痛斩邓奉。

年轻的邓奉，用生命为自己的行为画上了句号。

刘秀赦免了朱祐被俘之罪，恢复了他建义大将军之职，又给了一大堆赏赐，奖赏朱祐劝降之功，抚慰他那"受伤"的心灵。

古人云："不宝金玉，而忠信以为宝。"

东汉著名经学家马融(马援侄孙)，在他的《忠经》中提出**"天下至德，莫大于忠"**，忠诚是天下最大的品德。

没有忠诚，本事再大，能力再强，关系再近也一文不值。

算起来，邓奉该叫刘秀一声叔叔。

如果他只是教训吴汉，而不是吃里爬外，与"贼兵"联合，刘秀或许也不会杀他。

为加强自己的实力，邓奉与叛乱者董䜣、更始残部、秦丰等组成联盟。原本是基于义愤起兵，竟然与乱臣贼子联合，让刚刚平定的南阳郡再陷兵祸，其性质已经发生了根本的变化，连他的老朋友赵熹，都写信责骂他。如果他被赵熹骂醒，或许他的人生也不会这样谢幕。

如果他能够早一点负荆请罪，或许刘秀也不会杀他。

"帝至堵阳，邓奉夜逃归淯阳，董䜣降。"

邓奉却不知天高地厚，与刘秀对决，同岑彭等诸将周旋，直到走投无路，**"奉迫急，乃降"**。可惜，为时已晚。

邓奉为张狂行径付出惨痛代价，殃及亲人，弟弟邓终被祭遵消灭。

因逐一己私利，让命运急剧转折。邓奉的结局，就是那些肆意妄为者的下场写照，亦是立于史河的昭昭明鉴，醒世警人：知止守度，勿逾矩。

赤眉军落幕

建武三年，春回大地，大地山川从冬日的白雪中苏醒，山中小溪淙淙，水雾朦胧，冯异与赤眉军巧妙周旋，取得了可喜的战绩，嘉奖令飞到了关中，冯异晋升为征西大将军。

邓禹来到华阴，希望与征西大将军冯异联手决战赤眉军。

冯异分享了他与赤眉军交手数十次的经验，不宜硬杠，最好以恩信慢慢引诱，瓦解赤眉军。邓禹求胜心切，固执地与赤眉军硬战，连战两场，两场惨败，邓禹全军覆没，带着二十四人逃去了宜阳。冯异弃马走小路，贴着回奚阪①深壑沟底，深一脚浅一脚跑回大营。

冯异重整队伍，集合了一万余人，再战赤眉军，八万赤眉军，被冯异追到崤底②，再也无路可逃，只得投降保命。樊崇带着十万赤眉军，向东逃窜，只是他们饿得前心贴后背，走到宜阳(今河南省宜阳西)，撞上了刘秀早已张好的大网，插翅难飞，只得放下的兵器，举手投降。

---

① 古地名，俗名回坑，在河南洛宁县东北，长四里，宽二丈，深二丈五尺。

② 古地名，也称渑池，在崤山山谷之底。古代设有崤底关。

赤眉军放下的兵器堆积在宜阳城西，高耸如熊耳山。

刘盆子君臣终于吃了顿饱饭，安安心心地睡上了一觉，醒来时已是日上三竿，刘秀在洛水之滨陈列兵马"请"刘盆子君臣列队观看。

刘秀问刘盆子：**"自知当死不？"**

刘盆子答："罪当应死，幸得陛下垂怜，赦免了死罪。"

刘秀笑言宗室无痴儿：**"儿大黠，宗室无虫者。"**

刘秀又问樊崇等人："如果后悔投降，可以放你们回去再战，如何？"

刘秀的话音还未落地，刘盆子的丞相徐宣就扑倒在地，连连叩头说："臣等出长安东都门就想投降了，臣知道，**'百姓可与乐成，难与虑图始'**。所以，就没告诉大家。今日投降，如同逃出虎口回到慈母怀抱，心里是诚欢诚喜，喜都喜不过来，哪里还有恨？"

虽说比喻有些大，也还算恰如其分。刘秀粲然，对徐宣笑言：**"卿所谓铁中铮铮，庸中佼佼者也。"**

刘秀此话有褒有贬，褒赤眉军是铮铮铁骨的汉子，也评价他们是庸人一群。

强大的赤眉军终如柳絮随风而逝，消逝在历史的长河中。刘秀愉悦的心情如花儿绽放，明艳欢快，慰劳冯异的诏书也十分的清新雅致："消灭了赤眉军，将士们都很辛劳，虽然之前吃了不少败仗，在回溪阪也损失惨重，但将军没有气馁，在渑池重振羽翼，终于在崤底大获全胜，真是**'失之东隅，收之桑榆'**，论功行赏，我当厚赏你的卓越功勋。"授奖玺书意味深长，似乎暗含着这样的深意：不要骄傲哦，胜利固然值得庆贺，之前还吃了不少败仗，我并未追究，要更加努力才是哦。刘秀的"仁智明达，多权略"可见一斑。

邓禹全军覆没，无颜见刘秀，主动上交大司徒及梁侯印绶。刘秀还回了梁侯印绶，意味着撤了邓禹的大司徒之职，数月后拜邓禹为右将军。

刘秀虽然给邓禹降职处分，对邓禹的信任却一如既往。

建武四年后，史书中鲜见邓禹驰骋疆场的记录，邓禹基本退出了战场厮杀的"军事团"，而转入经济建设的"智囊团"。

（这段历史生成了成语**"失之东隅，收之桑榆"**，）

（典故**"大黠小痴"**"小痴大黠""黠小"，指大聪明，小痴呆。常用此典来评价他人的言行是否明智。）

（典故**"垂翅"**，用以比喻折损兵卒之典。）

（因为赤眉军，历史上生成了**"积甲山齐""诚欢诚喜""铁中铮铮""庸中佼佼"**
"铮铮佼佼""格杀勿论""严阵以待"等成语，这也算是在中国文化的历史长河中，为这支目不识丁的农民义军立下了一座"文字"纪念碑。）

（**"积甲齐熊耳""甲齐熊耳""熊耳甲"**等，后世用作称颂官军战绩之典，喻指军队投降或指缴获对方的兵器铠甲甚多。）

刘秀将樊崇、逢安、谢禄、徐宣等三十几位赤眉军骨干全部安置在洛阳，赏赐房子和土地。没过几个月的这年夏天，樊崇等逃出洛阳，企图重做冯妇，事泄处死。文化人徐宣未参与，回到家乡，卒于家中。

刘盆子因病致盲，刘秀怜悯体恤其遭遇，便将荥阳县的均输官地赐予刘盆子，改造成商业街区，所收官税全部用来奉养他，直至他过世。

不义侯

赤眉军灰飞烟灭，中原大势向好，刘秀终于腾出手来收拾彭宠了。

彭宠趁刘秀驰骋中原、分身乏术的空当，在北方上蹿下跳，四处拜山头结盟。同割据齐地的张步勾连上，又拉拢一些唯利是图的豪强，不断"彭"胀自己的势力，自立为燕王。

彭宠将朱浮困在蓟城之时，刘秀正全力部署消灭赤眉军，根本抽不出主力，只能派游击将军邓隆去救援。邓隆作战经验不足，在距离蓟城百里开外扎营，以为这样便可与朱浮形成犄角之势，布好兵禀报刘秀，并夸口**"宠破在旦暮"**，刘秀阅奏报火冒三丈："必败，你回去就知晓。"果然，信使还在路上，邓隆军就被彭宠吃掉，朱浮只得困守愁城。

朱浮这个幽州牧成了瓮中之鳖，只能眼巴巴地站在蓟城头，目睹彭宠在幽州兴兵作乱张牙舞爪，自称燕王，他却无能为力，徒留悲怆。

涿郡(今河北省涿州市)太守张丰，眼馋彭宠称王称霸，也自称无上大将军，与彭宠狼狈为奸。一时间，北州风雨飘摇，百姓又愁又怕，消灭赤眉军到了关键时期，刘秀一时难以分兵应对，朱浮误以为刘秀轻慢敌人，上奏疏极力渲染叛乱的危害，哀求刘秀快快出兵。

刘秀并非不想派兵，实在是无法派兵。饥荒严重，军粮匮乏，只得"委屈"朱浮暂且忍耐，他料定渔阳**"其中必有内相斩者"**。刘秀以他预测赤眉军投降为例，为朱浮打气。他当时料定饿肚子的赤眉军必东行投降，结果应验。这次他同样料定会有内部人杀彭宠，让朱浮不要急，大军受粮草不足所制，最快也得等到麦收才能解救蓟城。言下之意，朱浮你唯有咬牙坚持再坚持，转机定会到来。

蓟城被围困一年多，粮绝，出现人吃人的惨状。上谷太守耿况遣派突骑兵救出朱浮，蓟城最终落入彭宠之手。

刘秀虽未大规模发兵北上，但在消灭赤眉军的进程中，遏制彭宠扩张的行动也在一步一步地推进。

刘秀稳扎稳打，步步为营，有条不紊地剪除彭宠的势力枝蔓。调遣祭遵剿灭了彭宠的盟友张丰，令耿舒等阻击匈奴，截断彭宠的外援通道。而后，命祭遵进驻良乡(今北京西南房山东南)，骁骑将军刘喜驻守阳乡，筑起防线，压缩彭宠生存空间，以**"拒彭宠"**。

彭宠数次派兵想要"驱赶"祭遵，祭遵**"数挫其锋"**，归附彭宠的势力，见风使舵，纷纷与彭宠划清界限。

刘秀预料的"内斩者"也在这时浮出水面。

建武五年，彭宠的仆人子密，找了两个帮手，在春寒料峭中砍了彭宠夫妻二人的脑袋。渔阳不攻而破。

姚本聚珍本中有**"诏讨彭宠者封侯"**之句，虽不见《东观汉记》、《后汉书》等史书，但子密带着首级直奔京城，事实确凿，毋庸置疑。《东观汉记》曰：**"彭宠奴子密杀宠，诣阙降，封为不义侯。"**由此推测，即便刘秀未曾昭告天下杀彭宠封侯，可按照杀敌首者封侯惯例，"杀彭宠者封侯"已然是共识。凡事自有定数，刘秀的预言再次应验。果真有逐利之徒响应这无形"召唤"，踊跃"揭榜"献功领赏！

真正的高手，他的成功，往往源自超出常人的洞察力、对人心的敏锐洞悉，以及两手或三手甚至更多的准备和灵活的策略。

子密得封"不义侯"，数千年中国封建史中仅此一人。戕害主子，于礼法不容，刘秀为其封侯，以"不义"之名鞭挞弑主求荣的恶劣行径。

"不义侯"的功名，让子密沦为千秋笑柄，为警示世人的恶例。背忠弃德者，必为史笔诛伐、世人不齿、世代唾弃，遗臭万年。

（后人调侃刘秀的嘴巴是开过光的，他安慰朱浮说"**今度此反虏，势无久全，其中必有内相斩者**"，一年之内，果然应验。）

定关中

刘秀收拾彭宠之际，冯异在关中披荆斩棘，屯兵上林苑。

冯异大刀阔斧，清理关中各路毛贼。刘秀想尽办法，排除万难，给冯异送来了一批物资，当粮食运到关中，将士们感动地高呼万岁。

关中日趋稳定，中断的商旅市集逐渐恢复，关中粮荒得到一定的缓解。冯异也不再为士兵们饿肚子操心，开始着手整肃关中，同时枕戈待旦，严防觊觎关中的公孙述派兵侵扰，没让公孙述讨到一点儿便宜。

关中战乱平息，越来越多的人来上林苑归附。这时，冯异申请调回洛阳，毕竟自己久握兵权，长久执事关中，又远离朝廷，容易招人妒忌。万一有人在陛下面前说三道四，引起天子猜忌，或招来杀身之祸。

冯异一而再申请，刘秀心明眼亮，再二再三地拒绝。他明白冯异担忧什么，他信任冯异，现阶段西北地区的稳定也离不开冯异。

时间一晃又过去了两年，冯异来到关中三年了，关中民众越来越拥护他。然而，他强硬的手段也触及了个别人的利益，有人向刘秀打小报告，诋毁冯异在咸阳一手遮天，独断专行，杀长安令，收买民心，坊间叫他"咸阳王"。

三辅是大汉核心区域，地广物丰，民稠兵锐，若冯异生出异心，与公孙述、隗嚣联盟，借三方合势与三辅优势，鲸吞关中易如反掌。若冯异果真有此野心，岂是只满足于小小的"咸阳王"？

刘秀派人将这份密奏送给了冯异。

冯异诚惶诚恐上书自证清白，剖白自己忠心可鉴，自决心追随之日起，便心无旁骛，奉诏入关更是忠心无二。

刘秀也向冯异传达了自己的充分信任："**将军之于国家，义为君臣，恩犹父子。何嫌何疑，而有惧意！**"

信任是真情，冯异无以为报，唯有粉身碎骨，死心塌地。

刘秀将小报告转给冯异，此举可谓一石三鸟，既有信任，又有敲打，还暗示冯异的身边有"眼睛"。

心中无鬼天地宽，真正老实实在的人，不怕诬告也永远不会吃亏。

关中在冯异的治理下越来越好，各股势力也都服服帖帖。

皇权争宗　剿刘永

消灭刘永，荡平刘永势力，是刘秀统一版图中的重头戏。

建武元年十一月，梁王刘永在听闻刘玄死讯，宣布"登基"，就此与六月登基的刘秀激烈争夺皇权，一场龙争虎斗就此拉开帷幕。

刘永本靠刘玄恢复的王爵，野心勃勃，想要更多。

刘永颇具谋略，早在复爵后便悄悄布局。他广发"英雄帖"，招揽诸郡豪杰，将沛人周建等一众悍将招于麾下，悄无声息地拿下老祖宗的发迹之地——丰、沛，将其化为根基；又迅速攻下济阴、山阳等二十八城。为扩充势力，刘永广施封赏，笼络东方诸多趁乱割据势力，封西防的佼强为横行将军、东海的董宪为翼汉大将军、琅琊的张步为辅汉大将军，"贼帅"们成了汉将军，甘心听命于刘永，刘永"**与共连兵，遂专据东方**"，与刘秀分庭抗礼。

卧榻之侧，岂容他人鼾睡？建武二年春，刘秀在指挥西线围剿赤眉军的战役的同时，开辟东线战场，派虎牙大将军盖延围剿刘永。

盖延(字巨卿)，渔阳郡要阳县(今北京市平谷区)人，曾为郡营尉，身高八尺，孔武有力，力大无穷，轻松挽弓三百斤，威震边郡。

盖延率马武、苏茂等将领以猛虎之势直扑梁地，刘永兵败退守睢阳。盖延碾压睢阳，困在睢阳城中的刘永如热锅蚂蚁，绝望之际，苏茂突为他抛去一根救命稻草。苏茂原是朱鲔帐下的讨难将军，归降后编入盖延军中，却与盖延生隙，嫌隙日深，趁大军进逼梁地之际，占据广乐(今河南虞城县西北)，旋即反叛，向刘永称臣。刘永喜从天降，当即遥封苏茂为淮阳王、大司马，将苏茂当作救命的浮木。此时盖延专注围困刘永，暂且搁置对叛徒的讨伐。

盖延围困睢阳数月后破城，刘永突围，仓皇逃往谯县(今安徽省亳州市)。苏茂、佼强匆忙合兵救援，却被盖延秋风扫落叶般击溃。佼强败退至湖陵(今山东鱼台县东南)，苏茂撤回广乐。盖延乘胜迅速平定沛、楚等地。

军事力量强势进剿刘永势力的同时，分化瓦解行动也在同步进行。建武三年春，刘秀遣光禄大夫伏隆持符节远赴齐地，诏拜张步为东莱太守。刘永闻风，急遣使封张步为齐王。张步贪图王爵，拘杀伏隆。

刘永使尽浑身解数整合各方力量，又封董宪为海西王，铁心与刘秀殊死对垒。

睢阳民众心系刘永，合力驱逐了汉兵，迎回刘永。只是，重回王宫的刘永，却已经没有机会欣赏春花秋月了。

刘秀遣来吴汉驰援盖延。吴汉策马向东疾驰，手中长刀杀向苏茂，苏茂弃城而遁。吴汉与盖延携手将将刘永再度困于睢阳。这一次的刘永，成了釜底游鱼，插翅也难逃。百日须臾而逝，城中粮草耗尽，刘永再次突围，却不再有上次的好运，未行多远，便被部下庆吾斩杀，庆吾因此封侯。

刘永之死，宣告了皇家内部权力纷争的落幕，刘秀所秉持的汉室正统地位得以巩固。

桃城捷　东向阔

刘永虽死，余波未平。苏茂、周建等刘永残部拥立其子刘纡为梁王，据守垂惠（今安徽蒙城北），依傍雄踞西防的佼强，勾结董宪、张步，困兽犹斗。但大势已去，不过是蚍蜉撼树。

建武四年秋，刘秀命捕虏将军马武、骑都尉王霸进击垂惠。周建战殒，苏茂转投董宪，刘纡投奔佼强。刘秀又调骠骑大将军杜茂攻伐。建武五年，郯城城破，刘纡、佼强突围投奔董宪。苏茂、刘纡等一干人等前来投靠，董宪顿觉身价暴涨，可与刘秀一较高下，殊不知败亡如影随形，命运的绞索已然悄悄套紧。

建武四年春，刘秀命盖延追剿董宪。

在刘秀的指挥下，董宪部被盖延的军队打得四处奔逃。

盖延凌厉的攻势，令兰陵守将贲〔féi〕休胆战心惊，不等盖延攻城，便举旗投降。董宪得到消息，怒火中烧，集结兵力立即包围了兰陵城。

盖延请求救援，刘秀指示他可直捣董宪"老巢"郯城（今山东省郯城北），端掉郯城，兰陵之困自解。有道是人急无智，盖延未能领会刘秀藏在诏令中的"围魏救赵"之计，他不能眼睁睁看着兰陵城破，将刘秀的指示置之脑后，领兵径直救援兰陵城。这一救援被董宪利用，董宪佯败，让盖延"破围"入城，然后集合所有兵力围攻兰陵城，形成"关门打狗"之势。盖延后悔没听刘秀的话，匆匆突围出城，想要亡羊补牢，急吼吼去攻打郯城。

盖延这番操作，刘秀几近气结，斥责道："先前让你去攻打郯城，打的是出其不意，现在敌人已得手，且有了防范，这般情形下，还解什么兰陵之围？"果如刘秀所料，盖延没能攻下郯城，董宪却攻破兰陵，擒杀贲休。

刘秀恼火盖延贻误战机，多次玺书教训盖延。屋漏偏逢连夜雨，原本攻打董宪失利倍感窝囊的盖延，又遭遇拍档庞萌的"黑手"。

庞萌原为下江兵做过冀州牧，跟随尚书仆射谢躬转战河北。谢躬死后，归附了刘秀。庞萌谦逊有礼，又曾是王常的部下，刘秀对他格外亲近，公开夸赞说：**"可以托六尺之孤，寄百里之命者①，庞萌是也。"**

刘秀了解盖延，勇有余而智不足，庞萌持重谦逊，做事稳妥，两人配合，性格互补，相得益彰。讨伐董宪时，刘秀让庞萌做了盖延的副手，二人搭班子，正好一张一弛。

建武四年春，刘秀拜庞萌为平狄将军，与盖延共同出击董宪。看似万无一失的搭配，却出了"幺蛾子"，刘秀的良苦用心，被这"幺蛾子"击得粉碎。刘秀认为最忠诚可靠的庞萌，竟然是个假面"腹黑男"。

刘秀作战诏书下给主帅盖延，没下给庞萌，庞萌心中极为不悦，认定陛下如此忽略他，定是盖延在陛下那儿恶意中伤他，致使自己被边缘化，最终心魔作祟，竟于阵前倒戈，抄刀杀了楚郡太守，调转刀锋狠狠地捅向盖延。盖延毫无戒备，奔至泗水河边，毁船断桥才勉脱身。

庞萌自称东平王，与董宪狼狈为奸。

刘秀气得七窍生烟，怒道："我常将庞萌视作社稷之臣，没想到庞萌老贼竟怀狼子野心，大逆不道，各位将军，你们不会笑话我吧！列位，秣马厉兵，我们会师睢阳，我要杀了老贼，灭了老贼一族。"

这次反叛，也成刘秀识人失察的罕见例证。

庞萌突然变脸，盖延虽然措手不及，但他并未自顾自逃命，而是火速通知临淮太守和楚国相，让他们有所准备防范。时常批评盖延的刘秀，特玺书褒扬盖延：**"庞萌一夜反叛，相去不远，营壁不坚，殆令人**

---

① 六尺之孤：成语。指未成年的孤儿。刑昺《注疏》引郑康成批注，15 岁以下的统称。古时父亲去世，子未成年，谓孤儿。古代"六尺"常形容未成年人的身高，非确切长度。百里之命：成语。指国君的政令。百里：方圆百里的诸侯大国。托、寄，指委托、寄托。出自《论语·泰伯》："曾子曰：'可以托六尺之孤，可以寄百里之命，临大节而不可夺也。君子人与？君子人也。'"

齿相系，而将军闻之，夜告临淮楚国，有不可动之节。吾甚美之。夜闻急，少能若是！"(《太平御览》卷六十六)

刘秀称自己得知庞萌磨刀霍霍，不自觉地咬紧牙关，为盖延担心不已，夸奖盖延坚守不动的气节，在夜里骤闻紧急变故，能够临危不乱，实属难得。

刘秀义愤填膺，亲率大军讨伐庞萌。

董宪想要抢在刘秀到达之前夺取桃城(今河北省衡水市)，调集三万人马，命令苏茂援助庞萌"急围桃城"。

桃城告急，刘秀的大军才刚行军至蒙城(今河南省商丘市东北)，刘秀果断下令丢弃辎重车辆，轻装前进，亲率轻骑三千、步兵一万，一路急行军，赶到了距离桃城六十里地的任城，收住了狂奔的脚步。

庞萌、苏茂等得知刘秀抵达任城，调集大队人马，迎战刘秀。

日夜兼程、奔袭数百里而来的汉军，并未去救援桃城，而是在六十里开外的任城安下营寨，关闭营门，睡起了大觉。

庞萌、苏茂不知刘秀葫芦里装的什么药，想要速战速决，打败刘秀，于是在营外跳脚骂阵，挑衅了许久，汉军大营始终无声无息。庞萌、苏茂不明白刘秀唱的是哪一出，惊惧道："刘秀数百里星夜兼程赶来，原以为会即刻开战，哪想他们稳驻任城，引咱到城下，万万不能去攻！"庞萌、苏茂调转头加紧攻打桃城。

陛下就在城外，桃城军民众志成城，庞萌、苏茂等的三万多兵马攻了二十多天，仍旧无法撬开桃城的大门。

刘秀急行军赶来，当然不是为了在六十里外"看热闹"，他已暗中征调在东郡剿寇的吴汉等人，只等他们到来，围歼敌人。

桃城坚如磐石，攻城的一方却已士气受挫。吴汉等人一赶到，刘秀就发起了总攻，结局很完美。桃城之战，刘秀消灭了董宪的主力，佼强投降，董宪、庞萌、苏茂慌不择路逃命。吴汉的校尉韩湛追斩董宪封列侯。方与人黔陵斩庞萌封关内侯。苏茂投靠张步。

刘秀巧施一计，分别传谕张步、苏茂，"能相斩降者，封为列侯"，二人狗咬狗，张步先"咬"死苏茂，献上首级投降。

成败之道，贵在团结、根于忠诚；权力之欲、猜忌之心，皆是自毁长城。苏茂**"军中不相能"**，与盖延矛盾丛生，愤而倒戈；庞萌被刘秀视为肱股，却深陷**"自疑"**泥淖，忠诚瓦解。历史作镜，照彻人心。二人本有机会名垂青史，却因争权猜忌，背信弃义，被世代唾弃。

刘永争皇权，争进了黄泉，还带搭上了儿子。建武五年八月，刘纡逃亡途中遭部下高扈"背刺"，重蹈父亲覆辙。父子两代，皆为这虚妄的权欲之梦陪葬。

消灭刘永的势力，此役成功铲除了关东劲敌，终结了皇权之争，扭转了关东局势，东方多地纳入东汉版图，刘秀统一东方全境的进程加速推进。富饶梁国、江淮等地为刘秀输送充沛的兵源与物资，刘秀的综合实力大幅跃升，一统山河的蓝图，在刘秀眼前铺展，触手可及。

联陇制蜀

花开两朵，各表一枝。

刘秀在东部的战事如火如荼，却从未忽视九州大地上西部已形成割据状态的蜀地、河西以及陇右等地。

战国时期，秦昭襄王采取了范雎的"远交近攻"的策略，成功地壮大了自己。秦国国力空前鼎盛，他的曾孙秦始皇继续采用这一策略，从而兼并了六国，最终统一了中国。

刘秀作为"最有学问"的帝王，又熟读《尚书》，自然深谙此道理。眼下他在关东进行着"得寸则王之寸，得尺亦王之尺"的战斗，团结西部边陲一切可"团结"的力量，便是他不二的选择。

西部有"三强"，他们是公孙述、隗嚣和窦融。公孙述已经称帝，并成功控制巴蜀；窦融据守河西，尚不知意属何方。

陇山(今六盘山)以西的"陇右"由隗嚣掌控。

隗嚣接受了"西州大将军"的任命，以汉臣的名义管理凉州、朔方事务，明面上是接受了刘秀的统治，也用上了建武年号。可是，此人行事总透着若即若离的疏离感，陇右实际上游离在大汉之外。

刘秀想要改变这一局面，只有将隗嚣请进洛阳，才有望实现陇右的和平回归，如此，即使公孙述同隗嚣联盟也枉然。

建武三年夏，来歙顶着烈日，跋山涉水，走进了陇右。这是继邓禹代表刘秀委任隗嚣之后，刘秀派专人走进陇右，对隗嚣发出郑重邀请，诚挚地请他入朝为官。

来歙(字君叔)新野人。其家族底蕴深厚，六世祖来汉，曾为光禄大夫楼船将军杨仆副将，奉汉武帝之命远征，击破南越、朝鲜，战功赫赫。其父来仲，汉哀帝时任谏大夫。姥姥家系春陵宗亲，来歙母亲刘秀称姑母。来歙自幼随母常来姥姥家，与刘秀兄弟情同手足，数度结伴往来长安。姥姥家族举兵，官府前来缉拿来歙，来家宾客拼死相护，奋力将其抢回，来歙方得免遭囹圄之灾。

刘玄迁都长安时，来歙跟着一起来到长安。他本想着凭借自己的才能有所作为，却发现朝堂乌烟瘴气，来歙大失所望。于是，他以生病为由辞官回家，妹夫汉中王刘嘉延揽人才，将来歙接到汉中。随着刘秀的强势崛起，来歙凭着对刘秀的了解，认定未来"复兴汉室"的非刘秀莫属，力劝妹夫刘嘉归顺刘秀。

来歙陪着妹夫走进洛阳南宫，刘秀看到老表到来，就像看到了雨后绚丽的彩虹，俊朗的脸庞欢喜得如五月盛开的牡丹，赶忙快步迎上，边走边脱下自己的外衣，给老表披上，抓住他的手不忍松开，当即拜其为太中大夫。

两兄弟好久不见，自是有满腔话语。回首往昔，刘秀还是受尽欺辱、强忍泪水的"穷小子"，而今凤凰涅槃，已然是傲立峰巅的王者。

刘秀同来歙谈起西部分裂的状况，隗嚣并未真心归附，公孙述僭越称帝，自己忙着统一东方，正思索有什么好办法处理西州事务。

来歙宽慰天子表弟勿忧，进言道："臣与隗嚣在长安共过事，当年他是以汉的名义举事，更始召唤，他便去了长安。他的两位叔叔因想回天水，为表忠心，他不惜出卖叔叔。今陛下仁怀天下，帝德兴盛，四海归心，隗嚣是个聪明人，不会不明白当下局势。不过经历了长安的动荡波折，隗嚣心里有所忌惮，事出有因，也是可以理解的，'臣愿得奉威命，开以丹青之信①，嚣必束手自归，则述自亡之势，不足图也'。"

来歙信心满满，愿赴天水与隗嚣开诚布公，以丹青之信，开导隗嚣，要他信守誓言，真心诚意归附刘秀。

更始败亡，三辅地区的耆老②以及士大夫们纷纷投奔隗嚣。"嚣素谦恭爱士，倾身引接为布衣交"，西部与战火隔离，隗嚣又如此恭谦，礼贤下士，中原多地的士人，纷至沓来，"由此名震西州，闻于山东"。

不知是觉得自己才华出众，有那么多人归附而心生骄傲，还是看到隔壁的公孙述道寡称孤，导致心理发生了变化，抑或是对长安之行心有余悸，隗嚣拒绝了刘秀的征召，推辞说："待天下平定，鄙人就要告老还乡了，如今太平在即，何必多此一举呢。"隗嚣说什么也不愿离开他的"一亩三分地"。

隗嚣推辞京官，他幕府里那些谋臣们，为了个人前途计，纷纷谏言隗嚣当与刘秀保持密切联系，既有功于汉，又接受了汉爵，于情于理都该如此，来歙也在一旁游说，隗嚣被说动，准备上书朝廷。

隗嚣的掾史中有不少文人雅士，由文士操刀，上奏的文书成为士大夫传诵的名作。刘秀的回复也是字斟句酌，极尽文采。

刘秀"素闻其风声，报以殊礼"，从不提名道姓，而是亲切称呼隗嚣的字"季孟"，并以藩国之仪，示其与己平等。刘秀这般亲昵，待他平起平坐，隗嚣很是受用，对刘秀的好感与日俱增。

公孙述勾结关中拥兵数万的吕鲔侵犯三辅时，隗嚣投桃报李，及时

---

①　丹青之信："丹青"通常指红色和黑色两种颜色。象征着不变和稳定。比喻事情已经明了，不可改变。同时亦象征诚信和必然性，蕴含坚守诚信之意。

②　耆老：老年人。特指德行高尚、有地位受尊敬的老人。古代代表地方上有威望、经验丰富的长者群体。

出手帮助冯异，大败来敌，将吕鲔赶出了关中，帮冯异铲除了这颗盘踞关中的毒瘤。为表功，隗嚣上书报告了此事。

刘秀回了封热情洋溢的亲笔手书，亲切称其季孟，盛赞季孟是仁义君子，早就有意结交。刘秀又写道："**昔文王三分，犹服事殷。但弩马铅**〔qiān〕**刀，不可强扶。数蒙伯乐一顾之价，而苍蝇之飞，不过数步，即托骥尾，得以绝群。**"

刘秀援引周文王三分天下有其二仍称臣殷商的历史，喻指喜欢矜己自饰自比西伯的隗嚣，也应像西伯侯事商王那样，做汉家忠心的臣子。又用"弩马铅刀"暗喻没有才能的人，就是糊不上墙的烂泥巴，纵强行扶持，也毫无意义。又风趣幽默地打比喻，苍蝇飞不了几步，一旦附在快马的尾巴上，同类将莫可企及。

言外之意，东汉王朝是削铁如泥的利刃，搭上了汉家"快马"就可以建功立业，名垂青史。

刘秀表扬隗嚣，若非他南抗公孙述，北御羌胡，仅以数千人马西征的冯异恐难在三辅站稳脚跟，咸阳一带怕也早落入公孙述贼手。同时，也打开天窗说亮话，眼下关东贼寇群集，自己无暇西顾，暂不能与公孙述一决高下。未来公孙述进犯汉中、三辅一带，届时，"**愿因将军兵马，鼓旗相当**"。如果那样，真是上天的福赐，功绩肯定有隗嚣一半，建功封侯那是一定的。

刘秀借用管仲的"**生我者父母，成我者鲍子**"，喻示已视隗嚣为知音，最后贴心提示以后多加联系，互通信息，不要让他人钻空子。

此后，刘秀待隗嚣"**自是恩礼愈笃**"。爱面子的隗嚣，心里美滋滋的，大汉天子根本没有当他是臣子，当他是兄弟啊。

刘秀的这封信，云霞满纸，雅驯华美，信息量巨大，话中有话，典中有深意，有赞美，有要求，有警示，有未来。

刘秀巧妙借用《史记·伯夷列传》中"颜渊虽笃学，附骥尾而行益显"之意，表达弦外之音，若追随自己，可如贤才追随明主般尽展其能，成就非凡功绩；借用"伯乐一顾"之典，一语双关，既谦虚地表示自己有幸被隗伯乐看中，同时暗示大汉天子的他是隗嚣的伯乐，定会欣赏并重用隗嚣，隗嚣将会拥有更广阔的前途，未来就如同附着在大汉"骥尾"上的小"苍蝇"，必将一骑绝尘。

（刘秀的妙笔生出了如下花朵："**扶倾救危**""**一顾之价**""**蝇随骥尾**""**托骥之蝇**""**弩马铅〔qiān〕刀**""**旗鼓相当**""**解构之言**"等成语。）

（刘秀为"**伯乐一顾**"之典赋予了更有意义的内涵。此典比喻受到名家推荐和赏识的重要作用。"**伯乐一盼、伯乐顾、一顾重、一顾荣**"等同典源。）

（成语"**矜己自饰**"的第一人就是隗嚣。）

恢廓大度

建武四年冬日的一天，雪花宛若美丽的白蝴蝶从远方翩然飞进洛阳城。历史上那个豪言"**男儿要当死于边野，以马革裹尸还葬耳**"的热血男儿马援，追着雪花走进洛阳。他是隗嚣的绥德将军，此番前来洛阳，是为隗嚣来"打探消息"的。

马援(字文渊)，扶风郡茂陵县(今陕西兴平东北)人，先祖是赵国名将赵奢，爵号"马服君"，其后人便以马为姓，汉武帝时期，以两千石高官从邯郸移居茂陵。马援曾是郡里督邮小官，有一次押解重犯去司命府，见犯人可怜，私自放人，不得已亡命北地，在陇汉间放牧为生。马援头脑灵活，将牧场经营得红红火火，积攒下一大笔财富，牛、马、羊数千头，谷物万斛，还有数百号人供他驱使。财富在马援眼里都是浮云，常说："丈夫为志，**穷当益坚，老当益壮**"，"**凡殖货财产，贵其能施赈也，否则守钱虏耳。**"为了帮助到更多的人，他散尽家财，穿着羊裘皮裤，过着极简的生活。

新朝末年，王莽四处招揽人才，马援被拜为新成大尹(汉中太守)。怎奈大厦将倾，马援还未来得及施展政治抱负，新朝轰然倒塌。马援回到凉州，时为增山(今内蒙古东胜市西北)连率(太守)的哥哥马员，也来到凉州避祸。刘秀登基，许是兄弟俩商量。

赤帝刘秀、白帝公孙述，都向隗嚣伸出了橄榄枝，隗嚣犯了难，马援建议先考察各方虚实，权衡利弊后再行定夺。他先去了隔壁成都，这一去，发现公孙述**"修饰边幅，如偶人形"**，直接替隗嚣淘汰了他，复命隗嚣："**子阳井底蛙耳，而妄自尊大，不如专意东方。**"

（这是成语**"修饰边幅""妄自尊大"**的由来，**"修边幅"**成典，用以比喻人注重外表的修饰之典。）

来歙前一年跋山涉水走进了陇右，马援满怀期待，走进了洛阳。

刘秀与马援有了第一次历史性会晤，这次会晤改变了马援的未来。

刘秀在宣德殿接见了马援，42岁的马援见到了33岁的刘秀。刘秀已知马援先去了西蜀，调侃道："你在两个皇帝间遨游，我今天才见到你，真是很惭愧啊。"

马援落落大方："当今之世，非独君择臣也，臣亦择君矣。"

或许罗贯中正是借鉴了马援此言，写出了"**良禽择木而栖，贤臣择主而事**"名句。

宣德殿内并未有很多侍从，也没有持戟警卫，马援颇为诧异："我和公孙述是同乡，自幼交好，我去蜀地，他还要卫士持戟列于殿阶两侧才肯见我。如今我远道而来，陛下一点儿不设防，难得不怕我是刺客吗？"

刘秀莞尔道："你不是刺客，是说客。"

马援没想到，这位传说中"刘秀当为天子"的天子刘秀，竟是如此随和幽默，敬佩之情油然而生："天下动荡，欺世盗名、称假号者多如牛毛，'今见陛下恢廓大度，**同符高祖，乃知帝王自有真也**'。"

马援在心里画着陛下召见他的记号，十几天就画了十几道杠。两人越谈越投机，有时忘了时间，聊至三更。

刘秀要去南郡视察，去黎丘慰问围剿秦丰的将士，带上了马援。从黎丘到东海，一路走，一路看，一路交谈，回到洛阳又留马援在洛阳过完新年。之后，又送上暖心包，派太中大夫来歙持节护送他返程。

回到陇右，隗嚣与马援同吃同住，听马援讲述洛阳之行的所见所闻，马援重温昨日，大赞刘秀雄才大略，无人匹敌。

刘秀在马援眼里成了盛开的牡丹：心胸开阔，坦率真诚，性情豁达，不拘小节，品德高尚令人敬仰；才干超群，有勇气，有谋略，智慧才能无与伦比；学富五车，勤政善政，政务井然有序，施政堪称楷模，很像汉高祖，前世帝王无可企及。

马援说起在洛阳的几十天，陛下宴请了他几十次。"愿得展功勤，输力于明君"，钦佩之意溢于言表：**"才明勇略，非人敌也。且开心见诚，无所隐伏，阔达多大节，略与高帝同；经学博览，政事文辩，前世无比。"**

隗嚣无以为然，问道："同汉高帝比如何？"

"不如，高帝对事可依可违，无所谓。今上讲究规则，有法度，还不好那口。"马援明贬暗褒。

隗嚣还以为能听到刘秀的什么"烂事"，没想到却是**"高帝无可无不可。今上好吏事，动如节度，又不喜饮酒"**。这哪里是不如刘邦呢，隗嚣心里酸溜溜的："照你这么说，他还更胜一筹了。"

隗嚣酸归酸，政治的天平还是倾向了刘秀。隗嚣态度的转变，令公孙述顿生山雨欲来的惶恐，危机逼迫下，公孙述心有不甘，派使者给隗嚣送去大司马、扶安王印绶。公孙述本以为，许以王爵及三公高位，足以打动隗嚣。隗嚣却深感受辱，大汉天子尚谦逊地与他"平起平坐"，公孙述却倨傲地要他面北称臣，于是他怒斩来使，连续出击，打得蜀军不敢北进。

建武五年，隗嚣惊闻刘永、彭宠全都覆没，心里七上八下。马援又在一旁极力主张他专心事汉，勿再犹疑。隗嚣思忖再三，同意派长子隗恂（字伯纯）入朝"为官"，实则是去洛阳充当质子。

马援陪着隗恂来到洛阳。

至此，刘秀联陇战略取得阶段性胜利。

（这段历史，生成了成语**"恢廓大度""开心见诚"**。）

（马援的那段游牧生涯，生成了成语**"老当益壮""穷当益坚"**以及**"守财奴"**。）

平定齐鲁

建武五年，张步这颗扎根关东的钉子即将被连根拔起。

"灭张步"这个计划已经在少年将军耿弇心头盘旋了两年，如今终于要实施了。

新朝崩塌之时，不其(今山东青岛)人张步抢占了琅邪郡，自号五威将军，割据齐地十二郡，杀害了刘秀的使者光禄大夫伏隆，被刘永封为"齐王"。当时刘秀的战略重心在平定中原，清剿抢夺正统的刘永，暂且由张步一步步坐大，耿弇恨不能一拳将他打碎。

刘秀决定要吊打张步，耿弇将军飞身上马，率军挺进齐地。

耿弇长驱直入齐地，连战连捷。在一次战斗中，一支利箭破空骤至，正中耿弇大腿，耿弇拔出匕首削断箭杆，继续纵马杀敌，双方酣战至日落西山才鸣锣收兵。回到大营，耿弇才将箭头从大腿挖出，此时，他的腿已肿胀不堪。

得知耿弇受伤，刘秀从鲁地(今山东南部)马不解鞍，增援临淄。

知晓陛下前来，太山太守陈俊提议挂免战牌暂作休整。耿弇猛然站立，目光坚定道："**乘舆且到，臣子当击牛酾〔shāi〕酒以待百官，反欲以贼虏遗君父邪?**"他不顾腿伤，咬紧牙关，飞身上马，再战张步，只将张步打得落花流水，抱头鼠窜。

刘秀紧赶慢赶抵达临淄，看到耿弇安然无恙，放下高悬的心，慰劳三军，燕飨群臣。

刘秀的目光越过群臣，落在英俊少年耿弇的脸上，喜悦和赞赏溢出他那棱角分明的脸颊，毫不吝啬赞美之词，赞扬耿弇堪比战神韩信，功绩犹有过之。在刘秀看来，耿弇所立之功比韩信更难，韩信当年"**袭击已降**"，耿弇却是远途跋涉，深入腹地"**独拔劲敌**"。

刘秀思绪翻涌，缓缓说道："当年韩信夺得齐国西界的历下，奠定了高祖伟业。如今耿将军大显神威，攻克齐国西界之城，仿佛历史轮回，只是历下换成了祝阿，当年田横烹杀郦食其〔yì jī〕，张步也杀了伏隆，一切是如此惊人相似。只要张步投降，我也将重现高祖的命令，当年高祖要郦商不得杀害归来的田横，我也会让大司徒伏湛放过张步。"

刘秀又想到两年前(建武三年)的孟冬十月，那是平定邓奉叛乱之后，耿弇跟着他来到春陵，当时"小儿曹"豪气冲天，请求北上增发上谷兵马，灭彭宠、张丰，除富平获索，取张步平齐地。不过短短两年，"小儿曹"的梦想全部实现。

刘秀无限感慨：**"将军前在南阳建此大策，常以为落落难合，有志者事竟成也！"**

刘秀亲临前线慰问，耿弇的劲头更大了，不顾腿伤，痛打落水狗，张步俯首称臣。

(这也是成语**"落落难合""有志竟成"**的由来。)

(耿弇是后世"有志竟成"的标杆人物，他的名字**"耿弇"**也成典，为后世赞美他人战功赫赫的代名词。)

隗嚣泥

东部战场高奏凯歌，西部的陇右却出了状况，隗嚣的态度在马援入京后发生了巨大的变化。

得知隗嚣将隗恂送去了大汉，隗嚣手下大将王元、王捷好一通埋怨，埋怨隗嚣不该盲目听信儒生马援之言，送儿子去做质子，将自己的未来寄托在一个尚未可知的人身上。

王元还翻出老账，当初主公早归附了更始，弄得差点失去了安身之处。眼下天下大局未定，南面的公孙述，北面的刘文伯①，在长江、

① 指卢芳，时盛行在三水地区的谣言，传说卢芳为汉武帝与匈奴人皇后所生第三子刘回卿的孙子。汉武帝无匈奴皇后，所以为谣言。

山东一带，称王的也有十几人，就势力而言，他们均不如天水。天水兵马强壮、殷实富裕，北攻可取西河、上郡，东出可收三辅之地，按照秦旧迹，表里河山，又有山川做屏障，霸业指日可待，封住函谷关，基本大功告成。

古函谷关道是稠桑原上一条长 15 华里的大裂缝，是关中出入关东的唯一通道(关中、关东，也是基于函谷关的方位而言)，最窄处仅两三米宽，"车不能方轨，马不能联辔"，关楼设在裂缝中，犹如漫漫峡谷中抽出的一支木函，原东壁是水量丰沛的弘农河，离函谷关楼一步之遥，成为关楼天然护城河。稠桑原是典型的黄土高原的塬地地形，四周峭壁陡立，顶部平坦有绵延百里的原始森林，原北壁紧依滔滔黄河，原南壁连着巍巍秦岭，堵住这条"裂缝"，就等于关闭了通往关中的东大门，切断东西交通。那么，东方的"敌人"很难踏上西州的土地，也就无法染指陇右，有这样天然地理优势，即使不能争霸天下，也足以雄霸一方。

"元请以一丸泥为大王东封函谷关，此万世一时也。"王元的牛皮吹得震天响，说即使不采用此计，也可畜养兵马，据险自守，以不变应万变，纵是图天下不成，退一步也足以称霸一方。总之，主动权必须掌握在自己手上，不能放弃了自己的权柄。王元又歪曲套用老子的言辞，强调"鱼不可脱于渊，神龙失势，即还与蚯蚓同"。

老子说"柔弱胜刚强。鱼不可脱于渊，国之利器不可以示人"，本意是统治者应与百姓保持联系，切不可炫耀权势禁令威吓百姓，哪里是恃险逞强呢？王元的套用完全变了味。

王元的话犹如当头棒喝，隗嚣后悔不迭，自己"雅信援，故遂遣长子恂入质"，没想到素来信任的马援竟如此腹黑，自私自利，两面三刀，合着外人忽悠他，辜负了这些年对他的信任。隗嚣悔恨交加，切齿痛恨。

在王元等的鼓噪下，隗嚣从此与马援萧郎陌路，玩起了多面人的把戏，仰脸恭谦侍刘秀，阳奉阴违，俯脸与公孙述眉来眼去，扭脸给隔壁河西的窦融、梁统他们眉目传情，又送礼包又封官加爵，极尽殷勤，想尽办法扩大自己的势力，暗自与刘秀较量。

（这也是成语**“神龙失势”**的由来。）

［形成典故**“隗嚣泥”“丸泥”“泥（封）函谷”**，用以也指据险固守之典，亦比喻封守要塞。］

真假“刘秀”

隗嚣派辩士张玄前来河西游说，想要将河西拉上他的贼船。这样他就可实现长期割据，避免腹背受敌，有机会与刘秀平分秋色。

河西何去何从，河西五郡盟主、大将军窦融（字周公），心里已经有了主意。

窦融遥闻东方天子刘秀的威望恩德，心向往之，可惜河西与洛阳相隔遥远，没能直接联系上，便从隗嚣那里接受了建武正朔，并接受了隗嚣授予的将军印绶。待窦融看清隗嚣只是**“外顺人望，内怀异心”**的伪汉臣，便想甩掉隗嚣，归附真正的大汉。只是他不清楚河西其他人的想法。于是，他将河西名门望族都请到官邸，听一听张玄鼓舌，再听听大家的意见，集思广益，以便有的放矢，统一思想，为下一步的行动做准备。

张玄纵论天下，寻章摘句，以更始败亡为例，强调刘氏不可能再复兴，**“方今豪桀竞逐，雌雄未决，当各据土宇，与陇、蜀合从，高可为六国，下不失尉佗①”**。张玄意在暗示窦融，身处乱世，最不济也能如赵佗称霸岭南那样称雄一方，大可效仿南越王赵佗割据一方。

（成语**“雌雄未决”**源自这段历史。）

---

① 尉佗：即赵佗，真定人，秦朝大将。随主帅任嚣远征岭南平定南越，为南海郡龙川（今广东省龙川县）令，任嚣病逝后代理南海尉。秦朝灭亡后，自立为南越武王，创立“东西万余里”的南越国，西汉初自称南越武帝，统治岭南近七十年。公元前111年南越国被汉武帝所灭，存续约93年。

张玄以赵佗为例，无非是想要告诉众人，时光轮回，目前的局势同二百年前一样，只要把握时机，就可创赵佗那样的基业。然而他还是忘了，南越国最终还是成为汉的一个行政区。

张玄以三寸不烂之舌，极力鼓吹河西、陇右、西蜀之地手拉手的好处，称可构建稳固的三角联盟，成为西部最强势力，以抗御东方。张玄的这通聒噪，有人点头，有人摇头，七嘴八舌。这时，一个人站起来，示意大家安静，他要分享一个故事，听后大家就明白到底谁才是"真命天子"，应该归附谁。

"这是不久前发生的事情，众多有志之士都亲眼见证了。前辈见识广博精通道术的大师谷子云、夏贺良老早就预言，大汉当再受符命，再次复兴，所以当今天子的大名出现在赤伏符上。有个叫刘子骏的，想符应谶语，将自己的大名改成刘秀，道士西门君惠依照谶语，打算立刘子骏为帝，准备阶段事情败露，刘子骏被斩。当时，围观的群众议论河图太不靠谱，西门大师生气地说，'谶文不误，刘秀真汝主也！'"

那人故事讲完，道理没明说，众人皆已领会。天子就是"刘秀"，河图预言的天子是"刘秀"不会错，错的是刘子骏这个"半路"改名的假刘秀。真刘秀端坐在洛阳城的宝座上，不归附此真命天子，归附谁呢？

还有王莽的国师刘歆，也改名"刘秀"，最终也以自杀谢场。"假刘秀"不可能有这样的天命。这人举刘子骏这个例子，支持已割据河西的窦融归附刘秀。

故事讲到了窦融的心坎上，窦融割据河西，也是情非得已，他的骨子里仍是"汉臣"。

窦融的七世祖窦广国是文帝窦皇后的弟弟，窦融高祖以二千石高官从常山迁到扶风平陵(今陕西咸阳西北)。到了窦融这一代，家道早已中落，窦融幼年丧父，全凭自己摸爬滚打，才在长安闯出些名堂。新朝坍塌，窦融归降了大司马赵萌，主动申请来到家族累仕的河西，出任了"张掖属国都尉"。中原战火再起，处在羌胡之间的河西五郡共同推举窦融为大将军，统一协调五郡，窦融被推上了河西"土皇帝"的高位，形成割据势力。然而，这样的权势并非他所追求的，张玄的"瓜分天下"亦绝非他心中所向往的。

窦融喜欢大家庭，不喜"小门小户"。他向往归附正统，而非偏安一隅。待大家都发表了意见，窦融最后剥茧抽丝，做了详尽梳理和分析，通过他全面深入的比较分析，大家一致赞同窦融的"东向"主张，回归刘秀汉室大家庭乃为上策。

窦融归汉

建武五年(29年)夏，一望无际的草原满眼葱翠，花儿朵朵，然而，炽热的阳光却无法驱散窦融内心的焦灼，他也不愿再耽误时间，于是派长史刘钧代表他去洛阳"奉书"，向刘秀进献河西宝马，表达归顺之意。

事情就是这么巧。

刘秀东方统一即将完成，将目光投向了西部，听闻河西地接陇、蜀，水草肥美且非常富庶，早就想将河西招安。这样一来，西部三强就少了一强，大汉在西部收获盟友的同时，也有了未来统一西部的"基地"，如此，就可以迫使隗嚣不再东摇西摆，倒逼公孙述放弃道寡称孤。

刘秀派使者前往河西，窦融派刘钧去往洛阳，两拨人在半路上"撞"面。这一撞，彩霞满天。

刘秀的使者带上刘钧兴高采烈地返回洛阳。

刘秀热情款待了刘钧。

刘钧捧着玺书，高高兴兴地回到河西。

刘秀表达了对窦融的思慕之情，也打开天窗说亮话："**今益州有公孙子阳、天水有隗将军，方蜀汉相攻，权在将军，举足左右，便有轻重。**"

刘秀的意思非常明确，蜀、汉未来必有一战，一旦打起来，窦将军即为举足轻重的人物。"**王者迭兴，千载一会**"，这样特别的时机，将军所处的地理环境和现有条件，是有条件成就一番事业的。若想成就齐桓公和晋文公那样的伟业，或是辅助我这个"弱小"的政权，那就努力去做。若打算连横合纵，成鼎立之势，三分天下，那也要及时决定。现状是天下未统一，你我相距甚远，也不是吞并的对象，一定有人以任嚣教导赵佗控制七郡为例劝将军自立，"**王者有分土，无分民，自适己事而已**"。

刘秀盛赞窦融治政有方，安定河西，让百姓生活富裕安定，功德无量，为感谢他进献的厚意，慰劳他镇守边塞五郡的功劳，随玺书一同到达的还有 200 斤黄金，和一份"委任状"。

任命窦融为凉州牧，河西五郡大将军事、属国都尉不变。

刘秀将整个凉州交给了窦融，尽管东汉还未能控制凉州全境，但也是指日可待。

刘秀的玺书，看似语言平和，却是绵里藏针，内含丰富，有暗示也有忠告。

玺书的内容震惊了河西上下，大家惊诧远在千里之外的刘秀竟如亲临河西会议一般，无不惊叹天子"**明见万里之外**"。

窦融读出了玺书字里行间暗藏着的"深意"：河西到底站队谁，不要迟疑不定。来，站我刘秀，美酒佳肴相待；不来，绝不强求，我刘秀特别讨厌两面三刀之人。天下统一是顺天应人，早晚之事，我刘秀有决心，更有信心。

窦融立即上书表明自己绝不是那种背主奸邪之徒，更不会做出那种得不偿失、大逆不道之事。为表诚心，又派弟弟窦友去洛阳面陈心迹，窦友一行刚走到高平(今宁夏固原)，陇、汉爆发冲突，交通中断，窦友一行无奈折返，窦融另派席封走小路，将信送到洛阳。

刘秀读信大为感动，给窦融兄弟赐书，"**所以慰藉之甚备**"。

(成语"**举足轻重**"、"**明见万里**"即源自这段历史。)

("**窦融归汉**"也成为著名的历史典故。他的"**忠孝壹诚**"，为后世所称颂。)

李宪"离线"

不觉间已至建武六年正月，春寒凛冽如刀。被包围在舒城（今安徽庐江县西南）的李宪"皇帝"，在困境的重重消磨下已体无完肤，他的"帝王"迷梦似风中残烛摇曳欲灭，人生篇章也即将翻入"离线"的终章，只待那最后一刻的来临。

李宪本为庐江连率，在更始元年的乱世之中趁势而起，占据庐江九城自封淮南王。见刘秀一心忙于剿灭赤眉军且与刘永争雄，无暇旁顾庐江，以为是千载难逢的机会，与刘秀平分天下的勃勃野心，如夏雨后的野草肆意疯长。建武三年，拥众不过十余万，竟也自不量力，僭号称帝，大设百官，企图"划江而治"，构筑帝业宏图。

刘永凭借皇族后裔、世袭梁王家族的深厚根基，依然不是刘秀的对手，区区一郡之守，论根基之深厚、谋略之高深、实力之雄浑，皆远不及刘永，又怎可能实现如此心比天高的春秋大梦呢？其终局注定只能是黄粱美梦一场空。

刘秀的老家枣阳流传着这样一句俗语："下雨不戴帽——临（淋）到头上了。"刘永既已化为冢中枯骨，妄自尊大，妄图螳臂当车的李宪，终是厄运临头。

建武四年秋，刘秀在全力荡剿刘永余部董宪之际，调遣扬武将军马成率领诛虏将军刘隆等三将军，征调会稽、丹阳、九江、六安四郡兵力，将李宪团团围困于舒城。一年有余的时光，转瞬之间，城中粮草耗尽，马成、刘隆等一举攻破舒城，"李宪皇帝"出逃，却未能躲过部下的利刃，被其军士帛意追斩。帛意功封渔侯，马成挟胜威，高奏凯歌，迅速平定江淮之地。刘秀东方全境统一即将吹糠见米。

一个"永"两个"宪"，组合起来，还真是历史节点"涌现"出来的"显眼包"，只不过，他们遇上了并非袖手旁观的"秀"，只能"永陷"尘埃，在历史的边角处，为自己失衡的实力与抱负而泪水咸咸。

置之度外

窦融率河西五郡归附了汉，刘秀试探隗嚣，先将关中将帅上奏的有关蜀兵多次侵扰关中的奏疏转给他，希望他出兵讨伐。隗嚣在王元等人的蛊惑下，心里的小九九正打得啪啦啪啦响，便推三阻四，说什么山高水险，三辅兵力严重不足，又强调北方有卢芳虎视眈眈了，实在不宜伐蜀等等，摆出一大堆理由不愿出兵，这些推诿之辞也暴露了隗嚣的心思，他不愿做窦融那样的人，**"帝知嚣欲持两端，不愿天下统一。"**

隗嚣虚与委蛇，刘秀也就不再待他以"殊礼"，降低了对他的礼遇，**"正君臣之仪"**。

建武六年，崤山以东全境平定，九州大地曾经混乱分裂的东部，也被刘秀精心"弥合"，宛若破碎的版图再度完整归一。现今只剩下西方陇、蜀两地，好似两块被遗落的拼图残片，孤悬在外。

隗嚣的儿子隗恂此刻正在朝中享受着高官厚禄。公孙述远在西蜀边陲，一时半会儿也翻不起大浪。天下 106 个郡国，大汉已经得到了 104个，仗打了七八年了，刘秀很想找到一个和平解决陇、蜀两邦的办法，便对诸将说：**"且当置此两子于度外耳。"**刘秀希望兵不血刃解决陇右和西蜀的分裂局面，加大笼络力度，赐给隗嚣诸多财宝，并特意安排九卿之一、负责宫卫的卫尉铫期给他送去。怎料，彪形大汉的铫期半路上遭蒙面大盗偷袭，财物被抢了个精光。

隗嚣也想维持现状，为自己多赢得一些，派使者周游到洛阳觐见。周游先到了驻守关中的冯异那里，奈何造化弄人，命运无常，周游在继续前往京城途中遭遇仇家，不幸遇害。

隗嚣派来的人死于非命，刘秀派去的人被洗劫一空，一来二往都不顺，刘秀黯然神伤：**"吾与隗嚣事欲不谐，使来见杀，得赐道亡。"**

（这段历史，就是成语"**置之度外**"的由来。）

危在旦夕

刘秀久经兵戈，厌倦战争，他琢磨着暂且将拥兵自重、负险不臣的陇、蜀"二子"放一放，想找不流血的妥善办法，解决"二子"入汉的棘手问题。可是，"蜀子"不消停。建武六年阳春三月，公孙述趁着桃花汛遣任满**"寇南郡"**，刘秀十分恼火，令隗嚣出兵伐蜀，隗嚣推说"白水险阻，栈阁绝败"，再三强调困难，迟迟不愿出兵。隗嚣一再的拒绝也让刘秀彻底丢掉幻想，也明白了"羁縻政策"失效，无论怎么怀柔笼络，隗嚣也不愿撒手权力。陇右无望和平回归，刘秀遂罢了"置之度外"的念头，重拾兵戈，谋划收陇右之计，一并解决西蜀。

"知了、知了"的蝉鸣，好像在催着刘秀"收了、收了"，来歙带着天子手谕，在蝉鸣的催促中，翻山越岭走进陇右。

来歙的心中充斥着无处宣泄的愤怒和不满，一晃过去了四个年头，他在汉陇之间来来回回地奔波，不知跑坏了多少个车轮，总算从陇右带走一人，使得隗嚣没在刘秀统一东方时插上一脚。

从前好话说尽，隗嚣就是打太极。这回，与往日不同，不再是"收买"他，而是知会隗嚣开放陇道，汉军**"从陇道伐蜀"**，隗军配合行动。

树叶从绿变黄，酷暑远去，隗嚣担心刘秀假途灭虢，对于开放陇道，迟迟不给答复。

七路汉军在长安集结完毕，只欠陇道"东风"，隗嚣拖着不回复，来歙气得拔出佩剑要杀他。

来歙在陇右轰轰烈烈大闹一场，持节仗高视阔步离去。

七路汉军已箭在弦上，怎能不发？

大军压境，隗嚣下令伐木塞道，成功击退汉军。

汉军败走陇山，刘秀立即命令冯异调集军队急行军赶往枸邑阻击敌人，他预料到阻击成功的隗嚣绝不会就此罢手，肯定会胃口大开，想着"吃掉"关中。

栒邑地处关中西北底上，如若丢失，关中无高地可守，形势将会更加危险。

果不其然，辉煌的战绩给隗嚣打了针鸡血，亢奋地以为汉军不过尔尔，下令王元、行巡二人乘胜出击，夺取京畿地区。

王、行二人带两万马，兴冲冲直扑三辅。

大胜而兵勇，诸将认为不应与隗军争锋，最好先停下来，想好对策。

冯异严肃道："敌军压境，习惯于夺取小利，就会想着乘势深入，若抢先占领了栒邑，势必引起三辅动荡，后果不堪设想。兵法说'攻者不足，守者有余'，我们抢在敌人前面，不是与敌争锋而是以逸待劳。"

冯异率众跑步进入栒邑，下令关闭城门，偃旗息鼓，张网以待。

行巡急吼吼奔来栒邑，刚靠近城，铿锵的战鼓骤然响起，**"异乘其不意，卒击鼓建旗而出"**。

冯异率兵杀出，隗兵毫无思想准备，乱作一团。出了陇山，隗兵成了折翅的山鹰，再也飞不起来了，抱头鼠窜。冯异纵兵追击数十里，**"大破之"**，趁势挥师北地。

北地豪强耿定等见风转舵，纷纷与隗嚣割席，对汉俯首称臣，**"上郡、安定皆降，（冯）异复领安定太守事"**。

汉军取得了骄人的战绩，诸将都想邀功，冯异一如先前大家论功那样"独坐树下"，只字不提功劳。

为遏制抢功可能造成的矛盾，刘秀制诏吴汉、盖延等人，向冯异学习。学习冯异若谷虚怀，功若丘山，却安之若素，认为自己没多大功劳，堪比历史上不邀功的孟之反。

刘秀特派太中大夫带上医生和药品，从京城洛阳来到了前线，要求大司马吴汉以下的将军，全部下沉到军营，殓葬阵亡将士，吊死问疾，为受伤士卒裹创敷药。

刘秀委婉批评诸将抢功，远在千里之外的他，对前线战况一清二楚：**"虏兵猥下，三辅惊恐，枸邑危亡，在于旦夕。"** 北地豪强耿定等人筑堡，作壁上观，如果不是冯异决断得当，行动迅速，偏远孤城很难保全，耿定等人也难再次俯首称臣。

（这段历史也是成语**"乘其不意""危在旦夕"**的典源。）

厚意久不报

冯异枸邑大获全胜，高奏凯歌，挥师义渠(今甘肃庆阳西南)，收复北地，亲任北地太守。秋毫无犯的王者之师，吸引了大青山一带的万余胡人①归附。卢芳想趁机捞一把，冯异没有给他任何机会，**"击卢芳将贾览、匈奴奥鞬〔yù jiān〕日逐王，破之"**，上郡、安定两地见风转舵，主动投降，冯异又兼任了安定太守。

冯异一肩挑起了北地、上郡、安定等郡太守，稳定的关中，为征西大将军冯异驰骋西部高原提供了坚强的后盾。

三辅动荡，则王朝不安。刘秀谋收隗嚣兵马调集汉军上陇时，未动近在咫尺的冯异，就是因为冯异坐镇关中，他才无忧关中。如今冯异乘胜出击，拿下陇西指日可待。

冯异自剿灭赤眉军后留在关中，四年没有回过京城，君臣之间从未因此而生嫌隙。

建武六年，冯异伴着燕儿呢喃从关中回京述职。为隗嚣的事伤神郁闷的刘秀，见到了冯异，如沐春风，心情顿时明朗了许多。几年不见，冯异已两鬓斑白，苍老了许多。刘秀触景生情，对大臣们动情地说："公孙(冯异)是我起兵时主簿也，为吾披荆棘，定关中。"

想起当年逃难时冯异对他的舍命呵护，想起他们一起度过的艰难岁月，刘秀不禁眼眶湿润，下"感恩诏"：**"仓卒芜蒌亭豆粥，呼沱河麦**

---

① 胡人：古代对北方游牧民族及西域少数民族的统称。

饭，厚意久不报。"

刘秀感谢冯异为他披荆斩棘，平定关中，为没能报答冯异的深情厚义而不安。芜蒌亭那碗豆粥，滹沱河畔的那份麦饭，哪里是饭，分明是无价情义，多少功名利禄也报答不了情义。

冯异真诚叩谢，并以齐桓公和管仲的故事，恳请刘秀不忘当年在河北遭遇的苦难，表明他永志不忘巾车乡的不杀之恩，永远感恩。同时又进言刘秀，未来任重道远，需更加砥砺奋进，"臣闻管仲对齐桓公说，**'愿君无忘射钩，臣无忘槛车'**，齐国也正是靠这两人强盛起来，我也愿陛下勿忘河北之难，我不忘在巾车乡您对我的恩德……"

刘秀留冯异在洛阳待了十多天，同冯异商定平定西蜀之事，给冯异**"赐以珍宝、衣服、钱、帛"**等一大堆金银财宝，还给了冯异一次特别的优待，**"令异妻子随异还西"**，这才依依不舍地让冯异回到关中。

切莫小看这样的优待。在古代，封疆大吏驻守在外，如汉代的牧首，一旦派驻外地，其家眷通常要留在京城，名义上是朝廷代为照顾，实则"人质"，以防范那些驻外大臣萌生二心。

自从消灭了赤眉军，冯异就留在了关中，再回到京师，时光过去了四个春秋，冯异在关中还被人传"咸阳王"。刘秀让冯异带着妻儿老小离开京城去关中，这是对冯异极大的信任和完全的放心，这正是**"推诚而不欺，守信而不疑"**。

冯异的忠诚和坚定，特别是在关中的所作所为，无愧于刘秀给予他的这份信任。想那时，冯异奉上豆粥麦饭的时候，一心只在护主，并未企求酬报。人生往往如此，唯有不求酬报的施与，酬报方会以意想不到的方式来到。

刘秀盛赞冯异所带之兵精炼勇锐，不避艰险，表示将与他生死与共："上赐冯异玺书曰：'闻吏士精锐，水火不避，购赏之赐，必不令将军负丹青，失断金也'。"(《东观汉记》)

(成语**"水火不避"**便出自此诏令。)

建武九年，征西大将军冯异又接手了病逝祭遵的部队，充分发挥

"平西"能量，又兼任了天水太守，与公孙述派来协助隗纯的蜀将赵匡等人拉锯近一年，终斩杀赵匡。砍掉了公孙述意欲称霸一方而伸向陇西高原的黑手。

（成语"**披荆斩棘**"因冯异而成典。）

隗嚣叛盟

隗嚣偷鸡不成蚀把米，不仅三辅的一根儿枯草也没捞到，而且西后院却让窦融抄捡，就连东面"篱笆墙"也被冯异推倒一片，真真是赔了夫人又折兵。隗嚣于是戏精附体，上书谢过，觍着脸狡辩：汉兵突然降临，隗军将士害怕这才有所动作，一切都是误会。企图通过祈求"原谅"，继续维持陇右的现状。

隗嚣想蒙混过关，大臣们并无刘秀的胸襟，纷纷请求杀了质子隗恂，教训这个厚颜无耻的二心臣子。

刘秀于心不忍，想再努力一次，又给隗嚣写了封信，虽不像从前那般客气，也还是给隗嚣留了台阶。

"因为你是个文官，所以才用义理来教导你，再次赐书给你。说得太重，好像不尊重你，说得太简单又解决不了问题。今若束手，再送一个儿子到洛阳，荣华富贵、爵禄一样不少。"

刘秀借用当年柴将军规劝投降匈奴的韩王信（韩国王室后裔）之语"**陛下（刘邦）宽仁，诸侯虽有亡叛而后归，辄复位号，不诛也**"，向隗嚣晓以利害，意在告诉隗嚣，只要迷途知返，他比高祖还要宽仁，不单不杀且还有重赏。同时，也警告隗嚣收起花招，"**吾年垂四十，在兵中十岁，厌浮语虚辞**"，如若再送一个儿子来，保隗嚣全家尽享荣华。若执迷不悟，后果自负。

来歙带着刘秀的御笔书信，再次翻山越岭走进陇右。

刘秀给隗嚣下了最后通牒，只可惜，隗嚣猪油蒙了心，走上了不归路。

（刘秀又贡献了一个成语**"浮语虚辞"**，多指大话、空话。）

隗嚣与刘秀真刀真枪干上，窦融很是气愤，立即修书一封谴责隗嚣，不该背信弃义、出尔反尔，不顾民生发动战争。

为了说服隗嚣回头，窦融沉痛地回顾了兵祸以来百姓遭受的苦难：无数人失去了生命，无数城郭成了废墟。苦口相劝隗嚣，不要为泄一时之私愤，再起金革之患。百姓们锋镝余生，好不容易舔着刀口活了下来，民生尚未恢复，万不可改变节气另图他事，破坏来之不易的安定局面。

窦融深劝隗嚣深思逆顺之道，为在洛阳作质的儿子着想，为陇右的吏民着想，赶快收手。同时也表达了自己绝不同流合污的决心。

（成语**"毁于一旦"**出自窦融的这封信。）

窦融维汉

信，如泥牛入海，窦融率领五郡厉兵秣马，向刘秀请示出师讨伐日期。

刘秀嘉美窦融的举动，为予以表彰，"赐融以外属图及太史公《五宗》、《外戚世家》、《魏其侯列传》"等书籍。刘秀还与窦融论及亲戚关系，称："孝景皇帝出自窦氏，定王，景帝之子，朕之所祖。"既言明窦家与刘家关系紧密不可分割，又赞赏窦氏祖上对汉王朝的卓越贡献，赞扬窦太后之弟（窦融的七世祖）品德优良，表达对窦家世代忠良的景仰，表明自己是汉景帝之后，以示亲近。

刘秀也毫不隐讳，有人已将窦融的信抄报送到了洛阳，夸赞窦融的信写得好，不是忠孝恭谨诚实的人写不出如此感人的信，**"畔（叛）臣见之，当股栗惭愧，忠臣则酸鼻流涕，义士则旷若发矇"**。为避免日后旁生枝节，刘秀特意提醒窦融谨防隗嚣的挑拨离间，失去河西的隗嚣一定会造谣惑众，京师百官，不了解国家及将军本意，也会有人胡说八道，这样容易产生误会。

刘秀也告诉窦融，东方已定，汉军将举兵西进，到时望与君见。

（成语**"旷若发矇"**出自刘秀的这封信。多指眼前突然开朗，比喻人头脑开窍，明达起来。）

隗嚣与汉军开战，窦融选择与汉军站在一起，领兵进击金城（今甘肃省兰州市西）的封何。更始时期，金城被先零羌的封何占领，封何为自保披上隗嚣这张"虎皮"。

窦融旗开得胜，斩首千余级，得牛马羊万头，谷数万斛，抢占黄河险要之地，迎接汉军的到来。

汉军未能突破陇坻，只好引军下陇，窦融未能与汉军实现会师，迟迟等不到汉军，只好又回到张掖。

辩士张玄不甘失败，在河西加紧活动，梁统担心夜长梦多，扰乱了众心，于是派人刺杀了张玄，河西五郡长官，扔掉隗嚣所授将军印绶，与隗嚣一刀两断。

为表彰窦融维护国家统一的忠心，刘秀派人修整了窦融父亲的坟，并祭以"太牢"①之礼，派遣轻骑多次往来河西，给窦融送去不少稀罕物，**"致遗四方珍馐"**。

轩轾不分

隗嚣撕破脸，发兵拒汉，如同一下子将马援架在了烈火上炙烤。

马援这次来洛阳，在旁人看来是陪隗恂而来，实则是他本人的大转

---

① 太牢是古代祭祀所用牺牲的最高规格。由牛、羊、豕（猪）三牲全备而成。通常用于帝王、诸侯等对天地、宗庙等重大祭祀活动。体现祭祀的庄重与神圣。牛作为最重要的牺牲，在祭祀中具有特殊地位。中牢少牢不用牛，其所用牺牲羊豕（猪）中牢数量不定，少牢各一。

移。他将家眷、宾客全部带到洛阳，满怀对未来的憧憬与期待，却没能掀开新的一页。刘秀拜隗恂为胡骑校尉（八大校尉之一，秩比两千石），封镌羌侯，马援被"闲置"。

刘秀当马援是透明人，马援是聪明人，自然清楚这是为什么，接连写信谴责隗嚣不该听信王元的挑拨，改变心志。隗嚣恨马援背叛他，得书更恨他。

马援这次来，不仅拖家带口，连宾客都带来了，无所事事数月，这样下去也不是个事儿，于是，请求去上林苑开荒种田。刘秀大笔一挥：准。

开荒种地，自然不是马援想要的，他又无法掏出赤心给刘秀看，奈何哑巴吃黄连——有苦难言。此次隗嚣拒汉，对马援来说是危机也是契机，与隗嚣彻底割裂，以改变透明人的窘境。消除刘秀对他的不信任，表明自己来洛阳是真心归附，绝无半点为隗嚣实施战略欺骗的叵测居心。

人就是这么奇怪，一旦被逼入绝境反倒轻松了，因为反击没了负担。

马援写信强烈谴责隗嚣，上书请求面见刘秀呈灭嚣之策。

马援用"轩轾之分"打比喻，阐明自己的尴尬处境，**"居前不能令人轻，居后不能令人轩，与人怨不能为人患，臣所耻也。"**

马援苦恼自己的"里外不是人"，只有剖开胸膛，以赤诚之心表明自己委屈。他说道："我本一心向汉，当初隗嚣正是在我的劝说下才归顺汉，我曾极力阻止隗嚣生二心，可这却招致他仇恨，可让他恨我，却不能让他有所顾忌，我实在是汗颜无地。因为我居前不能让人分清是非高低，居后又不能让人掂量出轻重利害，被人仇恨还不能使人有所顾忌，令我羞耻。所以，斗胆触禁犯忌，冒死表陈一片赤诚之心。"

刘秀召见了马援，**"援具言谋画"**。

刘秀交给马援五千突骑兵，马援凭借这兵力在陇西高原穿梭，游说离间隗军及与隗嚣结盟的羌人豪强，马援总算来到政治舞台的台阶下。

（这段历史，是成语"**轩轾不分**"的源头，意思是不分高下、轻重，也让成语"盗憎主人"多一个对象。）

转眼到了建武七年秋，隗军兵犯安定，刘秀调集汉军准备西进讨伐，出兵日期通告了窦融。窦融闻令而动，整合部队出发，准备与汉军打配合夹击隗嚣。天公不作美，突降大暴雨，道路损坏，隗嚣见此境况退了兵，随后汉军也跟着撤了军，并通知窦融撤军。此时窦融已到了姑臧，担心引发连锁变故，连忙上书晓以利害，指出隗兵人心浮动，形势对汉非常有利，两方夹击，必可破敌，假如汉军就此罢兵，不仅会让各方长时间滋生诸多猜疑，还将会长敌人志气，进而暴露自己的困厄与虚弱，最终让那些谗邪之徒有机可乘，河西夹在陇蜀之间恐难独完。

刘秀觉得言之有理。于是，派出特别行动队，冒着刺入肌骨的春寒悄悄摸进还未苏醒的陇山。

奇袭略阳

建武八年初春，陇西高原白雪皑皑，来歙带着两千人顶着刺骨严寒在茫茫陇山中穿行。他们走小路，爬山沟，躲过隗军的重重关卡，在险峻嶙峋中潜行，昼夜兼程，神不知鬼不觉地潜入陇右的腹心地带，如天兵降落在略阳城（今甘肃省秦安县陇城镇），以迅雷之势夺得略阳，再收陇右帷幕正式打开。

兵法曰"凡战者，以正合，以奇胜"。来歙亮剑，寒光一闪，略阳守将金梁还未反应过来，脑袋就搬了家。

奇袭略阳成功，捷报传回，刘秀眉花眼笑，侍从十分纳闷："一个小小城池而已，数破大敌的陛下何至高兴成那样！"

刘秀笑盈盈地说："**略阳，嚣所依阻，心腹已坏，则制其支体易矣！**"

略阳为陇山西出口要塞，番须道、陇坻道在略阳交会，扼住略阳，陇山防御链随之断裂，所以刘秀说略阳是隗嚣的心腹，心腹被剖，肢体还如何乱舞？

三国时期，马谡失街亭，导致诸葛亮北伐失败。街亭虽说并非来歙夺取的略阳，两地相距不过三五里，其战略地位，可想而知。

吴汉等将得知来歙得手，一个个捋臂揎拳，带上部队急匆匆挺进陇右，争抢着要"卸了"隗嚣"四肢"。

刘秀派人将部队追回，命令诸将不得妄动。

战略要地丢失，隗嚣必会不惜代价争夺，一定会派重兵把守各个关隘。汉军远途客场作战，难以突破陇山防线，上次七路汉军没能上陇，就卡在这根节儿上，且不可重蹈覆辙，等来歙脱隗嚣十层皮，大部队再挺进，必定一触即溃。

刘秀坚信来老表能够守住略阳。

正如刘秀预料的那样，隗嚣派重兵严守陇坻(今甘肃省庄浪县东)、西番口(今陕西省陇县西北)，瓦亭(在今宁夏泾源县大湾乡瓦亭山麓)、鸡头道(今甘肃平凉西，六盘山峡道之一)重点关隘，死死堵住陇外汉军进入陇右，自己率领数万人欲攫略阳，公孙述也派出大将李育、田弇前来助战，数万陇蜀将士将略阳城团团围住，企图攫灭来歙。

刘秀人在洛阳城，心在西部飞，他仿佛拥有一双千里眼，既能看清数千里之外的战局，又能洞悉隗嚣的心理。

刘秀没有看错他的中郎将，来歙带领汉军拼死守城，打退隗军一轮又一轮的猛烈进攻，汉军打得辛苦，打得顽强，箭射完了，自己动手做，"**矢尽，乃发屋断木以为兵**"。

拆房子、砍树，城内凡是能做兵器的木头，全都被来歙收罗来做成兵器。隗嚣使出了吃奶的劲儿，"**斩山筑堤，激水灌城**"，"**尽锐攻之**"，山头都削平，来歙还是像"狗皮膏药"一样，牢牢地贴在他的"命门"上，他拼命揭，"揭得"血肉模糊，也没能揭下。

来歙站在略阳城头与隗嚣拉着大锯，从初春一直拉到盛夏，将隗兵、蜀将"锯"得嘴歪眼斜。

略阳城的大门关得严丝合缝，除了隗嚣夺城无望的哀嚎飘入城头，隗军连影子都进不了城。

既平陇　复望蜀

建武八年，闰四月，中原的天气越来越热，来歙的大锯已锯了小半年之久，略阳之战到了"白热化"，是时候来场歼灭战了，刘秀调集关东兵马，御驾西征。

光禄勋郭宪(字子横)，横在路上，目光如炬，眼神中透露出一丝沉思和担忧，语气不容置疑："**东方初定，车驾未可远征。**"说罢，掏出佩刀，砍断引车的皮带。

来歙夺城仅有两千兵力，已坚持了小半年，守城到了极限，大军再不上陇，来歙恐难守住略阳，二伐陇右也将前功尽弃，刘秀不顾郭宪的阻拦，执意亲征。

刘秀的御驾到达漆县(今陕西彬县)，"**诸将多以王师之重，不宜远入险阻**"，刘秀觉着诸将担心不无道理，急召马援。

马援快马加鞭，星夜赶往漆县，断言隗嚣必将败亡。他命人搬来了几袋米倒在地上，围着米堆，左拢一拢，右分一分，须臾之间，便拢分出一个微缩的山川地貌景观。"**聚米为山谷，指画形势，开示众军所从道径往来，分析曲折，昭然可晓**"，陇右的山川、地形、道路、以及进军线路，皆清晰地展现在刘秀的眼前。刘秀顿觉胜券在握，大笑："**虏在吾目中矣。**"

自己人捅刀才能捅得深，最亲近的人变成敌人，比天生的敌人更有杀伤力。

马援在陇汉之间游牧多年，对西部的地形地貌烂熟于心，又曾是隗嚣的绥德将军，对隗军军事部署了如指掌。

翌日开战，隗军兵败如水，隗嚣逃进西城，王元入蜀求援。

汉军包围了西城(今陕西安康西北)、上邽〔guī〕(今甘肃省天水清水县西南），只要拿下这二城，陇右战事便可归马放牛。

刘秀举行盛大庆功酒会，**"劳赐歙"**，特在诸将之右为来歙置一席，以示尊贵，赐来歙夫人缣布千匹。

胜利在望之际，颍川突发骚乱，河东郡的守军趁机发难，洛阳震动，刘秀有些懊恼，**"恨不用子横之言"**，担心京师安全，火速东归，行前给岑彭留下一封信：拿下两城，即可挥师南进，讨伐公孙述，**"人苦不知足，既平陇，复望蜀。每一发兵，头须为白"**。

"每一发兵，头须为白"，道出了刘秀多少心酸和苦楚，也道出了他对战争的厌恶。这些年来，为实现统一，多少白发送走黑发，他也不知因此愁白多少须发。

（这也是成语**"得陇望蜀"**的由来。）

（马援**"聚米为山"**却开创了沙盘模型部署和指挥战争的先河，**"山川聚米"**也成为我国军事史上最早采用的沙盘。**"聚米为山"**成为了用兵布阵的典故，形成了借指议论、谋划军事行动的典故**"聚米论边"**。）

祭征虏独守冲难

刘秀疾驰东归，路过汧〔qiān〕（今陕西陇县东南），停下疾驰的车轮，走进祭遵的军营，刘秀知道祭遵在军中大兴儒学，以儒道治军，兵戈在手，从不忘俎豆①，选拔人才坚持儒术，推崇礼节，每设燕饮，必得以"雅歌"伴"投壶"助兴，使得军中戎装与儒雅和谐并存，特意为将士们上演了一场黄门武乐。

如果不是疾病限制了祭遵，站在略阳城头拉锯子的也有他。他和来歙各带一千人，携手并进，却途中病倒，不得已返回。

激昂悠扬、富有活力的乐舞打破了秋夜的寂静，君臣品茗言欢，当

---

① 俎豆：俎〔zǔ〕和豆，古代祭祀、宴飨时盛食物用的两种器皿，亦泛指各种礼器。后引申为祭祀和崇奉之意。

初英俊帅小伙与眼前枯黄干瘦的沧桑将军，判若两人。祭遵脸颊上的伤疤，也在火光中越发明显，这个伤疤，是建武初年，清扫弘农、蛮中等地流寇时飞弩射穿腮帮留下的。刘秀特赐厚厚软软的双层褥垫，又将天子专用的黄罗伞盖一并赐给了祭遵，祭遵感动不已。为了早日实现东西部统一，心中满是不忍的刘秀，不得不让抱恙的祭遵再次承受辛劳将部队往前推进，进驻陇下。

刘秀东归后，平陇战事急转直下发生了逆转，即将尘埃落定的战势风云突变，吴汉、盖延等，退兵下陇，隗嚣死灰复燃，平陇功亏一篑。

陇西高原前线只剩下抱病的祭遵，**"独守冲难"**，要说祭遵"独守冲难"，已经不是一天两天了。第一次伐陇失败，祭遵便像探照灯一样，照在了隗嚣的"家门口"。

两年前(建武六年)，七路汉军上陇，祭遵为先头部队，首战告捷。然而，随后赶到的六路大军，被陇兵伐木塞道成功拦截，六路汉军无奈下陇。耿弇屯兵漆(今陕西西彬县)，吴汉回了长安，只有祭遵守坚守汧，像雷达，盯死了陇右，隗嚣气急败坏，多次派兵想要"挖掉"这双"眼睛"，奈何反而被犀利的目光"灼伤"，**"遵数挫隗嚣"**。

刘秀披星戴月往回赶京城，京城安然。刘秀的心还是不能落定，为千里之外的祭遵高悬着。

刘秀记挂着独留前线的祭遵，可是国库空虚，也只能在精神上慰劳勉励，送来了不多的物资，让祭遵用于论功行赏，也道出了朝廷面临的困难，粮草没有多的预备，调集需要时间，遇上困难还需要祭遵想办法解决。

祭遵体谅陛下刚刚完成东方统一，自己想尽一切办法克服困难，不仅多次打退陇兵的进攻，还将侵扰三辅的陇兵打得屁滚尿流，如千斤巨石，稳稳地镇在西州前沿。

祭遵治军不仅**"取士皆用儒术，对酒设乐，必雅歌投壶"**，军纪也非常严明，**"所在吏人，不知有军"**，即使是补给严重不足，仍然秋毫无犯。

［"（征房）投壶"、"雅歌投壶"成典，表示武将风流儒雅，或赞美武将文雅风度，也用以指饮宴之事。］

借寇恂

处理完京城的事务，刘秀带着寇恂赶来颍川。其实从伐陇前线东归途中，刘秀已将贤能老太守郭伋从渔阳调往颍川，可是他还不放心，毕竟颍川迫近京师，要尽快安定颍川局势才是，想着建武初年，寇恂平定颍川叛乱，有一定的平乱经验，打算将寇恂也调去颍川，又有点担心寇恂刚任九卿又外放去基层，不乐意，便以商量的口吻，要寇恂以国事为重。

以寇恂为人，陛下不"商量"，他也在所不辞："臣愿为前锋，扛起大刀，将那些兔崽子们的脑袋统统剁了。"

刘秀回到京师洛阳，郭伋也赶到了京师。刘秀接见了郭伋，亲切地叮咛老太守，颍川山高路险，倍加小心。

到了颍川，郭伋并未急着追剿"贼寇"，而是进行走访调查，了解到"贼寇"并非真心造反，而是因为生活所迫，不得已而为之，掌握了这些情况，郭伋有了平乱之法：安抚劝降，主动投降者，不予追究。

部分"反贼"害怕掉脑袋，躲进深山老林。郭伋跋山涉水找到他们，晓之以理，并承诺只要改过自新，既往不咎，数百名"山贼"，在郭伋的劝说下，来衙门自首，郭伋言而有信，全部释放回家。

放走了"反贼"，郭伋上书弹劾自己，请求处罚他私自放人之罪，刘秀称赞他的办法好，无过，无错，无罪。

山贼们见郭伋果真言而有信，也就不再东躲西藏，纷纷回来颍川自首，郭伋做好登记，办学习班，对投降人员进行教育。通过教育，这些人认识到了自己的错误，保证以后安分守己老实种田，于是郭伋将他们全部释放回家。

等刘秀带着寇恂来到颍川，山贼们正排着队投降，警报解除，平乱任务不复存在，寇恂陪陛下回京，颍川百姓不干了，齐刷刷跪在路上，拦住天子的銮驾，异口同声道："**愿从陛下复借寇君一年。**"

"**百姓遮道**"问陛下"借人"，想要留下他们曾经的好太守寇恂。

百姓的面子比天大，爱民如子的刘秀焉能不应？刘秀命寇恂暂住长社(今河南省长葛市东)，协助郭伋太守，受纳余降，镇抚吏民。

(自这次"遮道借寇"后，"**寇恂**"二字成典，用作颍州郡地方长官。"**遮道**"成典，用作地方上挽留官吏。"**借寇恂**""**借寇**""**河内之借**"等成典，用为地方百姓挽留良吏，比喻百姓对地方官的拥戴。)

汉代将相和

颍川百姓为何要"借寇恂"呢？还得从建武二年说起。

建武二年，颍川人严终、赵敦与密县人贾期，二人聚众万余祸害颍川，刘秀紧急起用受上书案牵累免去河内太守的寇恂。

寇恂临危受命，像个陀螺转了数月，捕杀匪首贾期、严终等人，颍川重新归于平静，寇恂功封雍奴侯，食邑万户。

为避免再次出现危害社会的不法之徒，寇恂大力整肃治安环境，三令五申严肃法纪。

东汉之初，法律较为宽松，加之常年打仗需要用人，军人犯法大都不追究，基本是不成文的暗规约定。或许正是如此，执金吾贾复的手下才有恃无恐，公然跑到颍川杀人。如果换着别的太守，或许会网开一面，偏偏碰上了寇太守，寇太守依法将杀人者明正典刑，枭首示众。

贾复得知手下被杀，大为光火，认为寇恂有意羞辱他。贾复所部在召陵、新息两地讨贼结束，回师刚好路过颍川，贾复便恨恨地说："我与寇恂并为将帅，大丈夫岂能受此侮辱？到了颍川，非杀他不可！"

贾将军要杀寇太守，消息传回颍川，寇恂的外甥谷崇要带着武器贴身保护老舅。

寇恂告诉外甥不会出现相杀的局面："当年连秦王都不怕的蔺相如，为了国家都能忍受廉颇的羞辱，区区赵国尚有如此义举，我又怎会忘记呢？"

贾复班师回朝路过颍川的日子转眼即到，寇恂率众人恭恭敬敬候在路边，大路两旁摆上了长长宴阵，这是寇恂的安排。他早就下令各属县酿酒备食，以每人两份好酒好菜准备，大家都为太守捏把汗。看到远处尘土飞扬，寇恂借口身体不适，提前离开。

将士们开怀畅饮，大快朵颐。贾复骑在高头大马上看了一圈，没看到寇恂，得知他先"溜"了，气哼哼地想要带兵追杀，可手下已喝得东倒西歪，只得作罢。

躲肯定不是办法，寇恂又不愿"决斗"，于是派谷崇进京寻求陛下的帮助。

为化解这一"仇恨"，刘秀在皇宫设宴说和。

贾复先到，看见寇恂进来，头一扭，起身就要走，被刘秀按住。

事情已经过去，刘秀既不评判杀人对错，也不批评报仇应否，二人都是国家的股肱之臣，语重心长道："**天下未定，两虎安得私斗？今日朕分之。**"

刘秀要贾复看在他的面子将此事儿翻篇，陛下出面调和，贾复面子有了，里子也有了。他本就是儒生，陛下提"两虎斗"潜台词不言而喻，继续"置气"就显得太没格局，于是，与寇恂握手言和。

寇恂与贾复，"**并坐极欢，遂共车同出，结友而去**"。

这段历史，后世称之为"**汉代将相和**"。

泣别祭征虏

建武九年的春天，没有了往年盎然的景象，西州出现罕见的饥荒。

饥饿难耐的人们，纷纷从西部往关中逃，在西州前沿一线的祭遵，心急如焚。可此时的他再也撑不住了，弥留之际叮嘱左右：**"牛车载丧，薄葬洛阳"，"问以家事，终无所言"**，带着陇右未平的遗恨，闭上了双眼。

噩耗传回洛阳，刘秀悲痛欲绝。

刘秀身着白色丧服亲赴河南县送别祭遵，一路上，眼泪就没断过。车进入河南县，远远望见灵车，刘秀泪如泉涌，泣不成声。

刘秀为祭遵举行了国葬，赠以将军、侯的印绶，朝廷包揽了全部丧葬费用，大长秋、谒者、河南尹全权负责丧事，奉以太牢之礼，诏令京城中所有官员着素服到河南县迎祭。

博士范升上疏追称祭遵：**"昔高祖大圣，深见远虑，班爵割地，与下分功，著录勋臣，颂其德美。"**

灵车车轮被漆成红色，武士们排成方阵，走在前面为祭遵开道、护卫。百官垂着泪，跟着灵车缓步而行。

看到黄土隆起，刘秀又一次涕泗滂沱。

"(祭)遵为人廉约小心，克己奉公"，虽身居高位，却**"家无私财"****"身无奇衣"**。有封地有食邑的祭遵，盖的是布被，穿的是又闷又笨的**"韦袴"**(皮裤子)，祭夫人夫唱妇随，衣着同样俭朴，**"裳不加缘"**。结婚多年两人没有子嗣，兄长祭午担心弟弟后继无人自掏腰包买了一个小妾送给弟弟，祭遵将女子送走，感谢哥哥的美意说：**"自以身任于国，不敢图生虑继嗣之计。"**

刘秀沉浸在悲伤，常常喃喃自语：**"安得忧国奉公之臣如祭征虏者乎。"**

卫尉铫期不忍刘秀长久哀伤，也担心引起群臣波动，无不担忧地说："陛下至仁，哀念祭遵不已，群臣个个感到惭愧惶恐。"

顾及群臣，刘秀只能让思念的河流在自己的心海里奔腾。虽然口中不再念叨祭遵，可是想念一点没有减少，爱屋及乌，刘秀尤为器重祭家人，祭遵家人亦如祭遵全心回报这份器重。

祭遵的哥哥和堂弟均官至太守，哥哥祭午为酒泉太守，政声不错。

堂弟祭肜成为祭遵第二，深得辽东百姓爱戴。

（祭遵没有留下什么豪言壮语，却为后人留下了**"韦裤布被""克己奉公""忧国奉公""深见远虑"**等成语。**"祭遵布被"**后因为廉洁奉公之典。）

收复陇右

二征隗嚣功败垂成，刘秀将西北军政大权交给来歙，**"使来歙悉监护诸将屯长安"**，拜马援为太中大夫，给来歙做副手。马援有了正式职务，登上了东汉王朝政治舞台，真正开始在政坛上的驰骋。

马援协助来歙平定了凉州。

"天下称富庶者无如陇右"（《资治通鉴》）。陇右是华夏大地上的一块沃土，自古有丰富的物产，充足的粮食，这也是隗嚣称雄一方的重要倚仗，也因此有底气无视刘秀抛出的橄榄枝。

奈何天不遂隗嚣愿，事不随隗嚣心。战争这几年，陇右遭遇了严重的自然灾害，一年接着一年，致使西州大饥荒，无数吏民饿死，隗嚣的物资储备也被消耗一空。

建武九年春，隗嚣生病又断了炊，不得不出城找食物。好不容易找到一些豆子，豆子本就难以消化，何况隗嚣上了年纪，他又生着病，脆弱的肠胃更负担不了，吃下豆子后，腹胀如鼓，最终抱着他未竟的王梦，与陇西高原黄土化为一体。陇右老臣拥立隗嚣之子隗纯为新隗王，据守落门(今甘肃天水武山县洛门镇)，苟延残喘。

"隗纯"这个名字，用刘秀老家枣阳的方言来叫为"愚蠢"(枣阳方言"隗"音"余")。

亲爹处心积虑了那么多年都不成，没经过多少事儿的"愚蠢"二代，又能如何呢？

割据势力烟消云散本就是历史发展的必然的结局，隗嚣纵是死不瞑目，王元等人再怎么不甘心，也终究改变不了这既定的结局。

还没进入隆冬，隗纯这枚"新叶儿"就在寒风中凋零了。

建武十年十月，来歙攻破落门聚，陇右元老重臣周宗、行巡等终于死心，为保命，拥着隗纯举手投降。陇右政权终云烟飘散，灰飞烟灭，天水全郡平定，陇右全境正式进入了东汉舆图。

刘秀用时四年，将"流浪"十一年的陇右，拉回了家。

这四年，熬白了刘秀的须发，也将征虏将军祭遵、征西将军冯异熬成统一西方的路标，矗立在西部广袤的大地上。

来歙、马援清扫陇西高原上的积雪，一举拿下金城，俘虏大批羌人。

老祖宗曾言："国以民为本，民以食为天。"雪莱也说："饥饿和爱情统治着世界。"任何时候，饥饿都会让人失去理智。从古至今，要想世界太平，就得让人填饱肚子。

四百头驴驮着六万斛粮食，从中原翻山越岭送到了陇西。随着大批粮食运到西州，战后的陇西渐渐安定，陇西与凉州间中断的流通重新恢复。

建武十八年，隗纯勾结胡人妄想东山再起，被捕后伏诛，与隗嚣有关的信息从此随着隗纯一起被埋葬在历史的尘埃里。

亲临褖敛

建武十年，铫期病重，刘秀派人上门探病慰问，送医送药。

建武五年，刘秀将铫期从魏郡太守提拔为卫尉，令其统领南军，守卫宫禁。上任五六年来，铫期一丝不苟，从未有丝毫懈怠，**"忧国爱主，其有不得于心，必犯颜谏诤"**。曾有一段时间，刘秀总是与期门（官名，皇帝的侍从官）换上平民的衣服外出，谁都不敢阻拦，铫期不怕"得罪"陛下，守在刘秀出宫的必经之路，等到刘秀又要出门，跪在路中间，拦下马车，直言陛下微服私访，万一被歹人发现、迫害，后果不堪设想。

刘秀没有责怪铫期，"听话"地调转车头回去了。

铫期病入膏肓，刘秀心痛不已。去年忧国奉公的祭遵走了，如今忧国爱主的铫期又要辞别人世，刘秀极力想要拉住铫期生命马车的坠落，广求名医良药，期冀奇迹出现。

铫期母亲见儿子病笃，知时日不多了，想让儿子为后辈请求一些封赏，以孝顺闻名的铫期，却忤逆了母亲。**"期言受国家恩深，尝惭负，如死不知当何以报，何宜封子也。"**（《册府元龟·卿监部》）

铫期惭愧自己深受国家厚恩，以后再也无法报答了，无论如何也不能为孩子向国家提要求！

病魔最终还是夺去铫期的生命，刘秀**"亲临襚敛①"**，强忍心痛为铫期穿上寿衣入棺，赠卫尉、安成侯印绶，赐谥忠侯。

为了给铫家多些照顾，铫家除了铫期长子铫丹袭爵安成侯外，刘秀又将铫期的小儿子铫统封为建平侯。

铫家的忠孝家风对后代产生了巨大的影响，他的后世子孙一代代皆循规蹈矩，因此，封地也传了一代又一代。

靖陇伏羌

当古老的河山沐浴在大汉的赤光之中，大汉西方边陲大地，游牧民族的羌人，时常侵扰大汉。

王莽末年，西羌移居塞内，羌人抢占了金城不少属县。饥荒、战争过后，西部士民饥疲不堪，豪强并起，社会极其动荡，急需有能力的人收拾残局，来歙推荐马援，**"奏言陇西侵残，非马援莫能定"**。

建武十一年夏，年届五旬的马援走马上任陇西太守，三管齐下，抚慰边塞百姓，宣讲政策，晓谕教导羌、戎等少数民族，铁腕打击与朝廷

---

① 襚敛：〔suì liǎn〕给死者穿衣入棺。

作对的羌人。

先零羌部落纠合其他部落羌人劫掠汉人，马援率领三千步骑，在临洮大败先零羌，斩首数百级，获马牛羊万余头。

汉军凶狠的马蹄，马刀清冽的寒光，八千守塞羌人不寒而栗，连忙投降自保。

先零羌不甘心失败，将妻儿老小、牲畜悄悄移至远处的山谷——允吾谷(今甘肃永靖西盐锅大沟)，重新集结数万羌人，据守浩亹〔gé mén〕隘(今甘肃永登县西南)，继续对抗马援。

马援避开浩亹隘，走小路，悄悄摸进了允吾谷。羌人惊慌失措，连夜移到更远的唐翼谷(今青海乐都县西)，马援穷追不舍，追至唐翼谷。

羌人无处可逃，双方展开激战，战斗从白天打到夜晚，羌人居高临下，占尽优势。战斗中，一支飞箭射穿了马援的小腿，马援忍着疼痛，在夜幕降临后，命数百精骑绕至山后放火烧山。山后火光冲天，汉兵高声呐喊，山谷回响不绝，羌兵乱了阵脚，一千多羌人，死在了马援的马刀之下。

战斗结束，马援这才查看自己的伤情，鲜血打湿了半条裤腿。

羌人抛下粮食和畜产，逃离了唐翼谷。马援担心羌人杀回马枪，自己所带人马不多，带上战利品快速回撤。

得知马援受伤，刘秀的嘉奖与慰问诏书抵达陇西，赏赐马援数千头牛、羊。

马援将牛和羊全部分发下去，让参战的将士感受浩荡的皇恩。

羌人知道了马太守不好惹，纷纷投降。投降的羌人越来越多，马援将他们安置在天水、陇西、扶风三郡。

金城郡的破羌县(今青海乐都县东)以西，土地广袤，但此地离大汉路途遥远且又多盗寇，朝臣们商议弃之，马援坚决反对。马援认为这些地界上的城池多完好牢固，易于防守，湟水又贯穿全境，两岸土地肥沃，易于灌溉，适合种植，只要放弃，羌人就会填补，**"则为害不休，不可弃也"**。

刘秀支持马援的意见，诏令生活在武威郡的金城郡的客民回归，三千多金城人离开了武威，回到了自己的旧邑。

马援请奏为回流的各城池置长吏，帮助修缮城郭，修建防御工事，"开导水田，劝以耕牧，郡中乐业。"

郡中安定了，马援想到了塞外那些不安定因素，请来羌人豪强杨封，说服杨封去劝说塞外羌民与塞内的人民和睦相处，相亲相爱。

塞内百姓的日子过得越来越好，武都郡不愿再归附公孙述的氐族人前来归附，马援奏请恢复他们的侯王君长，并赐印绶。

或许看到刘秀大规模裁军，止戈散马，各事家业，羌不安分了。武都郡的参狼羌勾连塞外种羌，杀死长吏，占领狄道城外的高山。马援点兵四千前去讨伐。马援并不与羌人直接交锋，而是切断羌人赖以生存的水草资源，羌人很快便陷入了困境，山上的羌人粮绝，只得下山逃跑，数十万羌人逃出塞，剩下的万余羌人投降。

有一天，狄道(今甘肃省临洮县南)附近的县里有人寻仇，不明真相的人们以为羌人造反，吓得往城里跑，狄道长火急火燎来到马援官邸门外，请求马援快快下令关闭城门，发兵征讨。

马援当时正与宾客推杯换盏，听到手下报告，哈哈大笑："借个胆，烧羌也不敢再来进犯我们。你去告诉狄道长，叫他赶快回去看好官舍。实在太害怕，那就钻到床下躲起来好了。"

马援在陇西推行了一系列行之有效的措施，陇西渐渐步入良性发展轨道。

重来郭伋

并〔bīng〕州是东汉的北方门户，与异族接壤，时常受到胡人的骚扰，边境还有一个诈称是汉武帝曾孙刘文伯的伪皇族卢芳，成功诓骗匈奴相信并支持他，屡屡在东汉北疆制造麻烦。

建武十一年，刘秀将朔方刺史部并入并州刺史部，将已经七十多岁的郭伋(字细侯)从颍川调去并州，为并州牧。

郭伋进宫谢恩，刘秀设宴款待，还唤来太子及诸王子作陪。席间欢声笑语不断，众人就诸多趣事、朝政见闻等开心地畅谈了一整天，君臣气氛融洽，和乐融融。

趁着这和谐的氛围，郭伋大胆对朝廷的用人制度提出批评。**"伋因言选补众职，当简天下贤俊，不宜专用南阳人。"**

郭伋捅破那层窗户纸，刘秀并未怪罪，而是虚心接受，"帝纳之"。

郭伋再次踏上并州的土地，恍若隔梦，王莽化作尘土，刘玄也走进了尘烟。想那时天下动荡，王莽将他从上谷大尹位置上擢升为并州牧，他硬着头皮咬紧牙关，带领众乡亲抵御匈奴的侵扰，天下动荡时，又想方设法抵御流寇，一晃十多年过去，仿佛还是昨天，往事历历在目，却早已物是人非，江山几经易主。

并州百姓们得知郭府君归来，扶老携幼前来迎接，郭伋备受感动，为报答这份深情厚爱，郭伋马不停蹄，深入属县察疾问苦，处理解决问题。

这天，郭伋一行来到西河郡美稷县(今内蒙古准格尔旗北)，远远看见一群孩子骑着竹马朝他们飞奔过来，见到他们，放下竹马，跪地稽首。

郭伋让孩子快快起身，问："小朋友们，为何远道而来啊？"

孩子们一个个抢着说，叽叽喳喳仿佛清晨林间小鸟："大人们讲了使君爷爷当年的好多故事，听说您要来，大人们高兴，我们也高兴，就来迎接您了。"

孩子们簇拥着郭伋，有说有笑地进了城。

美稷县的公务告一段落，郭伋要去巡察其他属县了，孩子们骑着竹马又将他送出城门，仰着小脸儿问道："使君爷爷什么时候再回来？"

不等回答，孩子们又说："到时候我们还要来接您啊。"

郭伋不想让那一双双清澈的眼睛失望，让别驾从事史查看了日程安排，与孩子们约好回见日期。

孩子们与郭爷爷拉钩约定，不见不散。

许是想着与孩子们的约定，郭伋一点儿不敢懈怠，加班加点，终于圆满收工。一行人打马扬鞭，踏上了返回美稷县的路，远远看到美稷城，郭伋收住缰绳，问随从是否还记得同孩子的约定，随从认为小孩儿子的话，不必当真。

郭伋摇头，要从事查看下时间。果然，比约定时间提前了一晚，郭伋调转马头，在郊外山野小亭"住"了一晚。

"郊外亭候"传到京城，刘秀盛赞郭伋**"信之至矣"**。

建武十三年，大司空侯霸病逝，朝廷中多人荐举郭伋为大司空，刘秀不放心将北疆门户交给其他人，**"故不召"**。

东汉朝堂大多数说着南阳话，而刘秀对这个操着关中方言的扶风郡茂陵人，却有着百分百的信任，郭伋也没有辜负这份信任。郭伋令将士严守各关隘，同时发布公告，啖以重利，**"明购赏"**。利之所在，人必趋之。所谓"香饵之下必有悬鱼，重金之下必有勇夫"，郭伋撒出的"重金"诱饵成功地分裂了卢芳的内部阵营，卢芳被郭伋倾盆的"钱雨"淹没，卢芳的部下欲擒卢芳投降郭伋，卢芳闻风逃去了匈奴。北疆卢芳之患暂解。

建武二十二年，耄耋之年的郭伋疾病缠身，申请退职。刘秀满心不舍，将郭伋从边郡调回到京师，拜为太中大夫，又赐以宅第、帷帐、钱谷，郭伋病沉卧床不起，数月后，溘然病逝，享年八十六岁。

〔自郭伋以后，他的字**"细侯"**成典故，后用以称颂受人欢迎的到任官吏。**"重来郭伋"**等也成为颂扬良吏之典。**"竹马约"**成典，为约定归期的代指。**"迎郭伋""童儿待郭伋""竹马迎拜""儿童竹马""儿童（迎细侯）问归期""童子骑青竹""竹马（交）迎""仙童驭竹"**等用为歌颂地方良吏之典。用以称颂官员为政有德，深受百姓拥戴。**"郭伋亭侯""郭伋待期""郭伋还州"**等典故，用为信守承诺、重信守约之典。后人借此类典称美或寄语地方长官善政。〕

谁是公孙皇帝

陇右割据势力冰消瓦解，公孙述的"成家王朝"顿失藩蔽，裸露在刘秀的射程之下，翻过冬天，刘秀吹响了讨伐公孙述的号角。

公孙述(字子阳)，扶风茂陵人，天凤年间，任导江卒正，以精明强干，扬名益州。趁着天下大乱，登基称帝，国号"成家"，年号"龙兴"，尚白，都成都。

公孙述称帝比刘秀还早两个月。

说起公孙述称帝，不得不说他做的那个梦。

更始三年(25年)，公孙述做了一个奇怪的梦，有人趴在他耳边上说"八厶〔sì〕子系，十二为期"。"八厶"合为"公"，"子系"合为"孙"，绝顶聪明的公孙述认为这是仙人给他托的梦，意思可做十二年的皇帝。时间这么短，有必要赌上身家性命干一场么？公孙述将梦境告诉了夫人："虽然富贵至极，可是国祚时间太短，值么？"

公孙夫人笑靥如花："朝闻道，夕死尚可，况十二年乎！"

朝有所思，夜有所梦。公孙述之所以做此美梦，与功曹李熊"雄起"的鼓动密切相关。

要说这公孙述，天下大乱之初，还是个"老实娃娃"，听说"汉将军"到了汉中，他满怀热忱地派人迎到成都，谁承想迎来的是一个"假汉将军"，是一个叫宗成的南阳人浑水摸鱼冒充的，目的是趁乱敛财。此人到了成都，大肆抢劫，将成都糟蹋得一片狼藉。

引狼入室，这让公孙述发上指冠，召集蜀郡中豪杰，铲除了宗成。成都百姓对公孙述感恩戴德，当他是"大救星"热烈拥戴。公孙述心花怒放，意识到与其将命运寄托他人身上，不如握在自己手中。更始二年(24年)秋，更始大军攻打绵竹，公孙述据蜀地之险，大败更始大军，公孙述欣喜若狂，"蜀王"横空出世。

功曹李熊却认为"蜀王"太渺小，在李熊看来，凭借蜀地的富庶与特殊地理环境，足可雄起称霸天下。

李熊认为：蜀地兵员不愁，即使不种庄稼，人们也不会饿肚子；军服不愁，蜀地织的布，足够全天下人穿用；兵器不愁，木材、竹子等物质取之不尽用之不竭；军费不愁，百姓能够打鱼、制盐、冶铜炼铁；交通不愁，成都境内有四条江河，水运便利。这么多优越的条件，不称帝就是哈儿、瓜娃子。

李熊提出了一个"三分天下"的宏伟构想：北上，吃掉汉中，如此，便能封锁关中南下巴蜀的交通要冲；东展，扼守巴郡，拒守扞〔hàn〕关（今湖北长阳西），就可凭倚长江天险把控汉水，进而窥视秦地；南下，顺江席卷，拿下荆州、扬州……

这通煽动，直听得公孙述血脉贲张，心痒难耐。

说起来，李熊的"三分天下"，比诸葛亮足足早了二百年，是诸葛先生"三分天下"的战略的先行版。

李孔明凭借三寸不烂之舌，一通鼓吹，公孙述帝心雄起，"皇帝"梦应势而起。

说来也神奇，公孙述从称帝到死去，刚好十二年。

公孙述观鱼复（今重庆奉节东白帝城）山川实为扼喉要冲之地，于是在那里筑城屯兵，依靠瞿塘天险，构筑防线。城里挖了口井，井口时常白雾袅袅，宛若白龙腾空，公孙述便借此景象大做文章，大肆宣称是"白龙献瑞"。他又在西部称帝，就此自号"白帝"，将城命名为"白帝城"，山为"白帝山"，"成家王朝"尚白，一切顺理成章。

刘秀登基后，忙着统一东部，顾不上西部的割据势力，任由公孙述在蜀地"君临天下"。

公孙述不满足只当蜀地的"天子"，也想扩展成家王朝的天空，开始与刘秀抢夺民心。

经过西汉王朝两百多年的统治，人们习惯地认为刘氏才是天下正统，刘家皇帝才是真命天子，公孙述想要东方的百姓归附他，就得改变深植人们心中的认知。

公孙述利用五德①之运说，从图谶入手，宣扬自己是天命所授的真

---

① 五德：指五行木、火、土、金、水所代表的五种德性。亦称"五德转移"。这一种学说是战国时期的阴阳家邹衍所主张的历史观念。邹衍提出"五德始终"学说，认为土、木、金、火、水五种物质德性相克的循环变化，决定着历史上王朝的兴替和制度的改变，以此解释历史变迁、王朝兴衰。"终始"指"五德"的周而复始的循环运转。

命天子，大量印发"小传单"，持续不断往中原散播，还展示手上所谓"天生"奇纹，声称是"龙兴之瑞"，极力鼓吹自己是受符命的"公孙皇帝"，企图以此来蛊惑百姓。

公孙述的舆论战，刘秀"患之"。

刘秀郑重地给公孙述去信，批驳他妄解谶语，严正指出谶语中"公孙皇帝"的"公孙"是指皇家之孙，绝非指姓"公孙"之人，且宣帝已符应①。

刘秀提到另一条广为流传的谶语，**"代汉者当涂高"**，承认汉将来会被代替，反问公孙述，"君是当涂高吗"？至于以手上纹路为祥瑞那一套，都是王莽玩剩下的。"王莽**何足效乎！**"刘秀又道："我自是继承祖业而兴起，不能称为接受天命，处心积虑想要汉亡的莫过王莽。近来山贼张满作恶被杀，大难临头时长叹**'为天文所误！'**恐君又要再被误导啊！"

新城蛮中山贼张满，因轻信"张满为王"传言，而贸然称王，被祭遵斩杀。

刘秀也给了公孙述转圜余地："君本非我的贼臣乱子，乱世之下，人人都有称君主之心，这不足责备。不过看看王莽的下场，就应该明白非分之徒的结局。君春秋渐高，妻儿尚弱小，当为他们的未来考虑筹划，也应为蜀地百姓谋求长久安定。**'天下神器，不可力争，宜留三思'**。"

刘秀署名"公孙皇帝"，寓意深刻，正告公孙述，自己是合法正统的继承人，即使是"公孙皇帝"，也是指汉室皇族子孙的刘秀。

刘秀以汉宣帝的法统进行阐释，其说服力自然比公孙述的谬解更具权威。借署名谕示公孙述，休为荒诞事徒劳，深量何为最利己，方

① 元凤三年(前78)正月，上林苑现离奇之事："上林有柳树枯僵自起生，有虫食其叶成文，曰：'公孙病已当立'。"权臣霍光，据此"谶言"废黜在位二十七天的刘贺，拥立因巫蛊之祸出生即为阶下囚的汉武帝太子刘据之孙刘病已，改名刘询，是为汉宣帝。"公之孙"刘病已荣登大位，应验了谶语。

为智。

刘秀多次写信劝说公孙述放弃割据，又让公孙述的老朋友马援开导他，满心期待公孙述能审时度势，放弃割据，可是公孙述是王八吃秤砣——铁了心。厌恶战争的刘秀，为了天下重回一统，不得不重拾兵器。

建武十一年春，汉军兵分两路大举伐蜀。来歙率军自陇西而下，征南大将军岑彭率军自荆门溯江而上，两面夹击公孙述。

岑彭**"势若风雨"**，几乎打穿蜀地。

刘秀想早点结束战事，又给公孙述写了封亲笔信，陈言祸福，以明丹青之信，苦口婆心规劝公孙述投降。

公孙述将书信交给亲随，太常常少、光禄勋张隆力劝公孙述罢兵投降，这样还可保全自己和家人。

公孙述叹气道："事已至此，'废兴，命也。岂有降天子哉！'"

常少与张隆，数劝公孙述回归一统，然未竟其功，二人郁郁而终。待蜀地平定，刘秀以盛礼改葬常张，分别追赠为太常、光禄勋，旌表其忠节大义。

（成语"**贼臣乱子**"最早文献追溯可至这段历史。刘秀晓谕公孙述："**君非吾贼臣乱子，仓卒时人皆欲为君事耳。君日月已逝，妻子弱小，当早为定计。**"）

平蜀定一统

汉军高奏凯歌，蜀军节节败退，公孙述垂死挣扎，派刺客刺杀了两路汉军主帅来歙和岑彭。

吴汉火线接手南路汉军总指挥，率三万汉军溯流而上，将士们铆足了劲儿，要为岑大将军报仇，以摧枯拉朽之势攻拔鱼涪津（今四川乐山市北，为岷江津渡），围攻武阳，逼近成都。

吴汉一举拿下广都，刘秀担心吴汉轻敌冒进，特意去书叮嘱："成都十万余众，不可轻也。"指示吴汉固守广都，待蜀军来攻时，不要争锋。若蜀军不来，可转营逼迫他们接战，将蜀军拖至精疲力竭，方可发动攻势。

成都的大门就在眼前，吴汉想要快点攻破，将玺书塞进口袋，亲率步骑二万余人在离城十余里处的江边，与副将武威将军刘尚，分据江北、江南之险要之地，各安营寨，以浮桥相连。

布好兵，快马上报。

刘秀阅毕，一头的老膏药："比敕公千条万端，何意临事勃乱?"

刘秀窝火，训斥吴汉，既已冒进，就不应再与刘尚分置南北两岸，倘若蜀军分兵攻击，集中力量攻打刘尚，刘尚一旦落败，江北必危，命令吴汉赶快回撤广都。

果不出刘秀所料，刘秀的指示还未送达，公孙述的十万人马分兵二十营围攻吴汉，万余兵力主攻刘尚，吴汉、刘尚各自迎战，无法联兵。吴汉与蜀军激战一整天，终因寡不敌众败下阵来。

懦夫一生数死，丈夫只死一遭。弱者彷徨畏缩，强者死里求生。吴汉高挂免战牌，召集诸将，严肃而冷峻道："我们逾越险阻，转战千里，深入敌境，百战不殆，如今已兵临敌膏城下，却被贼兵围困，二营势不能相接，如若继续下去，我等将饮恨城下。我打算秘密潜师江南与刘尚会合，并力御敌，'**若能同心一力，人自为战，大功可立，**'成败在此一举。"

兵熊熊一个，将熊熊一窝，有什么样的将帅便带出什么样的兵，诸将齐声"诺"。趁着月黑风高，江北汉军衔枚而行，悄然过江，在天亮前，偷渡到了南岸，同刘尚军汇合，吴汉最终以"隐若敌国"的大无畏精神扳回一局。

吴汉的检讨书也到了刘秀的案头，刘秀放置一旁，肯定了吴汉的补救行动，叮嘱吴汉："蜀军若攻刘尚，可从五十里外的广都率全部步骑增援，刚好是蜀兵处于危险疲惫之时，必可破敌。"

吃一堑长一智，吴汉自此对千里之外的遥控指挥，言听计从，遵照指示，在广都、成都之间与蜀兵展开了八轮大战，"**八战八克，遂军于其郭中**"。

（这个历史的片段，成为成语"**千条万端**"、"**同心一力**"的典源。）

（留下了形容屡战屡胜的历史典故"**八战八克**"。）

成都城内日夜都有人叛逃，公孙述辣手怒斩叛逃者全家，即便如此，也无济于事。

刘秀再次晓谕公孙述并承诺：只要投降，保全公孙家族，不会为刺杀来歙、岑彭两位将军之事秋后算账，"**若迷惑不喻，委肉虎口，痛哉奈何！将帅疲倦，吏士思归，不乐久相屯守，诏书手记，不可数得，朕不食言。**"刘秀言之谆谆。然而，公孙述"**终无降意**"，放弃生，选择战死。公孙述身亡次日，成都举城投降。

（这段历史是成语"**委肉虎口**"的最早文献踪迹。刘秀或借鉴"委肉虎蹊"典故并创新运用，为成语演变添彩。后人可窥成语文化于史河的演进轨迹与独特魅力。）

建武十二年(36年)十一月，季节用红叶烂漫的火红呼应着"尚红"的汉，鏖战数月的汉军将士们大踏步地进入成都城。

吴汉割下公孙述的脑袋，快马送去洛阳城，汉军将士也像铁匠铺子里的师傅，抢着铁锤，捶得成都火星乱飞，尸横遍野。

将士们在成都城内胡作非为，消息很快传回洛阳。刘秀怒不可遏，狠狠谴责吴汉、刘尚："举城投降了，城中有数以万计的老老少少，'**一旦放兵纵火，闻之可为酸鼻，家有敝帚，享之千金**'，你刘尚身为宗室子孙，又做过地方官，当年又深受王莽的迫害，应该比别人更有悲悯之心，怎么能这么做？对得起苍天吗？你们这样做，哪里还有脸说自己是吊民伐罪的仁义之师？"

刘秀斥责吴汉刘尚好好反思："**仰视天，俯视地，观放麑〔ní〕啜羹，二者孰仁？良失斩将吊人之义也！**"

（刘秀的斥责吴汉刘尚的诏书，形成了成语"**敝帚千金**"。同时，也让为仁德之典的"**放麑**"和为残忍之典的"**啜羹**"，再一次让人记住。）

（刘秀狠狠训斥了吴汉刘尚，不过对吴汉的"处罚"颇为"轻描淡写"，并无实质性的内容，给班师回朝的吴汉赏赐了一个光耀门楣的"大礼包"："**至宛，诏令过家**

上冢，赐谷两万斛。"）

吴汉治军虽有瑕，品质纯粹无瑕。他忠勇善战，深受刘秀赞誉，**"吴公差强人意，隐若以敌国"**，一人可抵一国军队。其忠诚坚如磐石，**"每从征伐，帝未安，恒侧足而立"**。他处事举重若轻，即便是处于不利局面，仍能**"意气自若，方整厉器械，激扬士吏"**。他高度服从命令，行动极为迅速，**"每当出师，朝受诏，夕即引道，初无办严（置办行装）之日"**。他本人忠心耿耿，其家族也都死心塌地，兄长从征捐躯。大将如此，刘秀怎能不爱！

刘秀的宽容与赏赐，既是对吴汉赫赫功绩的认可，也是君主的用人之道。

（成语**"侧足而立""隐若敌国""差强人意"**等皆来自吴汉充满功勋的人生。）

刘秀极赞来歙**"忧国忘家，忠孝彰著"**，为彰其忠孝功绩，改当乡县为征羌国。以变更行政区域的方式铭记某人功绩，这般举措于东汉乃至西汉皆属罕见特例，纵览两千余载封建史河，亦为数不多成语。"忧国忘家"因来歙而诞生，来歙的风范成为高风亮节、忠诚大义的不朽缩影，为后世千秋缅怀世代敬仰。

刘秀赐岑彭谥壮侯，并将邛谷王任贵所献贡品悉赐岑家。蜀地百姓感怀其恩，于武阳立庙祭祀。相传，岑彭葬于春陵两河口①，其家人被安置在距两河口不远的树头村，此地称作"岑彭里"，沿用至今。岑彭城遗址②在枣阳城东北三十里，为岑彭征讨秦丰时筑城练兵处。

---

① 清乾隆五年《湖北下荆南道志》（枣阳）："岑彭墓，县东北四十里"；"岑彭城，县北三十里，汉岑彭牧马处"。清二十七年乾隆《枣阳县志》载："汉大将军岑彭墓在县东北三十里地名两河口。"

② 《清一统志》卷二百七·襄阳府一："岑彭城：在枣阳县东北。元统志岑彭城在枣阳县东北三十里相传彭征秦丰时筑城牧马于此。"

第十一章 柔治天下

"折辕"太守

成都的大门一经打开，新任太守张堪(字君游)率先进城，直奔府库，迅速予以查封。

要说汉军斩杀公孙述，顺利打开成都的大门，绝对应该给张堪记上一大功。

张堪是南阳郡宛县人，张氏是南阳世族大姓，张堪自幼无忧无虑，可是幸福的日子被一场变故打乱，张父撒手人寰，还未成年的张堪一夕之间成了孤儿，万幸的是父亲给他留下一大笔钱财，足可让他衣食无忧。然而，张堪志行高远，并未在小小年纪拥有巨额财富而成为纨绔子弟，也未被财富束缚。他勤奋好学，视金钱如无物，**"让先父余财数百万与兄子"**，16岁那年背上行囊，只身来到长安太学求学。这位少年学子，**"志美行厉"**，品行超群，学业优异，成为太学生中的翘楚，**"诸儒号曰圣童"**。

(张堪的故事也是成语**"志美行厉""志洁行芳"**的源头。)

早年间，张堪的事迹就传遍乡里，刘秀登基后将这位志洁行芳的老乡**"召拜郎中，三迁为谒者"**。刘秀派他押运缣帛及七千匹战马到平蜀前线，途中听说汉军粮草不足，吴汉担心缺粮引起哗变，正准备悄悄退兵。张堪立即扬鞭催马风驰电掣般赶到吴汉大营，**"驰往见汉，说述必**

败，不宜退师之策"，献上计策，"**示弱挑敌**"，引出公孙述，杀之。吴汉"从之"，"**述果自出，战死城下**"。

刘秀睿谋深远，早预料到成都城防必被汉军所破，张堪尚在押运途中，就将其追拜为蜀郡太守。成都大门被汉军打开，张堪率先进城直奔府库，查封堆积如山的珍宝。当汉兵在城中"狂欢"，成都城内一片混乱时，张堪加班加点地清点财物，面对"**珍宝山积，卷握之物，足富十世**"的财富，心静如水，有条不紊地安排可靠的人，将财物逐一登记造册，悉数上报，"**秋毫无私**"。做好这些后，张堪抽开身走上街头巷尾，"**慰抚吏民**"，想方设法安抚汉兵杀戮带给社会的伤痛，成都百姓发现，张太守同汉军大帅说话方言一样，做事却是大不一样，张太守亲民爱民，视民命如己命，"**蜀人大悦**"，蜀地很快安定下来。

巴蜀之地的百姓生活恢复正常。刘秀将在蜀郡工作两年、政绩可圈可点、文武兼备可堪重任的老乡张堪，调往总遭胡人侵扰的北方，加强北方抗击入侵者的力量。

刘秀征拜张堪为骑都尉，接到调令，张堪将他的全部家当塞进一个小小的布袋子，提着这只瘪瘪的布袋，将两袖装满清风，赶着他的车辕折坏的"老爷车"，悄然离开成都。

（"**折辕**"成典，形容车的破旧。后成为仕宦清廉之典，用作称颂廉吏。）

推崇气节

西蜀平定，刘秀第一时间诏令益州官府为李业（字巨游）勒石画像立碑纪念，表彰李业弃官王莽、宁喝毒药不仕公孙述的高节，"**蜀平，光武下诏表其闾，《益部纪》载其高节，图画形象。**"①诏令巴郡官府以中

---

① 四川省梓潼县，有一座形同碑碣的残破石阙，上刻隶书"汉侍御史李公之阙"，是当年刘秀为表彰李业所建"李业阙"的残存。时光流逝千年，残存的石碑，正是刘秀推崇气节的见证。

牢之礼祭祀已病逝一年的谯玄，表彰谯玄不附王莽、拒仕公孙述的高尚操守，指示官府归还谯玄之子为赎父死罪上交给公孙述的千万家财。

刘秀自开国便开出两味"良药"，即"气节"和"儒学"，来救治混乱的社会秩序。

导德齐礼，尊崇节义。

建武三年，昭告天下："**诏书求天下义士。**"

以隆重礼仪纪念去世的高洁之士，表彰隐居不仕"伪朝"的官僚、名士。为免遗漏高洁之士，刘秀除了问询身边的公卿大臣外，还要求各级官员上报当地的节义之士，并将忠臣孝子、义夫节士是作为表彰、提拔、任用的重点对象。

太原太守孙福，上报晋阳人刘茂(字子卫)在赤眉军围攻太原郡县时，不避艰危"触冒兵刃"救下了他一家人，"节义尤高"。刘秀即诏征刘茂，拜为议郎(迁宗正丞，官至侍中)，以表彰刘茂忠义行为；重奖不愿附和王莽而隐居山中的王莽的叔父北平侯王谭，为王谭的儿子封侯，世上由此有了"五大夫城"("五公城")等事例。

刘秀以身边人的实例为鉴，推广礼节教育，倡导"**尊崇节义，敦厉名实**"，重塑了价值体系，刷新了行动指南，取得了良好的效果。刘秀推崇的人物，成为"节义"的象征和时代楷模，备受尊崇。在他们的影响下，直线下降的社会风气得以扭转，崇尚名节成为东汉社会的典型风尚。士人以气节相高，人民以礼为尊，以守礼知节为荣。

善事上官

消灭了公孙述，西部广袤的土地再也没有了割据势力，刘秀总算可以放心大胆地整顿西部了。尽管河西五郡早在建武五年(29年)夏就归附了大汉，但是忙于统一天下的刘秀，并未"染指"河西，一直维持着河西大员窦融等统治的现状。而今，终于可以安心为河西来一次大换血，"诏融与五郡太守奏事京师，官属宾客相随"。

武威郡是中原通往西域的主要门户，接壤外族，都城姑臧（今甘肃武威凉州区）被誉为"河西都会"，是西北地区的政治、经济、文化、军事中心，是中原与西域经济、文化交流的枢纽，"丝绸之路"西段的要隘。中外商贾云集于此，汉人、羌胡商贩往来不断，充任东汉王朝在西部的"国际交流中心"。

经济上，武威郡是河西五郡的领头羊，举足轻重。如若武威动荡，不仅西部不稳，还可能引起国家动荡。因此，武威郡的当家人，关系重大。

刘秀将任延调去武威担任太守。

任延字长孙，南阳宛人，天才少年，十二岁即入太学读书，"**明《诗经》《易经》《春秋》**"。

五经能学懂一经就是好学生了，任延却能广学博收，"明"三经，这样的学习收获，连太学里老学究博士们也惊讶不已，众人便给这个"乳臭未干"的小男孩儿送一个爱称"任圣童"。王莽末年，中原大地战乱不断，已经放不下一张书桌，为避战祸，任延逃到陇西（今甘肃省临洮县）避难。隗嚣听说任圣童到了陇西，忙带着厚礼，想请他入自己的幕府。任延对割据政权不感兴趣，拒绝了隗嚣，在陇西找了一个非常偏僻的地方，隐居下来。

更始即位，将19岁的任延拜会稽都尉。说着中原方言的任延，来到了吴侬软语之地会稽，任延面容稚嫩，工作干练，理政有板有眼，政绩不俗，深得吏民欢迎。

江山更迭，任延上书刘秀请求辞任归乡，刘秀将能干的任延调去九真（今越南中北部）。

中原人早已进入了农耕文明，九真人还生活在母系氏族时代，依旧是刀耕火种。任延教会了九真人种田，将中原的婚俗礼仪引入九真，使得九真人第一次有了家庭的观念。为强化家庭观念，任延为两千多对九真人举办盛大婚礼，这也是中国历史上有史料记录的最早的"集体婚礼"，有了孩子的家庭感恩任延，纷纷为孩子取名"任"。

在任延的不懈努力下，九真发生了翻天覆地的变化。任延将华夏之风引入九真，西汉末年的交趾太守汉中人锡光，将中原文化引入交趾；得益于这两位太守倾心付出，华夏之风气在岭南盛行，儒家文化对后来的越南产生了深远的影响。

刘秀对任延的工作，看在眼里，记在心里，这才将在西部举足轻重的武威郡，交给任延管理。

刘秀虽然相信任延的能力，但是西部情况复杂，不可预料的事情太多。河西的那些累世的地方豪强上官氏、段氏、曹氏、令狐氏等，一定会趁窦融、梁统等大小官员调离河西出现短暂的权力真空之机，扩大自己的势力，争相影响河西。河西又地处边疆，内有豪强虎视，外有羌胡觊觎，对于一个毫无根基的外人来说，河西重镇武威郡无疑是一个"烫手山芋"，刘秀担心任延不能很好地控制全局，引起不必要的动荡。于是，亲自召见，语重心长地提醒并告诫：**"善事上官，无失名誉。"**

任延脑子里将刘秀的话默念了一遍，确定自己没听错，君上是要自己好好侍奉上官，免得坏了循吏的好名声，这样的"口谕"他不能接受，当即回怼："**'善事上官'，臣不敢奉诏。**"

任延直言，你好我好大家好一团和气的好好先生，非忠诚臣子所为，履行正道，奉公守法，才是忠诚臣子的本分。如果下级对上级只知附和，毫无主见，无疑是拍马屁，于国家不利，对天子也不是什么好事，而且，做讨好上司的庸官，他做不到。

刘秀自然打心眼里赞同，便说："你说得太对了。"

任延的回怼，反让刘秀少了些担忧，相信任延能够处理好一切。

任延接过这个"烫手山芋"，开始大展拳脚。他严惩恶霸，整肃官场，同他在九真一样，从不闭门造车，一切从实际出发，大兴水利，大办教育。武威在他的治理下，呈现生机勃勃的景象。

（东汉近二百年的历史，被立生祠①的官员，仅为个位数，其中就有任延。任延调走后，九真人想念他，**"九真吏人生为立祠"**。任延之后，若干年，又有王堂、韦义、张奂被立生祠。）

解放奴婢

刘秀完成了天下统一，第一时间下诏解放陇、蜀两地奴婢。

这已是刘秀为解放奴婢颁发的第七道诏令。十余年间，刘秀共颁发了九道解放奴婢的诏令。

建武二年五月，刘秀发出第一道"解放奴婢"的诏令：**"民有嫁妻卖子欲归父母者，恣听之。敢拘执，论如律。"**严禁达官贵人压榨平民为奴婢，凡虐杀奴婢者皆按律处罪。此后，又连续下发八道诏令，解放奴婢。不仅禁止拘执虐杀奴婢，还废除了奴婢射伤人处死示众的法律，严惩逼人为奴者，对其处以贩卖人口罪。

建武十一年，一年之中连发三道关于"奴婢"的诏令。严禁残害婢者，杀奴婢者不得减罪；炙灼奴婢者，按法律治罪，被炙灼的奴婢免为平民；废除了奴婢伤人处死的法律。

建武十二年，刘秀下诏解放陇、蜀两地奴婢。之后，建武十三年、十四年，又发两道诏令，进一步解放益州、凉州的奴婢，一律恢复平民身份，包括已被迫成为姜室的奴婢，准许自愿离开，敢有扣押，以抢掠人口法论罪。建武八年以来，申诉在案的奴婢，一律恢复为平民，卖主无需偿还身价。

刘秀解放奴婢政策，指向明确，一目了然，操作简单，减缓了奴婢数量的增加，自耕农变成奴婢或犯罪被罚为奴婢的现象，得到一定程度

---

① 生祠：为在世之人修建的祠庙。有文字记载的首座生祠为"栾公社"，由燕齐百姓为燕相栾布而立，四季奉祀，以表敬意。"栾公社"亦成后世得百姓爱戴、祭祀功臣之典范。

上的遏制，缓和了阶级矛盾，稳定了社会秩序，增加了社会劳动力，对战争后的经济恢复和发展，起到了积极且重要的作用。

国家出手保护奴婢的生命安全，在视奴婢为私产且没有任何社会地位的等级森严的封建时代，实在难能可贵。

刘秀以后的东汉，基本不允许将犯人罚为奴婢。这在当时体现了较高的法治文明。

轻法恤刑

古人施政历来是乱世重典，盛世恤刑。

刘秀并未用"重典"来稳固王朝，而是采用法律宽大、施政宽仁之策，心怀恤民养民之仁德，终成就政通人和、海晏河清之盛景。

《后汉书·循吏列传》载：**"初，光武长于民间，颇达情伪，见稼穑艰难，百姓病害，至天下已定，务用安静，解王莽之繁密，还汉世之轻法。"**

东汉之初，刘秀令通晓法令典章制度的侯霸，收集整理历史上行之有效的政策法令，整理后予以实施运用，且刘秀**"每春下宽大之诏"**，以昭显其宽仁理念与施政践行。

建武三年秋，刘秀下宽吏诏。对六百石以下的官吏，包括了自郡守到县长、侯国相等所有级别的官员，其犯罪裁决须上奏朝廷，由天子裁定，当地官府不得擅自裁判处理(天子通常给予减免刑罚的优待)。

边郡有偷盗五十斛粟米判死刑的法律，刘秀认为，这样的法律只会让残暴的官吏大开妄杀之戒，如此苛刑，必须废除。

刘秀不仅废除苛刻残暴的法律，还在法律许可的范围内给予老弱妇孺的违法者适当的照顾和宽待，明确指出：除犯大逆不道之罪、诏书指明追捕的犯人外，其他的一律不得拘禁；允许女犯雇人代替她上山伐木服劳役，释放女犯本人。

此诏令，将**"先请"**即优待，从原先的六百石以上的范围下扩至以下，几乎包括了所有官吏；明确了从轻、减轻以及免除追究刑事责任的范围、对象和尺度，在法律上"矜老恤幼"，既体现了恤刑思想，又能够杜绝官员胡作非为徇私枉法。

在刑事方面优待老幼妇女，并非是将他们置于法外，而是鉴于他们的身心特点，在部分犯罪的主观恶性且对社会的伤害不大，依据法律和司法原则，在量刑等方面适度宽缓，这样既体现人道主义，又平衡了罪责刑关系。

三十税一

建武六年十二月，刘秀颁布了这样一道政令：以前由于军事作战的需要，被迫征收什一之税。而今军士屯田，收入能够保证国家需要，从此，各地征收田租按照三十税一的旧制执行。

田赋是国家财政的主要来源之一。东汉初年，因为统一战争的需要，被迫征收什一之税。现东方统一已经完成，军士可以脱下铠甲种田，国家的积蓄比较充足，有条件降低赋税。一年中只用将土地收成的三十分之一上交即可，这意味着财政收入一下子减少至原来的三分之一，这可不是个小数目。

"文景之治"是历史上第一个有记录的盛世，那个时期，大汉朝已走过了五六十年的风雨，社会稳定，经济很大程度上得到恢复，具备减免税赋的条件。

东汉是在多年战事、经济几乎崩溃的基础上建立的。

"元年之初，耕作者少，民饥馑，黄金一金易粟一石。"开国不到六年的时间，被严重破坏的经济尚在恢复之中，国库空虚，财政吃紧，却恢复"文景之治"时期的田租制度，这不仅体现了刘秀的仁德爱民，也是刘秀执政的自信。

"三十税一"政策，减轻了农民负担，有利于缓和社会矛盾，调动农民劳动的积极性，有利于经济发展，一直沿用至东汉献帝初。

除唐代一度实行"四十税一"的税赋外，东汉王朝执行了近二百年的"三十税一"政策，东汉的田租税率远低于其他朝代。

崇学纳贤

刘秀是太学生，深知学习知识的重要性。东汉建立前，他已然开始广泛收集残缺的典文，补全连缀缺漏散失的典籍，网罗天下书籍，包括经牒(经书典籍)、秘书(宫禁所藏珍贵典籍)等。

建武元年十月，刘秀以帝王之姿意气风发进入洛阳城时，身后跟随着两千多辆堆成小山一样的车辆，那"小山"不是金银财宝而是书卷，浩荡的车队，卷帙浩繁，蔚为壮观。大路两旁欢迎的人们莫不啧啧称奇，为此景所震撼。

建武二年，刘秀在仅有"巴掌"大的国土面积上恢复了五经博士，安排了十四位五经博士，各以家法教授五经。

刘秀开国伊始，**"未及下车，而先访儒雅"**，广发英雄帖，广召天下俊贤，唯恐贤达之士觉得诚意不足，派出多个使者，带着礼聘贤士的玄纁之礼①，以及蒲草裹着轮子的软轮车，真诚前往贤士的隐居之地。崎岖的山路上，偏僻的乡野，都能看到征召人才的使者不知疲倦的身影。这让那些为躲避王莽和战乱逃进深山老林的饱学之士们看到了希望，**"莫不抱负坟策，云会京师"**，范升、陈元、郑兴、卫宏、桓荣等大儒，接踵而至洛阳，杜林、刘昆、欧阳歙等一批硕学鸿儒，走进朝堂，得到重用。

刘秀特下四科取士诏，收罗天下文士充任吏职。选拔重用贤良方

---

① 玄纁之礼：古代重要礼仪。玄为黑，像天；纁〔xūn〕为浅红，似地，二者象征天地和谐与秩序。祭祀、朝聘等重要活动，以玄纁色服饰或礼物表示庄重与敬重，表达对天地、神灵或重要人物的尊崇之情。

正，经学造诣深厚的人才。

(刘秀征求人才的历史，生成了指隐士所居之地的典故"岩中"。)

兴建太学

建武五年，东方统一的大局已定，心情愉悦的刘秀，在开阳门外距离皇宫八里处大兴土木，修建东汉王朝的"国立"太学。

当时社会经济还未完全恢复，国家也还在打仗，国库尚且空虚，刘秀号召大家做"义工"，**"诸生吏子弟及民以义助作"**（《东观汉记》）。

刘秀要求教学、学生服装和校园陈设等一切回归古典。

祭祀用的器具和礼器笾豆(竹制为笾，木制为豆)，征战用的盾与斧都在太学陈列，以示庄重与威严。

刘秀将国内学术史上占据一席之地的硕学鸿儒，请进太学，让大儒们各以家法①传授诸经。

十四位五经博士，为今文经博士，所传授的是今文经学②。为博采众长，刘秀一度设立古文经学③《左氏春秋》博士，虽后废止，但对后世的《左传》学派发展起到了非常重要的影响。特别就是否设立古文经《左传》博士，在朝堂上展开了十多次辩论，为后世古文经学的发展起到了非常积极的作用。

---

①　家法兴于汉初。秦火后，经师凭忆以隶书录儒典，融己意而自成一家。汉武帝推重，遂成学术传承要径。博士传经，师承严整，然崇源尊师过甚，流派纷纭，门户成见渐生，趋于守旧。东汉末郑玄会通今古文经学创"郑学"，破家法桎梏。

②　今文经学，研隶书儒典。儒之"六经"，《乐》佚，元朔五年(前124年)，武帝立太学授"五经"，博士据师法家法传之，此学遂兴。尊孔崇义，探微言大义，董仲舒为代表，主张天人感应，乃汉"大一统"思想与官方意识形态之基。

③　古文经学研习先秦古籍文儒典，源于民间。王莽时《周官》入官学又废，东汉初设《左传》博士旋罢。东汉中叶经贾、马等人推盛，唐时成主流。该学重训诂复原经典，崇礼尚和、反谶纬，《十三经》多纳其说。西晋杜预痴研《左传》，有"左传癖"之称，溯源可至东汉初。

太学落成，从平齐前线归来的刘秀，不顾劳顿赶到太学，给师生每人带了一份礼物，**"赐博士弟子各有差"**。

太学中的太学生们身着方领儒服，举止端庄，步法合度。

太学成为刘秀朝堂之外最爱之地，时常挤出时间驾临太学，指导、检查教学。

刘秀还抽空主持了一场经义"论难"学术研讨会。会议结束，刘秀和太学生们大联欢，**"诏诸生雅吹击磬"**。

典雅纯正的《雅》乐，庄严肃穆的《颂》曲，韵味十足的歌词吟唱，刘秀既欣慰又陶醉，**"尽日乃罢"**，平日里争分夺秒的刘秀，那天在太学盘桓了足足一天。

刘秀对太学的重视，起到了示范效应。

汉顺帝时期，更修太学校舍，二百四十栋，一千八百五十间。到本初元年(146 年)汉桓帝初期，太学生高达三万余人。

东汉后期，一万人中有六位太学生，高学历人口占比万分之六，历史罕见。

大办教育

刘秀并不只是在京城洛阳建高等学府太学，他还大办地方教育，全面提高国人的文化素养。每去各地视察工作，会走进地方官学，检查教学情况。

官办学校遍地开花，**"四海之内，学校如林，庠序盈门。"**(班固《东都赋》)普通百姓家的孩子也可入学念书。东汉大思想家王充正是受益者。建武三年出生的王充，虽家境贫寒，八岁也能入学堂读书，当时**"书馆小僮百人以上"**。

全国随处可见方领矩步的学者，游庠序(泛指学校。殷代叫庠〔xiáng〕，周代叫序)，进横塾(学堂、学舍)，讲述先王道德传授儒学经典。

九州大地，诗书弦诵，蔚然成风，明帝刘庄**"十岁能通《春秋》"**。

全国上下掀起研习经义的热潮，诸多一些著名的学者竞相开门授徒，有人挑着粮食，不远万里前去拜师习经。有了大师们的传道授业，那些错乱讹误的学说也就失去了生存的土壤，社会风气得到根本的改变，东汉社会也成为典型的"学习型社会"。

汉王朝浓厚的学习氛围还吸引了大批"留学生"，匈奴贵族子弟慕名前来洛阳研习五经。

"匈奴亦遣子入学。济济乎，洋洋乎，盛于永平矣！"

尊孔祭孔

刘秀给予至圣孔子极大的尊重，通过祀孔、封赏孔子后裔的方式，向天下表明自己崇儒尊孔的政治思想和文化政策。建武五年二月，赐封孔子十四代孙孔安为殷绍嘉公。建武十三年，改殷绍嘉公为宋公，改新郪〔qī〕县为宋国，并置相一人，掌县令之职。

同年十月，刘秀赴齐地慰问三军将士，此时张步尚未投降，刘秀高调祭孔，**"使大司空祠孔子"**。这次祭祀活动，有着非凡的历史意义，是历代封建帝王遣特使祭孔子之始。

建武十四年夏四月，刘秀封孔子第十七世孙孔志为褒成侯。

建武二年，刘秀封周室后裔姬常（周子南君姬嘉的七世孙）为周承休公，建武十三年，改为卫公，尊为汉宾，位在三公之上。

在刘秀的示范下，东汉王朝的历代帝王都十分重视儒学，保持了对孔子后世赐封的传统，很好地传承了**"二王三恪"**①宾礼制度的政治传

---

① 二王三恪：又称二宾三恪、二代三恪、三恪二王后，或三恪、二王。古代中国的一种政治礼制，属于宾礼之一。新王朝建立后，赐予前两朝王族后裔爵位，奉为国宾，无需称臣，以示尊敬和传承，此即"二王后"。在"二王"基础上，对那些具特殊文化意义、与过往统治家族有渊源且非仅来自前三朝的王族（家族）后裔，赐予王侯名号、封邑，并允许其祭祀宗庙，此为"三恪"，这种制度体现了新王朝对前朝的尊重，以及历史的延续性和文化传承。

统，使得这个古老而又优雅的政治礼制，在封建王朝的更迭中得以延续，成就了"风化最美，儒学最盛"的时代。

（后世将祭祀孔子的典礼称为"释奠礼"。）

三独恩威

吏治在国家政治中甚为重要，刘秀亲历了西汉末年腐朽的官僚制度对国家造成的危害。因此，他以高压手段，治慵治贪，**"峻文深宪，责成吏职"**，用苛细的法令条文和严法，责成官员忠于职守。

建国之初，刘秀即恢复了"御史中丞""司隶校尉""尚书令"这三套监察机构，以弹纠不法行为。

为凸显监察机构官员的权威，以示皇帝的特别专宠，刘秀为这三部门长官特设专席。大朝会时，其他官员接席而坐，这三个部门的长官专席独坐，京师号曰"三独坐"。

刘秀挑选清贫高洁的宣秉为东汉首位"御史中丞"，负责弹纠官员的不法行为。建武二年，又将宣秉提拔为司隶校尉，赋予特别的权力，**"无所不纠，唯不察三公"**。

刘秀命宣秉察举三公以下以及京郊郡县犯法官员，宣秉认真负责，处理事情把握大纲，简化繁琐细节，百官对他又敬又怕。"(宣秉)**掌察举百官以下，及京师近郡犯法者。务举大纲，简略苛细，百僚敬之。**"

建武十一年，刘秀又将清正耿直丁忧期满的前扬州牧鲍永拜为司隶校。鲍永走马上任，出手便威震朝野。

来歙在平蜀前线遇刺身亡，刘秀为他举办了隆重的葬礼，百官吊唁。参加完葬礼，赵王刘良、中郎将张邯均从西夏门进城，张邯的车快刘良的车一个马头，二车争道入城。西夏门路窄，刘良呵斥中郎将让路，张邯退出城门，刘良责骂门侯，门侯跪在路上车前赔不是，被罚在马前走了数十步。

鲍永很快知晓此事，他可不管刘良是谁，后台有多硬，立即上书弹劾刘良："身为藩王，不守臣道，不遵臣礼，明知门侯是朝廷命官，**'而肆意加怒，令叩头都道，走马头前。无藩臣之礼，大不敬'**。"

鲍永此举震撼朝野，满朝文武肃然起敬。

鲍永征召了同他一样刚硬的鲍恢做都官从事。二人整肃法纪，法不阿贵，刘秀借他俩警诫皇亲国戚，自我收敛，不敢做违法乱纪之事，否则"二鲍"盯上，他也救不了。

("**贵戚敛手避二鲍**"的歌谣流传开来。历史上由此生成了形容大臣刚正耿直的历史典故"二鲍纠慝〔tè〕"。)

司隶校尉鲍永带领 12 名从事史，"主察举百官犯法者"。他们"手持"象征正义的"惩戒之棒"，如同后辈曹操手中那令人胆寒的"五色棒"，一路从中央"打到"地方。无论职位高低，只要是贪赃枉法，必严惩不贷。

"三独坐"官员，自身并非在保险箱里，同样受到监察。

建武八年、二十一年，司隶校尉傅抗、苏邺因违法**下狱死**。刘秀为"监察官"设置"特别专宠席"，以这样独特方式镇肃百僚。刘秀虽如此苛责严厉，但也并非不允许官员犯错误。

河南尹王梁(字君严)打算引榖水注洛阳城下，向东流进巩川，然而渠成水不流，有司上奏弹劾，王梁惭愧地引咎辞职。

刘秀为王梁"开脱"，指出王梁建议开渠是为民谋利，虽然目的没达到，出发点是好的。刘秀还提到，王梁带兵打仗，人人都称赞他贤能，所以将他调进京城。开渠耗尽民力，最终却未能成功，致使百姓心生怨恨，啧有烦言，舆论哗然。王梁虽得到宽恕，但他本人仍然坚持谦虚退让，"君子成人之美"，任命王梁为济南太守。

刘秀以这样一道令，平息了因废渠而起的争议，同时肯定王梁承担责任的勇气。

王梁是渔阳要阳人，曾是彭宠手下的狐奴令，任河南尹之前，又做过野王令、大司空，曾是刘秀平定河北的骁将，刘秀"开脱"他，并不是因为他之前的这些功劳，而是告诉众官员，只要是踏实做事一心为公、不谋私利，即便出现失误、犯下错误，也会得到宽恕，鼓励干部放开手脚大胆干。

（自东汉开国起，"三独坐""三独"或"独坐"成历史典故，用以代指御史中丞、司隶校尉、尚书三职。东汉王朝特有的"三独坐"机制成了"萧规"，后世帝王大都"曹随"。历朝历代"三独坐"官员，手持尚方宝剑，严惩不法之徒。）

省治肃吏

撤并机构，裁减吃皇粮的行政人员，是刘秀的又一个大动作。

为进一步集中行政权力，减少不必要的行政环节与资源浪费，建武十一年，刘秀裁去朔方牧，**"省朔方刺史属并州"**，并在这一年，停止了州牧岁末入京述职的制度。

诸侯国历来是朝廷的心腹之患，刘秀防患于未然，推出系列重磅举措，管理诸侯国，平衡宗室势力。建武十三年，一次性撤并西京十三个地区，将广平、真定、河间等十三个侯国分别划入钜鹿、常山、信都等郡，**"省并西京十三国"**；撤销了诸侯国里掌管迎来送往礼仪的"行人"、掌管列侯府门的"门大夫"、出行时为前导的"洗〔xiǎn〕马"等职位。

"中兴以来，食邑千户已上置家丞、庶子各一人，不满千户不置家丞，又悉省行人、洗马、门大夫。"

同年，大范围降等。将长沙王刘兴、真定王刘得、河间王刘邵、中山王刘茂等四人降为侯，将叔父赵王刘良以及两个侄儿太原王刘章、鲁王刘兴由王降为公，降等对象涉及广泛，**"其宗室及绝国封侯者凡一百三十七人"**。

这一系列举措重塑了诸侯国管理秩序，打破了宗室固有格局，以釜底抽薪的方式强化中央集权，使国家权力高度集中归一，稳固了东汉的政治根基。

刘秀裁撤机构，精简人员，并不是完成全国统一后才有的举动。建武六年六月，刘秀完成了东部统一，立即简化机构、裁减冗员，下省减吏员诏。

"夫张官置吏，所以为民也。今百姓遭难，户口耗少，而县官吏职，所置尚繁。其令司隶、州牧各实所部，省减吏员，县国不足置长吏者并之。"

一次性裁并了四百余县，省掉九成职位，减少数万公职人员。

这一年，"初罢郡国都慰官"，郡国的"特派员"都慰官全部撤掉。

"中兴建武六年，省诸郡都尉，并职太守，无都试之役。省关都尉，唯边郡往往置都尉及属国都尉。"

翻过年，早春二月，又撤掉了掌管漕运的官员，**"罢护漕都尉官"**，仅仅过去一个月，又进行了一次大裁军，让骑士、材官等暂无战事需要的军旅人员，全部退伍归田。

"今国有众军，并多精勇，宜且罢轻车、骑士、材官、楼船士及军假吏，令还复民伍。"

皇家园林上林池籞〔yù〕诸官，也被刘秀全部裁掉。

刘秀大刀阔斧地裁并，精准定位的"外科手术"，不仅缓解了财政压力，让行政机构的运转更为高效，资源配置更为优化，而且，切除了地方军事与行政职权交错的"病灶"，使得地方治理权责明晰，政令得以畅行无阻。

建武十八年，刘秀改革官员监察制度，任命了12名州刺史。

"罢州牧，置刺史"，**"十二人各主一州，其中一州属司隶校尉。"**

刺史负责自己辖区的郡国、郡县考核，**"录囚徒，考殿最"**，对诸侯王、各级官员进行考课、评比，年底或翌年初回京汇报。

自此以后，每年农历八月起，太阳落山，驿道上还能看到刺史们忙碌的身影。刺史们要在不长的时间内，将州中各个行政机构的基层情况全部摸排清楚，向刘秀如实禀报。

刘秀根据刺史们提供的考核情况，升迁罢免基层官员。

中兴之后只沿用从前考核制度，地方长官无需再进京朝见汇报。

刘秀通过这样一系列的监察管理，整顿吏治，秉持赏罚从严，奖励廉洁，淘汰了一大批无德、无能的官员，选拔了一批品德高尚，知法懂法执法有魄力有担当的贤能人才，从根本上改变了长久以来官场积弊，东汉社会，呈现**"内外匪懈，百姓宽息"**的良好局面。

刘秀的政治变革，如同一套章法严谨、环环相扣的组合拳，招招精妙，式式有力，从简政精兵、管控宗室到革新监察，重组稳固高效政治框架，无不显示出刘秀卓越的政治智慧，为后世政治治理提供珍贵借鉴与深刻启示。

俭德昭朝

刘秀的节俭与汉文帝不遑多让，在其个人生活上甚是"吝啬"。

"光武长于民间，颇达情伪，见稼穑艰难，百姓病害，至天下已定……身衣大练，色无重采，耳不听郑、卫之音，手不持珠玉之玩，宫房无私爱，左右无偏恩。"

衣：刘秀"节衣缩食"，对自身要求极为严苛。身为天子，却**"身衣大练，色无重采"**。古代印染技术落后，染色工序复杂、费时费力，刘秀索性选择原色，穿粗帛缝制的本色衣衫。

食：衣着上严苛已属不易，在吃食上也毫不含糊，决然掐断"口福"之享。

建武十三年，新年正月还未过完，刘秀便下诏严禁进献奇味。缘由是其筹备与运输太过劳民伤财。为此特别下诏，规定远方来的食物，仅用于宗庙祭享，**"往年已敕郡国，异味不得有所献御，今犹未止，非徒有豫养导择之劳，至乃烦扰道上，疲费过所。其令太官勿复受。明敕下以远方口实所以荐宗庙，自如旧制。"**

刘秀此般切断美食享受途径，有力抑制了奢靡之风的扩散，堵死了地方官员借奇味献媚行贿之路，相应减轻了百姓的负担。清正廉风自此由宫廷兴起，徐徐播扬开来。

娱乐：刘秀全面停止了诸如赛马打猎这样的娱乐活动，他本人也与游猎彻底绝缘。桓谭弹琴迥异于陈闷的宫廷雅乐，令刘秀耳目一新，每每宫廷燕饮，常召桓谭进宫抚弦助兴。时任大司空宋弘认为其乐类郑卫淫靡之调，刘秀闻言即止，不复聆听，还罢了桓谭的给事中之职。刘秀高度自觉自律，严束自身娱乐行为，以淳宫廷风纪，正天下风俗。

后宫：刘秀在衣食娱乐上"苛刻"自己，连"艳福"也"苛刻"得不像帝王。

三宫六院，七十二妃，于刘秀而言，是个传说。

他的后宫仅有皇后、贵人两个阶品，后来，勉强增加了美人、宫人、采女三等。

皇后、贵人也只享斗斛之禄，**"贵人金印紫绶，奉不过粟数十斛"**[1]，其余不多的女人们，俸禄为零，只在一定季节拿到寥寥几串五铢钱的赏赐而已，**"并无爵秩，岁时赏赐充给而已"**。极为受宠地位仅次于皇后的阴贵人，俸禄不过数十斛，更遑论徐美人了。

刘秀的后宫仅有郭圣通、阴丽华、徐美人三位，与传统认知中的帝王后宫佳丽三千天差地别。如此寒酸的后宫，与西汉后宫[2]相比，无论是人数还是待遇，皆判若云泥。

行仪：东汉开国十多年了，刘秀都没有帝王专用的羽葆盖车（用五彩鸟羽装饰华盖的车），朝廷祭祀的礼器、乐器等也较为简单。在古代宫廷礼仪之中，完备的礼器、乐器及各类象征皇家威严之物意义非凡，可是

---

[1] 古人月奉为斛，"数十斛"以最高标准九十斛计算，贵人一年充其量1080斛，与西汉后宫第六等八子待遇相当。《汉书》载："八子，视同千石，（爵）比中更。"颜师古注《汉书》："千石者，（月各）九十斛。"

[2] 西汉后宫除皇后外，西汉初有八个等级，汉元帝时期，有昭仪、婕妤等十四个等级。"昭仪，视同丞相，爵比诸侯王；婕妤视上卿，比列侯"，昭仪仅次于皇后，俸禄万石，最低的第十四等无涓、共和等人俸禄也有百石。

刘秀并未急于填补空缺。直到益州将公孙述宫廷里的盲人乐师、乐器、羽葆车以及帝王后妃专用的各种车辆等送到洛阳，宫廷仪式、皇家所用器物才完备。

"益州传送公孙述瞽师、郊庙乐器、葆车、舆辇，于是法物始备。"

皇家所用法物，东汉开国十几年才完备，这还不足为奇，刘秀当年用以作战的战车，竟还是瘦马驾笨重革车，**"征伐尝乘革舆羸马"**，他对自己是如此的苛刻，以苦行般的自律砥砺自身。

资源利用：建武十三年，外国进献了一匹日行千里的宝马和一柄价值百金的宝剑。刘秀将宝剑赐给武士，将千里马交给"后勤部"去"创收"，历史上从此有了宝马驾辕鼓车①的"奇闻异事"。

节俭办公：为减少简牍的使用量，刘秀想到以容量换数量，写给地方和诸侯国的手书，全部是又细又小的小字，硬是在二尺简牍②上写十行，刘秀带头节约办公经费，**"一札十行"**，使得朝廷上下**"细书成文，勤约之风，行于上下"**。

（**"驾鼓车""驾鼓"**也成为典故，意思也演变成"大材小用"。后世还将"鼓车"延伸，与才华遭到抑制处境困厄的"盐车"相提并论。）

（**"十行"**成为代指皇帝手札或诏书的典故。后也把信札的书写叫"一札十行"。衍生出**"十行丹诏"**典故，常用作咏皇帝诏书之典。）

---

① 鼓车：古代一种独特交通工具。作用多样。天子出巡时，作为仪仗车驾中的典礼车（又称司南车），彰显皇家尊贵与权威，增添庄重气氛；在军事行动中，作为"擂鼓助威"的战鼓车，用来鼓舞士气，激发斗志；以里程计费的记里鼓车，类似古代"的士"。

② 《太平御览》卷九："《汉制度》曰：帝之下书有四：一曰策书；二曰制书；三曰诏书；四曰诫敕。策书者，编简也。其制：长二尺，短者半之，篆书起年月，称皇帝，以命诸侯王。三公以罪免，亦赐策，而以隶书，用尺一木，两行，惟此为异也。"其中，策书由编连的竹（木）简制成，有两种规格：二尺简，用于天子诏命诸侯王，篆书写就；一尺牍，用于三公免职文件，隶书分两行写成。汉制简牍一般长一尺，汉尺一尺相当于23.5厘米。

郅恽拒关

欢欢喜喜过完大年，刘秀忙里偷闲到出城撒个欢，带上一众臣子到郊外打猎。

大家纵马驰骋，别提有多高兴了，玩到日落西山才意犹未尽往回返，到了洛阳城上东门时，城门已经关闭多时了。

陛下"**车驾夜还**"。

随从们在城下喊开门，城门楼上的门侯郅恽（字君章）好像没听见，"**拒关不开**"。

刘秀让侍从上前通融。

郅恽说是遵照天子旨意，关闭城门，没有命令，不得开启。没有一点儿商量的余地。

侍从哭笑不得，连忙跑到刘秀身旁，火把照亮刘秀，要郅恽看清楚城下之人。

郅恽大声道："**火明辽远！**"

火把很明亮，可惜太远，看不清，不能开门。

刘秀很无奈，只好掉头，绕到东中门。

东中门侯听说是皇帝陛下晚归，连忙大开城门迎接，"**帝乃回从东中门入**"。

第二天，刘秀还没责问郅恽呢，郅恽"责问"的奏章就呈到了他的案头。奏章中写道："**昔文王不敢槃于游田，以万人惟忧。而陛下远猎山林，夜以继昼，其如社稷宗庙何？暴虎冯河，未至之戒，诚小臣所窃忧也。**"

郅恽称赞周文王以万民为忧，绝无沉迷玩乐游猎，陛下却远离宫廷在山林中打猎，而且夜以继日，不知有没有考虑对江山社稷的影响。潜台词：陛下这般行为是贪图逸乐，恐会玩物丧志，由此下去，会带坏风气，于国家不利，于社会不益，着实令人担忧。

"逸豫可以亡身，忧劳可以兴国。" 刘秀从善如流，虚心接受，赐郅恽绢布百匹，并将郅恽请下城楼，请进皇宫，为东宫太子侍讲，教授太子刘强《韩诗》，将东中门侯贬为参封尉。此后，刘秀郑重宣布：不再游猎。自此"废骋望弋猎之事"。刘秀也自此彻底告别游猎。

孟子曰："不以规矩，不能成方圆。"

郅恽以城门为讲台，给大汉天子上了一堂别开生面的"守规课"。

规矩，谁都不能破，天子也不例外。

[这就是著名的历史典故**"郅恽拒关（君章拒猎）"**，后因用为贤臣良将，坚持职守、忧国谏君之典。这段历史也是成语**"夜以继昼"**的典源。]

[郅恽的奏疏，也让历史典故**"暴虎冯〔píng〕河"**（本意徒手打虎，涉水过河，比喻有勇无谋冒险行事）与刘秀做了特别链接，使得此典故的内涵更为丰富。]

赳赳武夫

同郅恽行事风格不分伯仲的，非何汤莫属。

何汤（字仲弓），豫章郡南昌县（今南昌老城区）人，少年时师从沛郡大儒桓荣学习《欧阳尚书》，及步入朝堂，受任郎中，负责守卫开阳门。

一天，刘秀微服私访，出城巡视工作，察访民情，回来得很晚，城门早已关闭。

黑夜沉沉，万籁俱寂，唯闻马蹄哒哒。诸城门中，开阳门离皇宫八里，最近。累了一天的刘秀想就近回宫，守门人何汤却不答应，侍从怎么解释，何汤也不为所动。吃了何汤的闭门羹，刘秀无奈只得转到中东门，中东门的郎官一见是皇帝陛下回城，未敢迟疑，赶紧打开城门，刘秀这才顺利入城。

胆敢将陛下拒之门外，这个何汤莫不是吃了熊心豹子胆？众人皆以为何汤要倒霉了，谁知第二天一大早，太官奉刘秀的旨意，给何汤送来一份早餐，以奖赏他的忠于职守。刘秀召集城门郎官门侯开会谈话，狠狠批评了昨夜给他开门的郎官，将其免职，并调离城门，扣罚所有郎官俸禄，当然，何汤不在此列。

常言道："官大一级压死人。"然而，小小郎官何汤却"压制"了官职比他高几级的大官。建武十八年夏天，久旱不雨，禾苗枯烟，朝中三公九卿冒着酷暑顶着烈日，步行到郊外去祈雨，洛阳令竟坐着有盖的车出城，作为国都的行政长，一点儿不懂体察民情，更缺乏与民同苦的共情，何汤带着卫士截住马车，将洛阳令拘捕案问。

一个小小的"看门人"，竟敢"以下犯上"，抓捕顶头上司，刘秀赞赏何汤此举，撤了洛阳令的职，将何汤擢为虎贲中郎将，值守城门的何汤，一跃成为"中央警备团团长"，刘秀将皇宫的警卫任务放心地交给了何汤。

刘秀盛赞何汤，矫健勇威，如盾牌和城墙一样捍卫国家："**赳赳武夫，公侯干城。何汤之谓也。**"

《诗经》典故"**赳赳雄夫**"（指强壮有勇力之人），刘秀将其与何汤关联，赋予了具体可感的形象，加深了世人对此典故的认识。

［"谢承《后汉书》曰：建武十八年，夏旱，公卿皆暴露请雨。洛阳令着车盖出，门侯何汤将卫士钩令车，收案。有诏免令官，拜汤虎贲中郎将。上常叹曰：'**赳赳武夫，公侯干城。何汤之谓也。**'"（《太平御览》卷三十九）］

渔阳惠政

建武十五年，刘秀将张堪调到渔阳任太守。

渔阳与匈奴交界，边境百姓深受匈奴人的祸害，张堪加强训练郡兵，枕戈以待。在匈奴集结万余兵马再犯边境之时，亲率数千骑出击，给予入侵者狠狠一击，将匈奴人打得哭爹喊娘。经此一役，匈奴人再也不敢踏足渔阳，渔阳百姓得以安居乐业。

张堪披甲枕戈抵御外族入侵的同时，带领百姓开荒种地，将狐奴山脚下的"苦海"，治理改造成了稻田，将南方水稻种植技术引入北方，开创中国北方种水稻之先河。

而今在北京北小营一带流传"大小亩"的传说，就是两千年前张堪鼓励百姓开荒种田过程中发生的"有趣"故事。

张堪在渔阳辛勤耕耘八年，修补战后的创伤，终于治好了渔阳的"顽疾"。渔阳也重新焕发了生机，再度成为北方富庶之地，而且破了天荒，创造了奇迹，北方也有了南方的景象——稻花飘香。

张堪在渔阳实施一系列的理政措施，被后世称为"渔阳惠政"。

百姓作歌唱颂："**桑无附枝，麦穗两岐，张君为政，乐不可支。**"

张堪的"渔阳惠政"遗泽千年，据说康熙皇帝感念张堪造福一方，在白云观墙壁上题写："**狐奴城下稻云秋，灌溉应将水利收。旧是渔阳劝耕地，即今谁拜富民侯。**"（《题白云观壁》）

"**爱人者，人恒爱之；敬人者，人恒敬之。**"（《孟子·离娄章句下》）

而今，北京顺义是闻名遐迩的北方"水稻之乡"，拥有"京郊粮仓"的美誉，正是千年前张堪打下的基础。

顺义百姓感念张堪，在前鲁各庄为张堪修庙，名"张相公庙"，纪念这位勤政爱民、清正廉洁的父母官（西汉初年设置狐奴县，隶属古渔阳郡。其故址在今顺义区北小营北府村前、狐奴山下）。庙中石碑上镌刻着张堪的生平政绩，殿内塑有张堪的塑像，右臂半屈，伸着两根手指，意为开垦一亩荒地的奖励——二百钱。

（自张堪之后，"乐不可支""渔阳惠政""桑无附枝""麦穗两岐"也因此成典，被人们用来赞美吏治清明、政通人和。）

（"**两岐歌**""**两岐**"也成为称颂地方官吏改善农业有方，民乐年丰等诸多含义的典故。）

生命的分量越重，留下的脚印就越深，越让人敬仰，令人感动。张堪不仅感动后人，更是深深感动时人。

刘秀在一次召见诸郡计吏时，问及各郡前后太守的政能，蜀郡计掾樊显满怀崇敬地说："**渔阳太守张堪昔在蜀，仁以惠下，威能讨奸。前公孙述破时，珍宝山积，卷握之物，足富十世。而堪去职之日，乘折辕车，布被囊而已。**"

刘秀想要征召张堪，却传来张堪病逝的消息，刘秀"**深悼惜之，下诏褒扬，赐帛百匹**"。

张堪洗手奉公，又乐善好施虽为官多年，未攒下丝毫家财，也不曾置办田产，这一撒手西去，家人的生活顿时陷入窘迫。与张堪素昧平生同乡晚辈朱晖，因敬重前辈张堪，"**岁送谷五十斛，帛五匹以为常**"，张家人的日子才不至于太难过。

日子如此艰难，张堪家人却从未向朝廷提出哪怕一丝一毫的要求。他们完美地继承了张堪的高风亮节与坚韧品性。正是在这优良家风滋养与传承下，张家走出了比爷爷张堪更为杰出的科学家——张衡。

朱晖与张堪相识于太学的"培训学习"之际。学习结束后，张堪即将前往北方上任，他拉着朱晖的手说道："**欲以妻子托朱生。**"自太学一别，二人"**绝相闻见**"。朱晖被张堪的高尚品德所感动，虽历经长久分别，张堪之托朱晖却始终铭记于心。当张家人的生活陷入窘迫之时，朱晖及时伸出援手，并这样同儿子说道："**堪尝有知己之言，吾以信于心也。**"

（朱晖与张堪的故事，也是著名的成语典故"情同朱张"的典源。）

（朱晖与张堪的故事，形成典故"**把臂托**"，后用为咏托付遗属之典。也用指朋友之间亲密至交。）

（"**知己之言**"为典，后以指彼此间两心相知情深意切的话。）

从奴仆到太守

封建社会的阶层结构中，奴仆一直都处于社会最底层。秦汉时期，奴仆的身份更低贱，是主人会说话的物件。一旦为奴，终身为奴，世代为奴，子子孙孙贱籍。刘秀却将奴仆李善(字次孙)，提拔到太守的位置，使得奴仆阶层有了实现阶级跨越的可能。

建武中，中原突发瘟疫，南阳郡淯阳县富豪李元全家不幸染疫，全家只剩下一个不足百日的婴儿——李续。李家奴婢密谋杀了李续，瓜分李元的家产，忠实老成的奴仆李善于心不忍，半夜偷出李续，奔逃了一千多里，在山阳郡瑕丘县(今山东兖州东北)隐姓埋名住下。

李续是个嗷嗷待哺的婴儿，唯吃奶才能活命。

史书赋予李善一个"神话"：**"亲自哺养，乳为生湩〔dòng〕"**。

大男人双乳生出乳汁，这种违背自然规律的描绘，可想而知，当时李善何等焦急，史官又是多么心疼李善李续，关切与悲悯溢满笔端。

李善又当爹又当娘，含辛茹苦悉心照料小主人李续，**"推燥居湿，备尝艰勤"**。

《礼记》有云"礼不下庶人"，何况李善还是养育李续的"主人"呢？然而，在李续面前，李善始终恪守主仆之礼，毕恭毕敬，遇事跪请，得到许可后才会行动，尽管李续只是个懵懂的孩童。

李善的善行感动了乡邻，在他的影响下，乡里的风气大变，大家争相遵循礼义，争做善事好事。

瑕丘令钟离意饱含热泪将李善的善行义举上报朝廷，刘秀也感动得眼眶湿润，立即派人将李善李续接到京城，拜李善为太子舍人，为了不分开主仆二人，相信李善带大的李续人品不会差，将李续也拜为太子舍人。就这样，主仆二人，共同生活在了太子府中。李善后来进入三公府，后任日南郡(今越南中部)太守，深受日南百姓拥戴。

刘秀重用提拔忠义的李善，以李善之贤德，倡引知恩感恩，赤胆忠心之风。

李善也成为后世赞美侍者的代指。

"心存善念，必有善行。善念善行，天必佑之。"

善良里隐藏着运气和福报。李善的善念善行不仅让自己脱离了奴籍，实现了阶级的跨越，也为子孙后代创造了福祉，子孙后代的命运从根本上得到改变。

天网恢恢，疏而不漏。天理昭彰，报应不爽。歹毒的奴婢们，最终"悉收杀之"。

"李善乳主"入选中国传统文化精髓德育故事之"八德故事·忠篇"："若李善者，士君子见之，且当望尘而拜，孰敢轻视之？故光武拜为太子舍人，再迁太守，流芳千古。居下者可以兴矣。"

李续在李善的言传身教下，品行淳良，官至河间相。

糟糠之妻不下堂

刘秀的姐姐湖阳公主刘黄英年丧夫，每天郁郁寡欢，刘秀虽国事繁忙，却特意挤出时间，做起了红娘。为使姐姐早点走出孤独和悲伤，思量为她寻觅一位如意郎君。

刘秀故意和湖阳公主闲聊朝廷文武百官，一番品头论足，试探姐姐心仪哪位。

刘黄说："宋公的威仪容貌，德行器量群臣莫及。"

听姐姐如是说，刘秀心里明白了八九分，知道姐姐看上了相貌英俊、仪表堂堂的大司空宋弘。

姐姐的眼光不错，宋弘(字仲子)品行高洁，风采出众。然而姐姐有所不知，看似温文尔雅的他，实则是一个性格刚烈之人，不愿意的事，毋宁死。

当年赤眉军进长安，第一时间"召见"掌握新朝财政大权的宋弘。宋弘被逼无奈，随赤眉兵去往皇宫，行至渭桥，乘人不备，跳入河中，家人手忙脚乱地将他从河里捞起来，宋弘索性闭上眼睛佯装死去。赤眉军见宋弘"死了"，也就罢了。

若将宋弘撮合成姐夫，姐姐开心了，他也就放心了。只是以皇帝的权威硬压，搞不好宋弘又要"跳河"。

宋弘的倔强，刘秀是见识过的。

有一次，刘秀宴请宋弘，眼神时不时瞟向一旁，被宋弘觉察，原来不远处新添置了屏风。屏风上画着美女，风鬟露鬓，淡扫娥眉，双眸含春，娇艳欲滴。宋弘故意长叹："**未见好德如好色者**。"

宋弘的声音带刺，精准刺中刘秀，刘秀赶紧让人撤走了屏风，讨饶道："**闻义则服，可乎**？"

宋弘回应："陛下听得进圣人的话，臣不胜其喜。"

对宋弘这样一个性格鲜明、行为果断的人，说媒断然不能造次，以免适得其反。

过了几天，刘秀将宋弘召进皇宫，让刘黄坐在屏风后面听他俩谈话。

刘秀同宋弘谈了一会儿公事，有意将话题引到社会现象，看似无意实则有心，问："谚语说'**贵易友，富易妻**'，这是人之常情吧？"

宋弘反驳："陛下说的，臣没听说过，臣只听说'**贫贱之知不可忘，糟糠之妻不下堂**'。"

刘秀是个水晶娃娃剔透人，明白说媒之事是冻豆腐——拌（办）不成，便没再往下说。

送走宋弘，刘秀来到屏风后面，两手一摊："**事不谐矣**。"

建武七年宋弘退职，从此离开东汉王朝的政治舞台。

宋弘回到老家，耕读怡然，"**数年卒，无子，国除**"，这也说明了宋弘"糟糠之妻不下堂"不是说说而已。

宋弘拒绝与皇家联姻，并非不识抬举，而是有自己的人生态度，大丈夫的精神品质：富贵不能淫，贫贱不能移，威武不能屈。

不能诱惑来了，就什么都丢了。尤其面对突如其来的诱惑，更多的是考验！

宋弘用自己的经历，为后人做出了榜样，教导后人如何做事，怎样做人，他的行为，对后世产生了深远的影响，也为他赢得千古美名。

（因为宋弘，"**糟糠之妻**"成为共过患难妻子的代名词。这个故事也是历史典故"**宋弘不谐**"的由来。）

（后来有一个传说为这个故事增添了一抹"伤情"，传说湖阳公主爱而不得，郁郁寡欢，遁入"炼真宫"，修心以守真全节。）

良臣隐贤

刘秀到山东视察，来到兰陵，想起大司徒司直王良是兰陵人，当年因为身体抱恙，退职还乡，不知今况如何，便派使者前去东海王家探望。此时的王良久卧病榻，已不能言语，刘秀得知情形，心痛唏嘘，诏令免除王良子孙邑中的徭役，以慰问王良的家人。

此后不久，王良与世长辞。

刘秀为什么对一个病退多时的官员念念不忘呢？只因王良是一个恪守原则，清廉有风骨的高洁之人。

王良字仲子，东海兰陵(今山东临沂兰陵)人，以《小夏侯尚书》见长，隐居乡里，耕读授徒，因为人品好学问高，**"教授诸生千余人"**。

王莽征辟，不应；吴汉征召，摇头；刘秀派使者，赶着安车，带着玄纁之礼，一趟一趟又一趟地来到王良家，刘秀的赤诚感动了王良。

建武三年，王良出山，任谏议大夫。

王良尽职尽责，一旦发现朝廷有不妥之处，无论涉及天子刘秀或是文武百官，他都会毫不犹豫指出来。他严格要求自己，一举一动都符合礼仪，正因如此，无论是天子刘秀，还是朝中大臣都对他心怀敬意。

"数有忠言，以礼进止，朝廷敬之。"

刘秀将王良提拔为沛郡太守，上任途中王良病倒了，本就不愿做官的王良，将随行的官属安置好，连官署都没进，便请求病退还乡。

刘秀不舍，又将王良征为太中大夫。

建武六年，大司徒司直宣秉病卒，刘秀将王良调为大司徒司直。

刘秀裁撤了丞相，效仿汉武帝设置司直，归在司徒府。司直**"助督录诸州"**，协助大司徒考察官员能力，以察其是否称职。

在如此要害的位置上，掌管着官员迁升的钥匙，王良没有一点"官威"，也没一点"官味"，生活极其简单，每日粗茶淡饭，身着粗布大衫，以苴麻布被覆身，生活用具皆是泥巴烧制的瓦器。他的身体本就不太好，老婆孩子又生活在老家，身边也没有人伺候，每天两点一线，除了专心致志地工作，没有其他不良嗜好。

王良"妻子不入官舍"，京城里只有王良独自在生活。司徒史鲍恢去东海公干结束，顺路拐去了王良家，想着若有书信，也好顺便带到京城。

王良夫人不在家，鲍恢等了会儿，一位穿着粗糙布裙的妇人，赤着脚，拽着一捆柴，从田间回来了。

鲍恢连忙自我介绍，想见司直王良夫人，取书信。

妇人抹了把汗，说："辛苦您，我就是，没有书信不敢让家事相烦。"

鲍恢惊呆了，不敢相信眼前这个两脚泥巴，头发有些凌乱，衣着简朴的农妇是大司徒司直王良夫人。

王良在京城"**布被瓦器**"，家人也是如此俭朴。

鲍恢"**叹息而还**"。

回到京城，鲍恢与同僚说起王良家中情形，"**闻者莫不嘉之**"。

王良的身体本就不大好，平日工作繁忙，饮食缺少营养，身边又无人照顾，身体每况愈下，不得已退职回家养病。

王良在家休养了一年，身体仍未养好，刘秀又征召他入朝。不忍拒绝刘秀的王良，硬撑着出门，行至荥阳，病情加重，只好停下。王良想到荥阳有位老友，就想与老友聚一聚。谁知老友觉得王良刚回家一年，就又赶去京城做官，官瘾太大，拒绝见他，并传出话来："**不有忠言奇谋而取大位，何其往来屑屑不惮烦也？**"

被朋友奚落，王良深感惭愧。身为学者，本就无意仕途，可是当今天子殚精竭虑为天下苍生，他深受感动，所以才以抱病之躯走出书斋，为国家效力，可叹身体抱恙，让他心有余而力不足。朋友的"无情"，也让王良醒悟与其这般力不从心，不如彻底告别官场，空出位置给那些身体健康且优秀的人。随后的日子，不管刘秀派使者来多少趟，携带何等丰厚的玄纁之礼前来征召，王良也只是摇头。

就是这样一个"**连征，辄称病**"，坚决"**不应**"的王良，刘秀给予极大的尊重和关怀。

（王良的故事，也是代表生活俭朴的**"布被瓦器"**的典源。）

［王良和朋友的这段小插曲，是成语**"忠言奇谋"**以及典故**"往来屑屑"**、**"王良友笑**（友笑王良）**"**、**"王良往来"**（代指为俗世名利而往来奔波）的典源。后人诗词常借典故以表现厌倦仕途奔波的心情。］

（典故**"王良执辔"**的王良，是指春秋时与伯乐齐名的善御者王良，后泛指高明的驾车手，指善于御马、相马之人，也泛指能工巧匠。）

强项令

都城洛阳权贵云集，皇亲贵胄们仗着自己的特殊身份，骄横跋扈，不把国家法律放在眼里。权贵的仆人们背靠强硬后台，有恃无恐，这其中就有湖阳公主刘黄的奴仆。

湖阳公主家的苍头①与人发生了争执，狗仗人势，将人打死了，然后飞快地跑回公主府，不出来了。

光天化日之下杀人，死者家人将杀人者告上衙门，官差都知道杀人者藏匿在公主府，却没有一个人敢去抓人。

如果遇上献媚的官员，恶奴还真就能逃脱法网，可是洛阳令偏偏是宁折不弯的董宣。

董宣派人在公主门外盯着，耐心等待时机。

刘黄出门，让恶奴随行。恶奴心花怒放，家中仆人成群，却让自己"骖乘②〔cān chéng〕"，这是多大的荣耀啊。事儿也过去了这么久，自己安然无恙，有公主这道护身符还怕啥？于是跟着公主大模大样出了门。

---

① 苍头：指奴仆。也有老人以青布裹头，谓之苍头。军事语境中指士兵，如"苍头军"。也可指青壮年，文献中偶见。

② 骖乘：又作"参乘"，指陪乘或陪乘的人。在古代车驾中，一般以三匹马或四匹马拉车，尊者居左，御者居中，另有一人居右，居右者称车右或骖乘。通常由身份较高或受信任者担任，其职责是保护主人安全，为主人提供服务和建议。

"苍头出公主府了！"这消息立马飞报给了董宣。董宣抄起大刀，三步并作两步，赶到了公主车驾必经之处——夏门亭。

不一会儿，湖阳公主的车驾过来了，董宣一个箭步冲上去勒住马，大刀杵在地上，大声怒斥："身为皇家公主，知法犯法，包庇罪犯，该当何罪？"

董宣**"以刀画地，大言数主之失"**。

伴随着董宣咆哮，人们呼啦一下围住了夏门厅，董宣喝令苍头下车，恶奴早就吓得双腿发软不能动弹。衙役像老鹰抓小鸡似的将人拎下车，董宣手起刀落，恶奴人头落地。

湖阳公主花容失色失声尖叫，直奔皇宫，见到弟弟刘秀嚎啕大哭。

刘秀气得一掌拍在书案上："来人，去把那个不知死活的董宣抓来。"董宣被押进皇宫，愤怒的刘秀，要用棒子打死他。董宣面不改色，昂着头，无所畏惧："容我说一句话再死。"

刘秀眉头倒竖，压制着怒火："你想说什么？"

董宣冷冷地道："陛下您的德行圣明，得以复兴了汉室，却纵容家奴枉杀平民，如此下去，不知将来陛下如何治理天下？

董宣言罢一头撞向了楹柱，血流满面。董宣的鲜血犹如涌泉，倏然熄灭了刘秀的怒火。总不能为皇家颜面，打死一个肃正国法的执法者。

刘秀叹口气，招呼小黄门扶起董宣。瞥一眼一旁泪眼婆娑的姐姐，对董宣说："你给公主磕头赔个罪，这事儿就算过了。"

董宣梗着脖子，好像没听到。刘秀给小黄门使个眼色，小黄门按着董宣的头往地上碰，**"宣两手据地，终不肯俯"**。

董宣犟得像池塘里的老藕，双手撑地，梗着脖子仰着头，不肯俯身叩头认错。湖阳公主抹着泪，数落弟弟："你做百姓的时候，私藏要犯，官府的人谁都不敢上门抓人。如今贵为天子，难道威风还不如当初做百姓？不能让小小的县令听命，你做的什么天子！"

刘秀轻叹一声道："**天子不与白衣同。**"

刘秀希望姐姐明白，做天子和做百姓，责任不同，虽然天子有至高无上的权利，但也不能为所欲为。

刘秀让人把董宣的头包好，赐他一顿好菜好饭。

董宣将饭菜一扫而光，一滴菜汤都不剩，而后将碗盘反扣在桌子上。

听完内侍的报告，刘秀又将董宣召了过来，询问他何故如此。

董宣回答："臣吃东西颗粒不剩，干干净净，如同臣履职不敢有丝毫余力。"

《谢承①书》载："**来令诣太官赐食。宣受诏出，饭尽，覆杯食机上。太官以状闻。上问宣，宣对曰：'臣食不敢遗余，如奉职不敢遗力。'**"

原来如此！刘秀备受感动，下令放了这个硬脖子的县令，"**因敕强项令出**"，赐钱三十万。

董宣拿到赏钱，全部分给了手下。

董宣"强项令"的名字传遍了洛阳城，董宣铁腕铁面执法，还得到一个"卧虎"的外号。洛阳城治安良好，衙门前的"鸣冤鼓"也不响了，贵戚们也不敢嚣张了。

百姓们无不拍手称快，尊董宣"卧虎"，民间到处传唱歌颂董宣的谣歌："**枹〔bāo〕（桴）鼓不鸣董少平。**"

七十四岁的董宣病逝，刘秀遣使者前往董宣家中探望。

一床破布盖着董宣的遗体，妻儿在伤心垂泪，除了使者，无人来董家吊唁。

董宣家徒四壁，仅有几斛大麦、一匹白马、一辆破车，连一件值钱的东西都没有。

使者戚戚然，做了五年洛阳令，威震洛阳，任上去世的董宣，家中竟如此大穷寒。

刘秀听使者报告，董宣全部的财产是"**大麦数斛、敝车一乘**"，无

---

① 谢承，三国时期著名史学家，著《后汉书》143 卷。

比伤感道："董宣廉洁，死乃知之!"

为何近在咫尺，刘秀不知董宣之廉呢？董宣行事的"严酷"，鲜有达官贵人在刘秀面前说他的好话，甚至多是背后负面评价和非议。刘秀的治国理念是"柔治"，尽管在一定程度上默认了董宣"严酷"，但是对他的残酷手段实难认同，心里也有对董宣的不满，并不认为董宣是良臣，距离好官员标准甚远。

董宣的身无长物触动了刘秀，重奖这位身后凄苦清廉的洛阳令，"以宣尝为二千石，赐艾绶，葬以大夫礼。拜子并为郎中，后官至齐相。"

这样的礼遇和对家人的妥善安置，可以说是刘秀对董宣的肯定和"补偿"，这也算是董宣死后的哀荣。

董宣的儿子也没给父亲丢脸，在刘秀严格管理干部队伍，对贪腐零容忍的东汉初期，能够官职齐相，说明他很好地传承了父亲清正廉洁、恪尽职守的家风。

（"强项令"、"卧虎"成董宣"别号"。"强项令"为形容人刚正不阿之典。"强项"意表刚正不屈。"卧虎"指执法严峻。后世又因北魏名将李崇而又延伸指作战勇猛者。）

（"枹(桴)鼓不鸣"成典故，用以比喻政通人和、社会秩序安定，主政者清正廉明，没有冤假错案等。）

（在古代，百姓若要告状便会去衙门击鼓鸣冤，此鼓叫做"登闻鼓"，是当政者为普通百姓开辟的申诉通道。"鸣冤鼓"传统，传说始于汉初。）

水排　杜母　嫌官大

古人"学而优则仕"，入仕者多盼官运亨通，青云直上。可是南阳太守杜诗却"嫌官大"，一而再请求降职，希望从大郡调到小郡。

建武十三年，杜诗再次上书，强烈要求从南阳太守职位上退下来，甘愿为小官，将好位置留给有功的将领，以厚赏久役之士。这样一来，成边的军人更能舍生忘死，守城护塞的将士自会不辞劳苦，边塞烽火警报更精确，防守也就更坚固。

这已是杜诗第二次请求降职了。建武八年，杜诗就请求过一次，刘秀没有答应。

建武七年，刘秀将汝南都尉杜诗，调往南阳委以太守重任。南阳是帝乡，不仅有盘根错节的皇亲国戚，而且还有功臣贵胄的七大姑八大姨，丢个树枝出去，可能就砸到一个"手眼通天"之人。虽如此，杜诗未被吓倒，他严格执法，**"以诛暴立威"**，以此正告所有人，他绝不会姑息养奸，不管来头多大，一视同仁。

杜诗(字君公)，河内郡汲县(今河南卫辉)人。建武元年，刘秀选拔贤才，杜诗脱颖而出，一年之中连升三级，提拔为侍御史。杜诗走马上任，就将纵容部下**"暴横民间"**的将军萧广，依法逮捕，斩首示众。

杜诗的浩然正气令刘秀刮目相看。这时，河东郡(今山西夏县西北)发生叛乱，刘秀立即征调文官杜诗，**"赐以棨戟〔qǐ jǐ〕①"**，杜诗临危受命，一举剪灭杨异一众，因剿贼有功被提拔为成皋县令，任上政绩突出，又被擢为郡都尉，先后调去沛郡(今安徽濉溪县西北)、汝南(今河南平舆县北)两地，**"所在称治"**。

杜诗沉稳干练，能干、敢干、会干。每到一地，都得到吏民的欢迎，刘秀于是放心地将家乡南阳郡交到他的手上。

南阳有大片没有开垦出来的荒地，杜诗想要将荒地变成良田，好在南阳有炼铁厂，杜诗就想让炼铁厂多打一些坚硬、耐用的铁质工具。

当年汉武帝推行盐铁专卖制度，在全国设立了48个铁官，设在宛(河南南阳)的炼铁坊生产出的铁器，为南阳及周边提供铁制用具。一百多年来，冶铁坊的冶铁技术也有所提高，但是受炉温和鼓风机的限制，产品质量和数量基本是老样子，生产出的农具质量和数量远远跟不上农耕发展的需要。

---

① 　棨戟：有缯衣或油漆的木戟，一种象征性的仪仗用品；也指能打仗之人。

　　杜诗开动脑筋，在总结前人劳动实践的基础上，发明创造了利用水流做"动力"的"水排"。此水排**"用力少，见功多"**。长久以来，一座冶铁炉子用好几个皮橐〔tuó〕鼓风，由马来来回回推动排橐，被称作"马排"，后将"马排"改为"水马"的"水排"，"水马"不知疲倦，为鼓风提供了更有力的保障，冶铁炉温噌噌上升，极大地提高了冶铁质量，提高了铸造效率，**"暨乃因长流为水排，计其利益，三倍于前。"**（《三国志》）。

　　有了好钢，就能做出好农具，农具趁手了，垦荒变得比从前容易了。杜诗带领大家垦荒开地，广拓土田，扩大耕地面积。

　　耕地增加了，需要灌溉的面积扩大了，杜诗带领大家根据现状，改造或重修水利工程，他还想到蓄水的好方法，在一些地方**"修治陂〔bēi〕池"**，收集存储雨水，合理安排调度农业用水，这样一来，百姓农田灌溉就不再单靠老天爷"赏饭吃"，让"望天浇地"变成自我调节，南阳的农业得到飞速发展。

　　杜诗在南阳兢兢业业，体恤百姓，像一位慈爱的老妈妈，百姓们由衷地尊称杜诗为**"杜母"**。

　　南阳人唱起了歌谣："**前有召父①，后有杜母。**"

　　建武十四年，杜诗病逝。**"司隶校尉鲍永上书言诗贫困无田宅，丧无所归。"**

　　在首屈一指的富裕大郡做了整整七年太守的人，竟上无片瓦，身无寸土，穷得无立锥之地都，以至于无处安息。

　　百姓为失去这样一位清正廉洁、一心为百姓谋福祉的好官痛哭不止。

　　刘秀下诏在南阳郡官邸为他举办丧事，赐一千匹绢，供丧事所用，杜诗这才有了个体面的葬礼。

---

　　① "召父"指元帝时期的南阳太守召〔shào〕信臣任期内大力发展农田水利，为防止灌溉用水引起的纠纷，制定"均水约束"，刻石立于田间。他大行教化，推行勤俭节约，严加约束游手好闲之徒，南阳百姓的日子因此富足红火，百姓将召太守视为威严亲切的老父亲，尊称他"召父"。

杜诗在南阳一干就是七年，在这七年里，他"**性节俭而政治清平**"，南阳"**政化大行**"，"**郡内比室殷足**"，百姓的日子一天天好起来，南阳郡也变得越来越富庶，百姓们的生活越来越红火，到了汉和帝"**永元之隆**"时期，南阳人口高达 240 多万，成为天下第一大郡。

"父母官"的称谓，原本指国君或天子，从杜诗以后，彻底"下沉"，成为了地方官员的代指。

("**杜母**"成为后世称颂地方官清廉惠民的典故。"**召父杜母**"成为成语典故，为颂扬地方官吏政绩的套语。后以此典称颂爱护百姓、受人爱戴的地方官员。)

"水排"是世界上最早将鼓风技术运用到冶铁中的创举，比欧洲早一千多年。它为冶铁技术带来了一场大革命，是机械工程史上的一大发明。

"水排"对古代冶铁业具有划时代意义，颠覆了传统模式，真正做到了省事、省时、省力、省钱，劳力少功效大，百姓也都觉得方便。

在水排的助力下，南阳的冶铁业快速发展，一跃成为东汉王朝兵器、工具、钱币的制造中心，南阳因此成为中国历史上规模最大的冶铁中心，代表着汉代冶铁工业的最高水平。位于今南阳市区北部瓦房村附近的汉代宛城冶铁遗址，作为其重要见证，发掘出五项世界之最。

韩歆"寒心"

建武十五年，新年的喜庆还没过完，大家还沉浸在欢乐的气氛中。一大早，大司徒韩歆(字翁君)便急急忙忙地来到皇宫，见到刘秀就神色慌张地嚷嚷道："不得了了，不得了了，要大祸临头了，庄稼绝收，饥民遍地。"

早朝就听到韩歆的大嗓门胡言乱语，刘秀心中不悦，眉毛拧成了一个疙瘩，问韩歆消息从何而来？韩歆脸涨得通红，支支吾吾指天画地，除了说大祸临头，也说不出个所以然来。

　　韩歆言之凿凿却无凭无据，如此信口开河，刘秀火冒三丈，莫不是韩歆是在指桑骂槐，讥刺、指责他失德？刘秀倍感"心寒"。刘秀罢了这个危言耸听又令他"寒心"的韩歆的官，让他卷铺盖走人。**"歆于上前证岁将饥凶，指天画地，言甚刚切，故坐免归田里。"**

　　正月二十三日，韩歆带上儿子韩婴，怏怏地返回老家宛县。

　　韩歆的离开，并未带走刘秀的怒气，刘秀越想越气。于是，又下了一道圣旨，让使者去追韩歆，再斥责他。

　　司隶校尉鲍永一再为韩歆求情，苦苦哀求陛下收回成命。

　　天子的怒火蹿上了房顶，司隶校尉的一瓢水焉能够熄灭？

　　《礼记·儒行》有云："**儒有可亲而不可劫也，可近而不可迫也。可杀而不可辱也。其居处不淫，其饮食不溽〔rù〕，其过失可微谏而不可面数也，其刚毅有如此者。**"

　　既遭罢黜，复受追斥堂堂的"南阳大人"①、名士、大儒韩歆，哪里能忍受这般"羞辱"。人生于世，当重颜面、守气节、存尊严。士可杀而不可辱。韩歆愤然拔剑自刎，他的儿子韩婴也追随父亲而去。

　　韩歆素有盛名，两年大司徒的工作还算称职，却因直言无忌的"大嘴巴"走上黄泉路，朝中大臣议论纷纷，颇有狐死兔悲之感。

　　刘秀也觉得自己有些冲动，追赐了一笔钱粮，并以规制礼仪安葬了韩歆。

　　"听言不可不察，不察则善不善不分。善不善不分，乱莫大焉。"（《吕氏春秋·有始览·听言》）

　　刘秀一朝，南阳人深受信任，对南阳人的韩歆更是倚重有加。十五年间，韩歆平步青云，一路晋升至俸禄万石的大司徒，位极人臣。作为国家的股肱之臣，处于一人之下万人之上的高位，又是刘秀倚为重臣非常信任的老乡，听到传言，更该闻言而察，而非轻易信以为真，特别关乎国计民生的大事，"饥荒"绝非儿戏，怎能言之凿凿，却只是如痴儿

---

　　①　大人：文献中，"大人"常被用作对高级官员的称呼。这里指的是地方上有势力的人，即大家豪右。亦指代王公贵族、部落首领。

抟空捕影呢？

"道听而途说，德之弃也。"（《论语》）三人成虎，何况一言九鼎的三公，他的言行，在百姓看来，就代表朝廷的意旨。驷不及舌，身处国家权力的巅峰之位，言行失当，很容易引起举国的恐慌，恐慌一经蔓延，很有可能动摇国家的根基。

如果非说是刘秀"杀"了韩歆，韩歆"被杀"，也不见得就是"冤天屈地"，甚至可以说，"杀"了一个韩歆，"制止"了一场不可预见的"动荡"。

古人受"天人合一"思想的影响，普遍认为，灾异出现，是上天对人世统治者的谴告。国家发生天灾，就是皇帝的德行出了问题，皇帝必须深刻反省，自我检讨，匡正过失，以求得上天的原谅，"消灾化异"，不降灾祸殃及百姓。

建武五年夏，天旱，蝗灾，刘秀怀疑自己触怒了天神，下诏赦免除罪大恶极必须杀头的以外的囚犯，要求各级官员恪尽职守。建武七年三月，发生日食月食，刘秀因此**"避正殿①，寝兵**（停止战争），**不听事五日"**，深刻反省检讨，认为是自己德薄，上天将日月遮起来谴责他，要求百官上奏指出他的错误，**"无有所讳"**，认为自己不配"圣"，要求**"其上书者，不得言圣"**等。

刘秀如此重视上天的"警示"，对韩歆毫无依据地"指天画地"，怎能不"心寒"？

失德，可不是小事！无凭无据地指责天子失德，更是犯了大忌。

韩歆虽书读了一肚子，可是他说话太随便，只顾自己嘴巴痛快，也不管刘秀是否难堪。

当时天下还未完成统一，有次朝会，刘秀宣读隗嚣、公孙述的来信，无不惋惜道："可惜了，这二人也是非常有才华的。"

韩歆应声接话，阴阳怪气道：**"亡国之君皆有才，桀、纣亦有才。"**

---

①　正殿：指宫殿或庙宇里位于中间的主殿。古代当国家遭遇灾异急难之事时，帝王会避离正殿，以示自我贬责，以期消灾弥难。

这嘴一张，就将刘秀噎得一脸黑线，以为是讥讽他，**"帝大怒，以为激发"**。

想来刘秀如此感叹，无外乎是叹息这二人将才华用在分裂天下上，与汉室作对不愿臣服，是有眼无珠不识时务。

韩歆无所顾忌，用"亡国之君"来论事，以为是高明有趣，实则是不合时宜。刘秀正在想方设法笼络"陇"牵制"蜀"，让这两大割据势力暂时不干扰他的统一东方，刘秀不是在说相声，他不需要"捧哏"，更不需要指桑骂槐地刺刮，他要的是能解决问题的大臣。

刘秀是仁慈的君主，换一个暴君，估计当时就会将人拉出去咔嚓了。

韩歆之后大司徒成了高危职位，随后两任大司徒欧阳歙、戴涉均死于狱中，接连三任大司徒，相继丢命。韩歆因"言"获罪而死，欧阳歙贪污案发入狱而死，戴涉因"荐"牵累而亡(戴涉所举荐官员盗窃)，贪官的不是贪官的都死了，一时间"大司徒"一职令人胆寒，朝中大臣们竟无人敢"应"。

河南、南阳不可问

或许韩歆的**"岁将饥凶"**在刘秀的心里投下大片阴影，民以食为天，饥荒与土地密切相关，**"天下垦田多不以实，又户口年纪互有增减"**。莽末，**"农商失业，食货俱废，民人至涕泣于市道。"**(《汉书》)民生凋敝的社会经过十几年的建设，"庐落丘墟，田畴芜秽"的现象大有改观。如今河清海晏，天下太平，是该摸清家底儿，查清土地到底都掌握在哪些人手里？国家到底有多少人？只有如此，才能更好地把脉未来，精准施策，未雨绸缪。

建武十五年夏六月，刘秀下令重新丈量土地，核实户口，同时审计一方大员。**"诏下州郡检核垦田顷亩及户口年纪，又考实二千石长吏阿**

枉不平者"。

田地和依附的人口最多的是地方豪强大户，他们极力反对度田。刺史、太守们收受了地方豪强的贿赂，以丈量田地作为名义，将百姓聚集在田里，连同屋舍之类的一并丈量，百姓不明真相以为"度田"是针对他们，纷纷拦路哭号。《东观汉记》有载："**刺史太守多为诈巧，不务实核，苟以度田为名，聚人田中，并度庐屋里落，聚人遮道啼呼。**"

刘秀要求各地上报"度田"进度和情况。

刘秀看到陈留郡呈上来的木牍上写着几行小字："**颍川、弘农可以问，河南、南阳不可问。**"

刘秀奇怪，叫来陈留郡小吏解释是何意。小吏哪里敢说，扯谎说是在长寿街上捡来的，不知何意。

一直坐在帐幄后旁听的小刘阳忍不住插嘴："不用问，小吏接受郡守的指令，应该是拿垦田举例子。"

"既如此，为什么河南、南阳不可以问呢?"刘秀问。

别看刘阳只有十二岁，人小鬼大，一语道破"天机"："**河南帝城，多近臣，南阳帝乡，多近亲，田宅逾制，不可为准。**"

刘秀将小吏交给虎贲将审问，小吏供词与刘阳的推测完全相同。

"度田"是天子的命令，不得不执行。可是，地方豪强也得罪不起，看看他郡怎么做的，随大流稳当，这个"他郡"，不包括河南和南阳，帝城的河南，帝乡的南阳，两地的田亩和宅第，不用查，铁定逾制，地方官也不敢认真核查，不具备参考价值。

陈留吏"一不小心"扯下了河南和南阳的"遮羞布"，"度田"政令在高门贵胄之地根本无法执行，地方高官门儿清，只有皇帝老子刘秀蒙在鼓里。

"遮羞布"没了，"羞羞"的人便暴露在阳光之下。刘秀也不再考虑几辈人的老面子，是不是南阳老乡，将带头阻碍"度田"的安众侯宗室成员竟陵侯刘隆打入大牢。

顾念刘隆最早追随自己打天下的功劳，与自己同脉同宗，同为长沙王刘发之后，可怜刘隆两度遭遇"灭门"之痛，刘秀保全了刘隆的性命，废了他的封国，将他贬为平民，收监了"度田不实"的东平国相王元、河南尹张伋等十几个高官。

"时诸郡太守坐度田不实，世祖怒，杀十余人"，"诸郡守多下狱"。

度田风波

刘秀下令加紧度田，地方豪强不甘自己的利益受损，煽动不明真相的自耕农民，拥有武装的"大姓兵长"趁机作乱，**"郡国大姓及兵长、群盗处处并起，攻劫在所，害杀长吏"**，一场全国性的骚乱爆发，青、徐、幽、冀四州尤为严重。官府派兵追讨，骚乱就散了，官兵前脚走，大姓以及兵长立马就组织不明真相的百姓继续闹。

刘秀因"度田"杀了十多人，心里不免有些懊悔，同马援说："吾甚恨前杀守、相多也！"

马援安慰刘秀，不必为往事自责，那些人本就是罪有应得，死就死了，人死又不能复生。听马援这样说，"上大笑"。

刘秀考虑到动用国家机器大规模武力镇压，极可能致使民力耗损财用靡费，且最终成效未必理想，于是想出了一个"以贼制贼"精妙策略。

建武十六年冬十月，使者奉命前往各郡国宣示诏令：**"五人共斩一人者，除其罪。"**以此号召各郡国境内贼寇相互检举告发，若五人合力斩杀一人者，便可获豁免罪行之优待；通告诸官：凡过往追剿不力或存在纵容贼寇行为，一概既往不咎，以最终捕捉剿贼评判论定；唯隐匿贼寇之人，才会被判定有罪并加以惩处。

这通措施，行之有效，"于是更相追捕，贼并解散"。刘秀将那些头目迁徙到他郡，赐予他们土地，让他们自给自足，安居乐业。从此以后，国泰民安，放牧牛马无需守，城门不闭亦安然。

"度田运动看"似虎头蛇尾，实则立竿见影，"诸郡新坐租"寥寥数字，潜藏着巨大的信息量：豪强大户开始依规纳税、服徭役。"优饶豪右"不复存，甚至可能追缴旧税。后世大臣常援引刘秀度田之举，提议国家重视度田。西晋傅玄、北魏李彪等大臣，上书君主严督垦田、追责不实，足见其影响深远。

首惩三公

韩歆死后，刘秀将汝南太守欧阳歙提拔为大司徒，读书人欧阳歙走上了权力的顶峰。

刘秀下诏"度田"，同时对二千石高官进行突击审计检查。

欧阳歙任汝南太守期间收受千余万贿赂，后"度田"不实案发，锒铛入狱。

欧阳歙(字正思)，乐安郡千乘县(今山东省高青县东南)人，祖上欧阳生是伏生①的得意门生，欧阳家世代传授《伏生尚书》，形成"欧阳氏之学"，至欧阳歙已八世为博士。

欧阳歙的门生从四面八方赶来京城，一千多儒生跪在宫门外，日夜哀求陛下法外开恩。有儒生剃了毛发，表示愿为老师代罪，17 岁的礼震从家乡平原(今山东平原县西南)赶到洛阳，将自己五花大绑，声泪俱下请求杀他替老师一死，否则《伏生尚书》学脉传承断绝……刘秀不为所动。欧阳歙死于狱中，他也成为东汉王朝绳之以法的首位三公高官。

刘秀嘉悦礼震舍身救师的仁义，拜为郎。

刘秀惩罚欧阳歙并非无情，而是法不容情，出于对儒学之宗、殿堂级大儒的尊重，刘秀给欧阳歙赐棺椁、丧仪缣帛三千匹，赠印绶，其子欧阳复袭爵。

---

① 伏生(伏胜，字子贱)，邹平人(今山东邹平)人，秦博士。秦焚书时，藏《尚书》于夹壁。汉初仅存二十八篇，他整理传授。汉文帝派晁错找他学习，其女羲娥代为传解。《今文尚书》学者皆出其门，被誉为"尚书再造"。伏湛是其九世孙。

刘秀借欧阳歙一案告诉国民，法度不可擅改，没有谁能凌驾法律之上，一旦跨越了法律的底线，他就变成法律砧板上的鱼肉，不管声望有多高，多少人求情，都无法挪开法律的菜刀。

刘秀铁腕反腐，"擒硕鼠"，"捕蝼蚁"，上至达官显贵，下及胥吏差役，凡逾越贪腐"红线"者，皆严惩不贷。

白马生谏

要说刘秀怕谁？必须有张湛。

张湛（字子孝），扶风平陵人，"好礼""有则"，**"矜严好礼，动止有则"**，一言一行都会依照礼制，即便是在妻儿面前，也没有丝毫懈怠，庄重肃穆宛如家中严父，即便独处也是如此。**"居处幽室，必自修整"**，因其讲究"礼"，在三辅地区享有盛名。有人质疑他是惺惺作态，认为他的那些守"礼"遵"则"的行为，不过是用虚伪的面具，掩盖狡诈的灵魂，钓名沽誉、欺世盗名的做作罢了。张湛闻此"高论"不恼不怒，哈哈大笑：**"我诚诈也。人皆诈恶，我独诈善，不亦可乎？"**

建武五年，刘秀将开国之初拜为左冯翊〔píng yì〕的张湛提拔为光禄勋。刘秀没想到，他这个提拔，给自己找了一个严厉的"私塾老师"。

张先生以"礼"为"戒尺"，时不时地敲打天子"手心"，既不揣摩陛下的心思，也不察观天子的脸色。

刘秀非常勤政，每天天不亮就上朝，忙到半夜，有时候甚至连轴转。人的精力毕竟是有限的，夜以继日，难免有精力不济的时候，这在张湛看来是不允许的，**"光武临朝，或有惰容，湛辄陈谏其失。"**

在张湛的意识里，"礼"不仅关系个人修为，而且还关系到朝代的兴衰。身为一国之君，就不能等同于一般人，必须以饱满的精神示人。因此，哪怕刘秀露出一点疲惫的神情，他都会一脸严肃地批评，要求刘秀打起十二分的精神，时刻保持昂扬斗志，言辞凌厉，不给天子留一点儿情面。

张湛以"礼"为灯，"照"着刘秀，哪怕是蛛丝马迹也无处遁形，这样的次数多了，刘秀有些"怕"他，张湛爱骑白马。因此，刘秀每次见到他，怕他又要批评他，"讨饶"似的说：**"白马生且复谏矣。"**

（"白马生"也成为张湛的别名，后世以"白马生"指谏臣。**"白马生谏"**成典，后用于表示直言进谏。该典故，也见证了刘秀的从善如流。）

此乃长者之言也

建武二十二年，刘昆被征召为光禄勋，调到了京城。

朝堂之上，刘秀好奇地问他：**"前在江陵，反风灭火，后守弘农，虎北度河，行何德政而致是事？"**

刘秀非常好奇刘昆到底是推行了什么样的德政，竟有如此魔力，可以止风降雨灭火，令老虎主动离开？

刘秀好奇的两件事，都是刘昆任地方官时，真实发生过的奇异事件，当时还引起不小的轰动呢。

刘昆(字桓公)，陈留郡东昏(今河南兰考县北二十里)人，是汉文帝嫡次子梁孝王刘武的后代，**"能弹雅琴，知清角①之操"**，是大儒戴宾的门生，以研究《施氏易》见长，王莽秉政时期，以教书为生，有弟子五百。

刘昆担忧弟子们忘废礼仪，凭借自己教书先生的身份，每年春秋两次举办"飨射礼"②。通过射箭吟诗、雅歌投壶，让弟子们习礼、尊礼。如此高雅的活动，王莽却认为是**"私行大礼""有僭上心"**，将刘昆全家关进了监狱。新朝灭亡，刘昆全家才逃脱牢狱之灾。

---

①　清角：古雅曲调的名称。操：琴曲。清角之操：指高雅高深的乐曲。

②　飨射礼：宴饮中行射仪。周礼，源于先秦。规严，射手站位、姿势、发力皆循定式，不容违逆。尚谦和礼让。含射竞、吟诗、雅投，借射弘德修身，融德礼于教。

建武五年，刘昆被推举为孝廉，可他不想与官府扯上瓜葛，立即开跑，避走江陵。求贤若渴的刘秀怎会让刘昆"溜之大吉"呢？诏令追到江陵，拜为江陵令，刘昆只好放下教鞭穿上官服。

刘昆在江陵以仁心德政，深得民心。

说来也怪，江陵城似乎招惹了火神，年年都会来一场火灾，江陵城的百姓提心吊胆，不知下一场火啥时起，又会烧到谁家。怕鬼就有鬼，城中又失了火，而且刮起大风，火借风势，风助火威，熊熊烈火映红了半边天，半个城将要化为灰烬。焦急万分的刘昆，顾不上体面，"扑通"一声跪倒在地，对着烈火磕头作揖："火神爷爷，求求您，行行好，不要再烧了，刘昆给您磕头了。"

风好像听懂，感动地收住奔放，乌云好像也看到了刘昆的虔诚，从远处，翻滚着赶来，滚着滚着，滚成雨，雨越下越大，变成瓢泼，烈焰低下高昂的火苗，熄灭了。

这奇异的一幕，惊呆了江陵人。刹那间传遍四方，百姓们啧啧称奇，到处传说，刘昆德政感动了上天，老天爷派龙王来降雨灭火。

百姓越传越奇，最终传进了刘秀的耳朵。

这年，山里老虎不知怎么看上了弘农（今河南三门峡灵宝东北），成群结队来到弘农，漫步峥嵘驿道，老虎们优哉游哉，人们忧哉幽哉，谁都不敢跟老虎抢走驿路。驿路变成了死气沉沉的荒路，外面的人来不了弘农，弘农的人出不去，**"行旅不通"**，时间一长，弘农如一潭死水，经济滞后，百姓生活不安。

刘秀将能"反风灭火"的神奇太守刘昆调去了弘农。

刘昆来到弘农，也没有打老虎，也没有挖陷阱。他在郡中大力推行仁政德政，用圣人之礼教化百姓，教以义方，导以礼则，良好的社会风气，在弘农扩散开来。

奇异的事情又发生了，出没驿道祸害行人的老虎，随着社会风气的好转，越来越少，最后销声匿迹。有人竟看到大老虎驮着小老虎，渡过黄河走了。

弘农百姓说，境内害人的老虎遁去，都是受太守刘昆仁德的感化。

刘昆灭火、渡虎的奇闻异事，令刘秀匪夷所思，百思不得其解。遂直接询问刘昆，什么样的德政有如此威力。

一个谎言，需要无数个谎言去掩盖。刘昆不想说谎为自己脸上贴金。于是，老老实实地回答："这些现象与德政无关，偶然而已。"

好一个**"偶然耳"**，刘昆的话出口，便引得朝堂一阵欢声。刘秀也笑了，感慨道：**"此乃长者之言也。"**

刘秀赞赏刘昆的质朴忠厚，特意叮嘱左右，将这件事详实记下来。刘昆的忠厚笃实，让刘秀作出决定，将皇太子和诸王小侯等五十余人，全都交给他教导，以期诸皇子皆能受其熏陶，修德进业。

刘昆又重新拿起教鞭，回归到了他的老本行。只是这次他教的学生是储君和皇家子弟。

刘秀让江山社稷未来的当家人跟着刘昆学习，或许正是因为这个缘故，范晔将这位经学家、教育家列入《儒林列传》为儒林第一人。

刘昆的教育显然是非常成功的，刘庄即位后的勤政、勤俭，对母亲孝顺，夫妻和睦，善待长兄废太子刘强，关爱兄弟诸王，成为一代英主，为"明章之治"开了好局。

（刘昆的故事，生成了诸多典故。**"刘昆善政""负子渡河"**等成为后世用以咏颂地方官吏施行德政之典。）

（后人依据这样的历史，又生成了**"感虎渡河"**，并常以此用为赞颂官吏有政绩的典故。）

（**"刘昆反火"**为后世称赞地方官施行德政的用典。刘昆的故事也诞生了比喻施行德政的成语**"反风灭火"**。）

陛下太严了

刘秀召开公卿大会，峨冠博带、衣袂飘飘的大儒们，云集洛阳。

刘秀亲自主持这场最高级别的大会。博士们头戴二梁冠，与全国各地大儒们排着整齐的队伍，走进了南宫中的云台殿。大家按照安排好的座席，依次坐下，只有戴凭一个人孤零零地站着。

刘秀十分奇怪，问道："戴郎中，你为何不入席呢？"

戴凭歪着脖子，目光灼灼，道："那些讲经水平不如臣的人，居然坐在臣的上首，这位次安排，臣无法落座。"

好大的口气！是金非金焰烈而晓也。刘秀微微一笑，手一扬，将这个大言不惭的年轻人招到前面，同诸儒现场讲论比试。

真金不怕火炼，戴凭口气大并非自吹自擂。他引经据典，博征旁引，对答如流，谈经论道引得刘秀频频点头，公卿大会还没闭幕，刘秀将戴凭由郎中提拔为侍中。侍中可入禁中①受事。

戴凭(字次仲)，汝南郡平舆(今河南省平舆县北)人，天才少年，以研习《京氏易》见长，郡里推举他到京城参加明经考试，十六岁的戴凭，由此穿上官服，拜为郎中。

刘秀很欣赏这个儒学造诣颇高的年轻人，多次召见，共同探讨儒学经典。有天，谈论完经典，刘秀说："侍中的职责是匡正朝政之失，辅佐国家大事。你这个侍中，切不要发现问题，有意见闷着不说啊。"

"陛下太严了。"戴凭应声脱口而出。

刘秀一怔，反问："我怎么就太严了？"

"前太尉西曹掾蒋遵，清正忠孝，学通今古，陛下听信谗言，禁锢他，终身不得为官，人人都说陛下严。"

刘秀霎时满脸乌云，眉头拧成川字，呵斥道："**汝南子欲复党乎？**"

"结党"这罪名够大，戴凭也不分辩，起身出大殿将自己绑了，径直走去监狱，请廷尉将他收监。

戴凭自行投狱，刘秀的怒火也熄了，下令戴凭出狱。

戴凭被带到刘秀面前叩头谢恩，沉痛"检讨"，言道："**臣无謇谔〔jiǎn**

---

① 禁中：亦称"禁内"、"宫禁"。指封建帝王宫苑，含日常活动场所，禁卫森严，不得擅入，凸显帝王威严与权力。避王政君之父王禁名讳，一度改为"省中"。蔡邕《独断》载："禁中者，门户有禁，非侍御者不得入，故曰禁中。"

è]之节，而有狂瞽〔gǔ〕之言，不能以尸伏谏，偷生苟活，诚惭圣朝。"

刘秀自然听出了戴凭检讨的话外音，不过是对他的"抗议"和批评。

刘秀没再降罪戴凭，反而让尚书解除了蒋遵的禁锢，将敢于直言的戴凭提拔为虎贲中郎将，以侍中之职兼任。

蒋遵之事，让人们看到了戴凭的心底无私，刘秀的心胸。

（戴凭的"检讨"，形成了成语**"謇谔之节""狂瞽之言""偷生苟活"**。）

谈经夺席

又是一年元旦，普天同庆，群臣穿戴整齐，依照"正旦朝贺"的传统，早早地来到皇宫，给天子拜贺行礼。

大臣们进入宫殿，却发现刘秀已在大殿上搭好了"辩论台"。

原来，刘秀将"正旦朝贺"，改成"正旦说经"，他不再听千篇一律的恭贺新禧的吉祥话，他要听"经义"。

惯常欢乐喜庆的"团拜会"，摇身一变成了一场"大学生辩论赛"。只不过这些"大学生"身份了得，非高官即大儒，全国最高级别的殿堂，此刻，变成了竞技场。

刘秀变身辩论赛"主席"，定下规则："**义有不通，辄夺其席以益通者。**"

辩论失败者，要将坐席让渡给辩论获胜者。王公大臣各自的坐席不再专属于本人，而属于"胜利者"。

这别出心裁的"团拜会"，令戴凭心花怒放。说经开始，戴凭精神抖擞，妙语连珠，一时才辩无双，越战越勇。诸多满腹经纶大师也败下阵来，不情愿地让出坐席，"**凭遂重坐五十余席**"。

戴凭碾压众人，以压倒性优势，五十余席的战绩，登上了"最佳辩手"领奖台，成为无可争辩的冠军。

戴凭一"辩"惊人，他最能说经的名声，如惊蛰前的春雷，在京城的上空绝响，"**解经不穷戴侍中**"的歌谣，如漫天飞舞的雪花，飞出京城，飞越黄河两岸。

戴凭名扬四海，他的名字"戴凭"成为夸赞人博学多才、能言善辩、机智过人的代名词。

以儒学"高峰论坛"庆贺新年，这或许是历史唯一。

（后世也以**"戴冯避席"**用作称颂人擅长经学之典。**"戴凭经""戴凭经席"**用为博学出众或学人元旦集会之典。）

（后人以也以**"夺席才"**比喻善于舌辩之才，**"夺席"**称誉人学识渊博，胜人一筹。**"折戴凭"**赞美学养识见高妙。）

（**"夺戴凭席""夺席谈经""谈经夺席""戴凭夺席""戴凭避席""戴凭重席""重席谈经"**等成为形容人博学精通、论辩过人的成语典故。常常出现在各个辩论赛上。）

戴凭在职十八年，逝于任上。

戴凭离世，刘秀感伤不已，赐东园梓器，钱二十万。

瘦羊博士

"疾学在于尊师。"（《吕氏春秋·劝学》）对教育最强有力的支持，馈赠教师最好的礼物，莫过于尊师重教。荀子曰：**"上事天，下事地，尊先祖而隆君师，是礼之三本。""天地者，生之本也；先祖者，类之本也；君师者，治之本也。"**

天地是生命之根本，先祖是族群绵延之根本，尊崇君主、师长，是天下大治的根本。

刘秀极为重视教育，深明教育之要，以帝王至尊，礼敬师长，每到腊节①，就会给太学里的博士老师们赐羊。这样一来，博士们祭祀先祖

---

① 腊节亦称"腊祭""猎祭"，是古代岁末重要的节日，源于先秦，人们猎禽兽祭祖先与农事神灵，以祈丰收。汉时腊日为冬至后第三个戌日，后固定于腊月初八。秦汉时期，祭祀隆重，魏晋时与佛事融合，唐宋时内容更丰富，明清传承并发展，有祭祀、驱疫、吃腊八粥等习俗，流传至今。

有了祭品，欢欢喜喜过大年，年年如此，成了惯例。

腊节快到了，年羊在众人的期盼中赶进了太学。

只是这年的羊与往年不同，大小不一，有肥有瘦，如果如往年每人分一只，无法体现公平。

博士们聚在一起商量如何分，谁都不想吃亏。大家商议把羊全都杀了，平均分肉，这样才公平。甄宇不等别人发话，操山东方言连说不可。

现场一阵沉默。

分羊肉，不行，怎么办呢？又有博士想出了办法，说："抓阄吧，肥瘦听由天命。"

见大家为那几斤羊肉劳心费神，甄宇啥也不说了，径直走进羊群，挑了一只最小、最瘦的羊牵走了。

众博士见甄宇如此，羞愧难当，双颊泛红，纷纷学着甄宇的样子，你谦我让，不一会儿，羊就分完了。

"瘦羊"事件，如新年的爆竹，在洛阳城噼里啪啦地炸响。人们无不称赞甄宇的谦让和高风。

这件事儿，刘秀很快知道了，会见群臣时，特意问："瘦羊甄博士来了没？"

人们再说到甄宇，不再说甄博士，而是说"瘦羊博士"。

此后不久，刘秀将甄宇调入东宫，为太子少傅，辅佐太子。

甄宇全心全力辅佐东宫，**"卒于官"**。

（**"瘦羊博士"**也成为了有温度的赞美的成语，用来形容那些谦恭有礼、克己让人的人。后世也以**"瘦羊博士"**之典，指能克己让人之士。）

狂奴故态

刘秀求贤若渴，为征召贤人，频频派出使节奔赴隐士们所居之地。

无论是去穷乡僻壤，还是盘绕山路十八弯，也要将贤人延请到朝中来。

刘秀想到当年长安城里彻夜长谈的"老"同学严子陵，那是人才，吩咐下去，让使者去请他。

严光(一名遵，字子陵)，会稽余姚(今浙江省余姚市)人，汉元帝永光五年(前39年)生人，**"少有高名"**，是闻名十里八乡的少年才子。

刘秀与严子陵当年同在长安游学，别看严子陵年长刘秀三十多岁，他那狂放不羁的性格和有趣的灵魂，不像大叔，倒像一个顽皮的小兄弟。他们谈古论今，针砭时事，严子陵的阅历和真知灼见，给刘秀留下了深刻的印象。只是，长安一别，严子陵就像雨点打在水面，失去了踪迹。

使者在会稽、余姚找了一大圈，没找到人。当年兵荒马乱，人们四处避难，刘秀猜想严子陵应该是躲在什么地方，便请人画像，让人拿着画像去找。果然，按图索人效果显著，没过多久，齐国上报**"有一男子，披羊裘钓泽中"**，很像陛下要找的人。

刘秀立即让人备上安车，带上玄纁之礼，前后去了三趟，才将他请到洛阳。

刘秀太忙，一时无法抽身，没能召见严子陵，便将他暂时安置在军营。

严子陵躺在软床上，太官殷勤地伺候着，虽然天子的龙颜还没见到，"委任状"可是到了——谏议大夫。

刘秀让严光进入他的智囊团，这是多少人挖空心思求都求不来的美差，严子陵眼皮子都不抬，拒了。

大司徒侯霸(字君房)，得知老朋友到了洛阳，忙派手下侯子道去请。

严子陵靠在床上，曲着双腿。

侯子道说："司徒大人听说先生到了，本想立马拜访您，无奈公务繁忙，走不开，差小的给先生您送信，邀请先生黄昏时去大司徒府一叙。"

侯子道双手呈上手信，严子陵接过，扫了一眼，慢条斯理道："这个君房素来痴傻，高居三公了，难道有所改变了吗？"

侯子道摆手分辩，他的主人已高居三公，怎么会痴傻！

严子陵哼了一声，反问："你说不痴，难道不是痴话吗？天子征我，征了三次，我才来，哪有天子还没见，先去见人臣的？"

侯子道脸涨得通红，窘迫得手脚不知怎么放。

严子陵见状有些过意不去，丢给他一个信札，说："我说你写，拿回去给侯霸交差吧。"

严子陵口授："君房先生，做了三公很好，怀着仁心辅以道义，天下都高兴，若一味地阿谀皇帝的旨意就应当砍头。"

侯子道嫌信的字数太少了，央告多写点。

严光嬉笑道："**买菜乎？求益也？**"又不是买菜，哪里有的还讨价还价的，侯子道不好再求了，快快返回。

侯霸得信，忙转呈给了刘秀。

信中只有一句话："**君房足下：位至鼎足，甚善。怀仁辅义天下悦，阿谀顺旨要领绝。**"

刘秀忍不住大笑，连说"**狂奴故态也**"。

看来严子陵的"狂"不是一天两天，当年刘秀没少叫他"狂奴"。

刘秀当即放下手头上的政务，来看严子陵。严子陵躺在床上不起来。刘秀猜他是装睡，笑着坐到床边，拍拍严子陵，看他没有反应，摸着他的肚子说："唉呀，你这个老严啊，难道就不能来帮帮我吗？"

过了好一会儿，严子陵睁开眼睛，盯着刘秀，道："上古德行很高的尧帝，想禅让天下给许由，许由听到这话就觉得污了耳朵，赶快到溪边洗耳朵，巢父嫌许由洗耳污了河水，饮牛都要牵到上游去。人各有志，我喜欢自由自在的乡野生活，朝堂真不适合我，你何必强迫我做官呢？"

严子陵只想过自由自在的生活，做一个隐逸之人。刘秀无奈，长叹一声："子陵啊子陵，你就不能来帮帮我吗？"

严子陵不愿意，刘秀也不能牛不喝水强按头，只好闷闷不乐离去。

刘秀了解严子陵的才能，很想留下他。第二天将子陵请进皇宫。二人仿佛回到了当年长安求学时候，无拘无束，说到开心处，严子陵手舞足蹈，依旧是过去狂傲不逊的样子，刘秀不失时机地有意问："我比起过去怎么样？"聪明的严同学自然明白老同学话里有话，但他并不接茬，而是顺着问话搪塞，"陛下比过去胖了点儿"，刘秀明白再多说也无用。

严子陵的回答既顾及了老朋友的面子，又委婉拒绝了安排。

人常说见什么人，想起什么样的生活。

"不喜饮酒"的刘秀见到老朋友高兴，小酌了几杯，二人醉意朦胧，又像读书时那样，挤在一个床榻上。睡到半夜，也不知是有心还是无意，严子陵的臭脚丫子伸到刘秀的肚子上。

天刚蒙蒙亮，太史官就急匆匆进了宫，神色慌张地报告：**"客星犯御坐甚急。"**

刘秀哈哈大笑，摆摆手："不必慌张，我与老友同榻而眠，是他踢到我了。"

刘秀化解了严子陵的尴尬，也消除了太史官的"担忧"。

史书中这一段的描述特别有意思，文字不多，内容含蓄，却将"皇权天授"的思想表达得淋漓尽致。

严光在京城玩耍了几日，回到富春山，穿着他那件老羊皮袄，继续垂钓富春江，渔樵耕读，过着怡然自得的生活。

严子陵与刘秀的故事还有一个版本，这个版本中严光、刘秀都带有烟火气，但二人的形象，比"不忘""不怨"逊色了许多。

《太平御览》卷五："《后汉书》曰：严光，字子陵。与光武为友。后光武登祚，忘之，光怨帝。是时，太史云：'天上有客星恨帝，'帝曰：'岂非朕故人严子陵乎？'遽命征之。夜与子陵共卧，光以脚加帝腹。太史奏：'客星侵御座。'子陵缩脚，客星寻退。竟不仕。"

严子陵走了，刘秀很窝火，写信数落严子陵："古大有为之君，必有不召之臣。朕何敢臣子陵哉！惟此鸿业，若涉春冰，辟之疮痏，须杖而行。若绮里不少高皇，奈何子陵少朕也。箕山颍水之风，非朕之所敢

望。"（清·王符曾《古文小品咀华》）

两人是老朋友，玺书也就多了一分"不留情面"。之所以招他来，并非要使唤他，也不敢使唤他。只是自己刚开创大业，百废待兴，就像在天气转暖即将融化的春冰上行走，好比生疮疡的病人拄着拐，唯恐摔倒一样，需要帮忙罢了。并以《孟子》的"故将大有为之君，必有所不召之臣"之语，表明自己的雄心壮志，做有作为的君主，以西汉著名隐士"商山四皓"为例，"批评"严子陵的不应该。

刘秀不满地问老友："皓首苍颜的绮里季未曾轻视高皇帝的出身而出山尽力赞襄，你为何小觑我？"

刘秀并不认为许由、巢父避居箕山颍水，就是不慕虚荣的高尚志节。在他的观念里，不为国家做事，就算不上高节。

玺书言辞简洁，客气的语气中，帝王的霸气侧漏。王符曾（字锡周）认为："字字精悍"，"埋怨得妙"，"两汉诏令，当以此为第一"。

严子陵耕读垂钓，纵情山水，过得逍遥自在。

建武十七年，刘秀再次征召严光入朝为官，结果一如从前。子陵以八十岁高龄终老泉林。

严子陵终成刘秀的遗憾，消息传到洛阳，**帝伤惜之，诏下郡县赐钱百万、谷千斛**。

严子陵在刘秀的生命里正式告别。但是严子陵的故事，并没有因为他的离去而消散。

严子陵将最自己所想到的重要的治政思想和盘托出，使命完成。知道自己生性散淡，不适合为官做宰，勉强上任，也不会是个勤勉好官，很可能是庸官懒官。与其人浮于事无所作为，不如空出位置给更适合的人。

严子陵隐居乡间，并未"拉虎皮做大旗"。

有的人挖空心思"贴"关系，严子陵却从未利用这样的"关系"为自己谋取私利；他被天子玄纁安车三番邀请，"声望"如日中天，可是却从未利用"声望"做任何事情。

古人常说"修身齐家治国平天下"，严子陵的做法显然并不是读书人最可取的，但他虽未"兼济天下"，却能"独善其身"，本分地做好自己，不给社会添乱。在繁华的世界里，保持着一颗恬淡的心，从这点说来，也算是为国家的另一种效力。

人生一世，服务社会，回馈社会，人生才更有价值和意义。但是当自己不具备或者无法具备这样的"能力"时，那么"独善其身"，"完善自我"，这也不失为对社会的另一种贡献。

（此后，"**文叔**"成典，后世常用作君主不忘旧交。）

（"**客星犯御座**"比喻天子遭受困厄之典。）

[典故"**足加帝腹**"（汉光腹、客星、骄同卧、严足、足磨汉榻、太史惊同寝等），后用以指隐士放达不羁，不拘常礼；也指平民接近皇帝。]

[后世将严子陵垂钓之地称谓"**严陵滩（濑）**""**子陵台**""**严陵钓**""**钓矶**"等意为隐居之地；"**羊裘垂钓**""**垂钓严生**"等也成为比喻避世隐居的用典；"**狂奴故态**"喻傲世隐者之典；"**羊裘叟**"常用咏隐逸高士之典。]

（形成的"**阿谀顺旨**""**相助为理**""**狂奴故态**"等成语。这些典故，成为刘秀与严子陵之间美好过往的见证。）

（"**君房痴**""**买菜求益**"成典，前者用为执着怀念故友，或讥讽老友固执犯痴之典，后者演变成比喻斤斤计较之典。后人因用"**痴儿鼎足**"或"**痴儿成事**"作为不羡慕达官贵人的典故。）

[还有一个美丽的误会，误将此严遵认作严光。历史上确有严遵（字君平），蜀人，是汉赋大家扬雄少时的老师。当年隐居成都卖卜（算卦），因势利导，引人向善，"日得百钱，即闭户下帘"，传授《老子》。"以著书为事"，"注。《老子》二卷。又注。《老子》指归一十卷"。严光与严遵相同之处—"不仕"。严遵说："益我货者损我神，生我名者杀我身，故不仕也。"严遵"年九十卒"，严光"年八十，终于家"。刘秀登基时，严遵已经作古。二人本姓庄，因避刘庄讳改姓严，后保留此姓。]

人各有志

同学严子陵不仕，刘秀没有强求，不是他同学的其他士人，刘秀同样不强求，更不会因爱而不得而生恨。

太原郡广武县(今山西代县南)的逸民周党(字伯况)，被征召为议郎。闲散惯的周党，对仕途一点儿不热衷，正好生病。于是，以病离职，与妻儿住在黾池。刘秀看中他的才学，再次征召，周党不得已，就穿着短布单衣，头上裹着穀树皮做的头巾，衣冠不整去到尚书台。等到刘秀召见，周党只俯下身子，不叩头礼拜，说自己想坚守平生的志向。

周党"伏而不谒"，博士范升认为周党是惺惺作态，故作清高，其实是夸上求高，沽名钓誉。

刘秀却说："**自古明王圣主，必有不宾之士。伯夷、叔齐不食周粟①，太原周党不受朕禄，亦各有志焉。**"

刘秀不忍强迫周党，赐周党帛四十匹，让他放心回家，继续过他的飘逸日子。

(这也是成语"**不宾之士**""**人各有志**"的由来。)

天下赖其便

经济是国家的命脉，货币是经济的血液，是经济运转的不可缺少的媒介。

东汉王朝建立十多年了，经济秩序依旧十分混乱，新朝的货泉与布帛、金、粟间杂使用，甚至退回到了以物易物的自然经济状态，给百姓生活带来极大不便，对国家经济发展也极为不利。

马援在陇西时就上奏重铸五铢钱。这个提议，被三公以十三条意见驳回而搁置。

建武十六年，马援调职回京，第一时间去三公府找出被搁置的奏

---

① 不食周粟：指商朝末年伯夷、叔齐在商亡后，拒食周朝粮食，隐居首阳山，采薇而食，最终饿死。此典故生动地展现出坚守高气节、忠贞不二的精神，常形容人在面临重大变革时的坚定立场。

疏，对十三条反对意见，一一解释注明，然后重新上奏。刘秀欣然采纳，复铸五铢钱，史称"**天下赖其便**"。

重铸五铢钱，统一了货币，国家的经济力量得到加强，中央集权的政治制度也进一步获得经济上的保障。

四亲庙

建武二年正月，刘秀在洛阳立高庙①，四时袷祭西汉的各位皇帝。"**高帝为太祖，文帝为太宗，武帝为世宗，如旧。**"

建武三年正月，刘秀又在洛阳设立亲庙，"**祀父南顿君以上至舂陵节侯**"。

刘秀既袷祀西汉皇帝，又尊祭自己的父祖。

到了建武十九年，五官中郎将张纯"**以宗庙未定，昭穆②失序**"与太仆朱浮联合上奏，"**舂陵四世，君臣并列，以卑厕尊，不合礼意……宜除今亲庙**"。

大司空窦融建议："**宜以宣、元、成、哀、平五帝四世代今亲庙，宣、元皇帝尊为祖、父，可亲奉祠，成帝以下，有司行事，别为南顿君立皇考庙。其祭上至舂陵节侯，群臣奉祠，以明尊尊之敬，亲亲之恩。**"

刘秀接受建议，建武十九年(43 年)正月十五，在章陵老家正式立

---

① 高庙：祭祀汉高祖刘邦的宗庙。象征着汉朝正统起源，其规模宏大，祭祀规格高，由皇帝亲自主持或委派要员进行，彰显汉朝合法性与传承性。祭祀遵循严格礼仪规范，祭品顺序、人员站位、祭文诵读等皆有规。祭祀频率较高。如新年、登基、重大胜利等重要节点，皆行祭礼。

② 昭穆：《礼记·祭统》曰："夫祭有昭穆，昭穆者，所以别父子、远近、长幼、亲疏之序而无乱也。是故，有事于大庙，则群昭群穆咸在而不失其伦。此之谓亲疏之杀也。"

"四亲庙"①，祀自父亲至高祖四辈。（南顿君刘钦称皇考庙，钜鹿都尉刘回称皇祖考庙，郁林太守刘外称皇曾祖考庙，节侯刘买称皇高祖考庙）。

刘秀遵循昭穆制度，以汉宣帝、元帝、成帝、哀帝、平帝五帝四世取代原来的"南顿四亲"庙，以西汉法统继承人身份认祖归宗，尊奉汉元帝为宗法上的父亲，追尊汉宣帝为中宗，以强化法统地位，深远影响了古代政治文化。

宗法关系确认上，刘秀略过汉成帝及汉哀帝、汉平帝。在洛阳高庙祭祀高帝、文帝武帝的同时，以儿子、孙子的身份，在洛阳高庙祭祀汉元帝汉宣帝，他的亲爹和亲爷爷等四世由大臣在考庙祭祀。

"时宗庙未备，自元帝以上，祭于洛阳高庙，成帝以下，祠于长安高庙，其南顿四世，随所在而祭焉。"

后来，刘秀及继任者时常回老家章陵，在"四亲庙"祭祀四亲祖上。

《礼记·王制》载："天子七庙，三昭三穆，与太祖之庙而七。"

宗庙的排列次序，始祖居中，左父为昭，右子为穆，是为昭穆制度，以此强化家族内部的等级秩序和明晰传承关系。在昭穆的排列中，父子始终异列，祖孙则始终同列。这也成为时至今日民间祠堂神主排位次序。

历代帝王为了维护儒家宗法制度，皆设立七庙来供奉血脉相承的先祖。如果了解了一千多年后明朝"大礼仪之争"的血雨腥风，也就明白刘秀的妥协，巧妙地化解了一场政治风波。

"四亲庙"的设立，是刘秀在新的历史时期，在"中兴"与"创革"两种观念交织的背景下，积极探求政治合法性和正统地位的努力，反映了东汉初期对于法统和宗庙制度方面的探索与调整，推动了东汉宗庙制度的不断完善和发展，成为古代政治文化的重要组成部分，为后世王朝的宗庙建设和祭祀制度所借鉴和参考，对后世的社会治理和文化传承产生

---

① 四亲庙：即高祖、曾祖、祖、父四亲之庙。是为天子七庙中的一部分。七庙：本指四亲庙、高祖之父和祖父的二祧庙和始祖庙。后泛指帝王的宗庙。亦以"七庙"为王朝的代称。古代宗庙制度严格，天子立七庙，诸侯立五庙，大夫立三庙，士立一庙，庶人无庙，依此区分亲疏贵贱。

了深远的影响。

"四亲庙"展示了刘秀对根脉的坚守、对家族和祖先的尊崇，有助于传承家族文化和礼仪，大力弘扬孝道等传统美德。章陵祭祀作为东汉皇家祭祀的重要组成部分，承载着家族荣耀与责任，引领当时社会的家族观念和祭祀文化，维护促进了社会稳定及文化传承与发展。

"四亲庙"祭祀对象为刘秀的家族先辈，其祭祀规格、礼仪程序、隆重程度等稍逊专门祭祀刘邦的"高庙"一筹。

马援铜柱　马留人

建武十六年，交趾女子征侧、征贰拉杆子造反，占领了五岭以南六十多座城池，九真、日南、合浦等南疆边郡也乘机反叛。

刘秀拜马援为伏波将军，讨伐二征。

建武十七年，55岁的马援以扶乐侯刘隆为副将，率二万将士以及大小战船2000余艘，水陆并进，开赴交趾，在崇山峻岭中开山辟路，过海渡水，追剿二征。

建武十九年正月，汉军捕杀二征，传首洛阳，马援功封新息侯，食邑三千户。

嘉奖到达军中，**"援乃击牛酾酒，劳飨军士"**。

宴会上，马援思绪万千，同众人说他的堂弟马少游曾劝过他："**士生一世，但取衣食裁足，乘下泽车，御款段马，为郡掾史，守坟墓，乡里称善人，斯可矣。致求盈余，但自苦耳。**"

马援说到这儿，提及追敌在浪泊、西里间，"'**下潦上雾，毒气重蒸，仰视飞鸢跕跕堕水中。**'以为要交代在那里了，想着少游弟所言，真不知怎样才能实现。今幸赖大家共同努力，蒙皇恩，侥幸先行纡佩金紫，实在是既高兴又惭愧。"

马援的话音落地，众将士山呼万岁。

［马援这席话，生成了："马少游""求赢余""泽车款段""款段""乘款段""下泽车""少游车""少游乡里""百年须下泽""马游""款段乘春""飞鸢〔yuān〕跕跕〔dié〕""跕跕(飞鸢)""跕鸢""跕鸢堕水"等诸多典故。］

庆功宴后，马援率军追剿二征残余，又斩获五千余，彻底平定了岭南。马援整理修订了越律，并将与汉律不相同的十余条进行公示，申明以旧制度加以约束，骆越人表示遵守马将军旧制，**"奉行马将军故事"**。

（**"马将军"**成为典故，与"马革裹尸"同典。）

马援带领汉军在岭南开展爱民行动，帮助地方修缮城郭、修渠引水，修桥筑路，开山凿石修海防线，一直到修到象浦县（治所在今越南广南岘港省维川县南茶轿），**"立两铜柱于林邑岸北"**，作为大汉朝领土的**"南极之界"**。确定了与南面的西屠国（古国名，今越南南部）分界线，马援在铜柱上加铸铭文，正告天下人，疆界之内的土地都是大汉国土，国土上的臣民都是大汉子民。

马援留下十几户愿意戍边的汉军家庭，让他们守卫疆界。

"铜柱折，交趾灭"的歌谣，开始流传。

一千多年后，广东番禺人，明末清初著名学者屈大均，在他的诗句中特别注明："何时铜柱折，吾见灭南蛮（粤谣云：'铜柱折，交趾灭'）。"（屈大均《廉州杂诗 其一》）

马援"铜柱"，确立了国家南端边界，是国家统一观念在西南边境的具体体现。

［后以**"(马援)铜柱"**、**"伏波铜(标)柱"**、**"铜柱楼船"**、**"马(援)柱"**等为典实，用以表示建功立业，以喻沙场立功。**"马将军"**等典故。］

［马援班师回朝，留下了十几户汉军家庭，"居寿泠岸南，而对铜柱"（寿泠县属日南郡，治所在今越南平治天省广治县北广治河东岸），被称为"马留人"，他们全以"马"为姓，到北魏时期，繁衍了二百户，到隋时已达三百户，语言、饮食、习俗同中原一样。］

（《水经注》卷三十六："《林邑记》曰：建武十九年，马援树两铜柱于象林南界，与西屠国分，汉之疆也。士人以之流寓，号曰马流，也称汉子孙也。"）

马革裹尸

建武二十年秋，离家三年的汉军，终于班师回朝了。

凯旋的队伍还没到洛阳，马援的亲朋故旧们就出城迎接，以睿智著称的孟冀也在迎接的队伍中。

刘秀奖励马援一个大礼包——食邑三千户。

得到如此的大封赏，马援心里很是忐忑，当年汉武帝的伏波将军路博德开制七郡，封赏不过数百户。

马援期待智者孟冀能开示一二。然而，孟冀也同众人一样，说着恭贺的话，着实让他有些失望。

"您怎么也这样说呢。**功薄赏厚**，这样怎能长久呢？先生可有什么好主意，指点一二？"

"我没想到啊！"

孟冀认为奖赏是马援提着脑袋换的，理所应当，享受生活也是应该的。

而马援却说，热血抛洒在卫国前线方为好男儿。一旦战死了用马皮一卷，拉回埋了便是，岂可绊于儿女情长，在温柔乡中消磨时光？那简直就是浪费生命。**"男儿要当死于边野，以马革裹尸还葬耳，何能卧床上在儿女子手中邪！"**

马援稍作休整，便又请旨去了北方，打击扰境的匈奴人、乌桓人。

（这也是成语**"马革裹尸"**的由来。）

马援黄钟大吕之壮语，洞穿历史幽幕，激荡岁月与梦想，合壮志而鸣，响遏行云，振聋千秋，发聩万代。"马革裹尸"已然深植于民族魂髓，为精神脊柱、神圣徽帜。千百年来，引领华夏儿女，为家国兴昌，超越生死，前赴后继，正是赖此坚不可摧之民族硬核，中华民族于风云之中，昂然峙立，向光而进。

乐此不疲

刘秀总揽朝政大权，兢兢业业，堪称帝王中的"劳模"。范晔这样评价：**"帝虽身济大业，兢兢如不及，故能明慎政体，总揽权纲，量时度力，举无过事。"**

刘秀处理朝政事务非常谨慎，从不假手于人。因此，朝政没有出现什么失误，也正是如此，他总能发现问题，并及时纠正。

刘秀在处理各类奏章时，发现奏章受理程序复杂，凡是上报朝廷的，一律用青布囊包裹密封，不合规的还不能上报。上报后，在北军等候批复，不仅奏章受理程序复杂，而且上报过程也十分缓慢。有时，前后相属，持续数月才有结果，很容易误事。

刘秀下令删繁就简，调整更改，亲自快速处理重要事宜。

更改后，大清早有当见及冤结者，日出时分，即派驲骑驰出召入，其余使者等在门外，处理结果出来，立即出报。陛下亲自快速处理，**"远近不偏，幽隐上达，民莫敢不用情。"**

刘秀每天处理政务速度惊人，他的记忆力同样惊人。下到各地视察，说起十几年前的事儿，如数家珍，像才看了文档一样清楚，大臣们谁都不敢马虎，更不敢在他面前作假说谎。

刘秀深入民间调查研究，派专员采集民谣，通过民谣了解百姓疾苦，经常召集公卿郎将等官员，面对面交流，广泛了解民间的疾苦；认真听取广大人民群众的声音，制定有益于百姓的方针政策。

他每天天不亮就上朝，一直忙到天黑，**"旦听朝，至日晏"**，不是听工作汇报，就是讨论时政，还要询问各地情况，有时还将退休的功臣请来，参与议政，国事政毕；又同他们谈古论今，听取各自所了解的基层情况，比较基层官员的工作能力，说一说社会状况，恨不得把一天掰成十天用。

刘秀从经典中学习治国之道，汲取历史上治乱兴衰的经验教训，甚至在战事十分紧张，敌人的战书每日多达数百份，烦忧的事儿一大堆时，仍见缝插针，研习经艺。处理政务常常是忙到半夜，喘口气，继续**"夜讲经听诵"**，经常带领公卿郎将，谈经论道至深夜，**"数引公卿、郎、将讲论经理，夜分乃寐"**。

看着胡子花白的父皇夜以继日地忙碌，皇太子心疼不已，劝父亲爱惜身体，适当调节工作，轻松一点才是。

刘秀笑着安慰儿子说：**"我自乐此，不为疲也。"**

儿子的关切，在忙碌的刘秀心中添了一抹父子间的温情。

（这是历史典故**"夜分讲经"**以及成语**"乐此不疲"**的由来。）

南顿念民治

刘秀用脚步丈量着东汉王朝的土地，足迹遍布黄河两岸、大江南北。

建武十九年，金黄的稻田在秋风的吹拂下，宛如金色的织锦散发着耀眼的光芒。南下视察的刘秀心旷神怡，脚步轻快来到南顿县，这里曾是父亲工作过的地方。走进县衙，刘秀仿佛又看到母亲温柔的笑容，父亲忙碌的身影，倍感亲切和温暖，当即宣布免除南顿县田租一年。

在场的一位老者叩头谢恩，说道："当年皇考在南顿主政多年，陛下对县衙的一草一木都很熟悉，就跟回家一样。每次回来，都给我们厚重的赏赐，请求免除南顿县十年田租。"

刘秀温和地说道：**"天下重器，常恐不任，日复一日，安敢远期十岁乎？"**

看似说田租，实则是刘秀对自己的鞭策。治理天下责任重大，他必须全力以赴，慎之又慎，加倍努力。

刘秀没有责备老人过分的要求，世事变化无常，不敢保证十年，一两年还是可以的，刘秀为南顿又多免了一年田租。

（这也是成语"日复一日"的由来。）

中东门君

建武十七年(41年)冬十月，刘秀废黜了郭圣通的后位。这件事令一向遵守礼教，奉行礼制，就连坐、立、行走、躺卧等日常小事都要符合礼制的张湛备受打击。天子破坏了这个法则，他实在接受不了，本来身体就不太好，在这件事后更是意志消沉，此后**"称疾不朝"**。

张湛是将"礼"刻在骨子里的人，建武初年，时任左冯翊的他，告假回老家平陵，远远看见县衙，便下马牵着缰绳步行。随从认为他已是郡里的最高长官，地位尊贵，**"不宜自轻"**，自贬身价。张湛却不以为然，认真地说："按照礼'**下公门，轼辂〔lù〕马**'，过去大夫、士人经过国君门口要下车步行，遇上国君的车马要凭轼致敬，孔子在乡亲面前恭恭敬敬，何况我回到自己家乡，尽礼数是必需的，也是应该的，怎么会是自贬身价呢？"

建武七年，张湛不康而申请辞官。刘秀不舍，便将他的职位稍作变动，由光禄勋改任光禄大夫、太子太傅，调去东宫教导八岁的太子刘强。张湛在太子身边陪伴了十年，见证了太子也从懵懂的始龀之年一步步成长，直至蓬勃的舞象之年，出落为温文儒雅的谦谦少年，张湛十年之中无疾。直到太子母亲郭圣通失去后位，刘强从嫡子变成了庶子，尽管尚未波及太子之位，但张湛却"病倒"了，而且"病势沉重"。

张湛为何"一病不起"，刘秀心知肚明，但也不点破。只是将他的职务又稍微降了降，拜为太中大夫，让他住在中东门候舍①养病。

张湛此后便小病大养，"病号"泡久了，人们都称呼他"中东门君"。

---

①　候舍：接待过往官员或其他宾客的馆舍。

刘秀对这位长期"病重"不能上朝的"中东门君"表现出了极大的耐心和关怀，经常派人去候舍探望，**"数存问赏赐"**。

建武二十年夏，刘秀思量起用已养病三年的张湛任大司徒。

张湛步履蹒跚来到南宫，自陈病重实在无法履职，"水龙头"没关住，在朝堂上湿了裤子，刘秀也只好作罢。

一向"慎独"的张湛，在众僚眼前天子面前"放水"，许是真的无法控制，或许就是为了内心的坚守，不得已将自己"逼上梁山"。

走出皇宫，张湛得到旨意，可以告老还乡了。

张湛回家数年后，离世。

对于个性矜严有礼，对礼法推崇备至的张湛来说，有些变动实在无法接受，更难"消化"，无能为力时，只能"委屈"自己，保全心中的那一点点"净土"。或许刘秀早就看穿了这一切，才一直让张湛住在官舍安心"养病"，想着有朝一日他能"开悟"。

慎无赦而已

建武二十年，吴汉病倒，病势迅猛，刘秀亲临探望。

吴汉贵为三公，手握国家最高兵权，位极高权极重，生活却十分简朴，除了封邑并无其他财产，居所简朴，只修了里宅，未建大宅，所得赏赐悉数分给部属。当年妻子趁他出征在外购置了一些田产，被他狠狠责备，**"军师在外，吏士不足，何多买田宅乎"**，将购得的田产悉数分给了亲友。

吴汉自建国伊始担任大司马，一晃二十年了。自慎的吴汉，从未以权谋私，更未向刘秀提过要求，要告别这个世界了，刘秀想知道老兄弟有什么未了的心愿。

吴汉强睁开眼，气若游丝："臣愚昧无知，唯愿陛下不要轻易赦免犯罪而已。"

吴汉此言也包含不要轻易地赦免他之意。

东汉政坛采取的是举荐负责制，三公之间同样互负连带责任，时任大司徒戴涉受所举荐官员盗窃牵累入狱，窦融受戴涉牵累被免去大司空之职，刘秀并未免吴汉的大司马。这让病中的吴汉深感不安，他感激陛下的宽大，可是这有违规定，于国家不利，是规矩就得遵守，吴汉认为他也不能例外。

除此之外，吴汉发现有些罪犯即使赦免也不知感恩。比如，张步趁刘秀西征之际，逃出洛阳召集旧部，企图东山再起，为了国家，他最后一次谏言尽忠了一辈子的老兄弟——"慎无赦"。

忠勇一生的吴汉，垂危之时所牵挂的仍是国家的未来。

刘秀为吴汉举行了"国葬"，发北军五校、兵车、甲士送葬，追谥忠侯。诏令全国儒生写文颂扬吴汉，此举实不多见。因得罪县令被捕入狱的杜笃(字季雅)所写"大司马吴汉谏"，旨远辞高，刘秀因此给其免刑，奖丝帛。杜笃传承了吴汉的勇敢，随马防将军上战场，最终为国捐躯。

刘秀让大司马之位"空悬"多年(刘隆代理非正式)，直到建武二十七年改为太尉，赵憙上任，吴汉的大司马才隐入历史。

矍铄哉是翁也

建武二十四年，武陵五溪蛮夷叛乱，前去讨伐的武威将军刘尚全军覆灭。马援积极请战。

此时，刘秀也五十出头了，精力体力都大不如从前，马援比他还大上十岁，他爱护马援，不希望年老体迈的马援再去冒这个险。

建功立业是马援的人生信条，为国家马革裹尸义不容辞，死在保家卫国的沙场，才是男儿本色。马援强烈要求上阵："**臣尚能被甲上马。**"

刘秀拗不过，只好让他上马试试看。

马援披甲上马，**"拒鞍顾眄〔miǎn〕，以示可用"**。马援在马背上左顾右盼，精神抖擞得就像一个小伙子，一下子将刘秀逗笑了，遂改变了主意：**"矍铄哉是翁也！"**马援如愿以偿，62岁的他重上战马。

只是，此次出征，军中有诸将多是勋贵之后权臣子弟，马援倍感压力。出征前夜，同好友谒者杜愔诀别。

马援说自己不怕为国家而死，总想着年纪大了来日不多，不能为国而死。终于有机会为国而死，甘心瞑目，只是担心那些权贵子弟，实难伺候。

"吾受厚恩，年迫余日索，常恐不得死国事。今获所愿，甘心瞑目。"

正是这些权贵子弟，让闭上双目的马援，深陷漩涡之中。

（此段历史为成语**"甘心瞑目""拒鞍顾眄"**的典源。）

（**"马援据鞍""据鞍"**成典，形容人老当益壮，思建勋业。）

薏苡明珠

建武二十五年春，马援率领中郎将马武、耿舒、刘匡、孙永等带领十二郡的募士(百姓自愿应募听命入伍，也称应募士)以及弛刑徒(解除枷锁的刑徒)四万余人，浩浩荡荡杀向武陵五溪。

大军抵达临乡(今湖南省桃源县西)，赶上武陵蛮攻城，马援果断出击，武陵蛮丢下二千余具尸体，遁入林中。

汉军追击蛮兵，直捣巢穴，行军至下隽(今湖北通城县西北)，发现有两条道可走。

水路距离较近，山高水险，难走；陆路取道充县，距离较远，道路平坦，好走。

耿舒提议走路平的充道，有保障。马援认为走充道费时费粮，**"不如进壶头，扼其喉咽，充贼自破"**。二人争执不下，报请刘秀定夺，**"帝从援策"**。

刘秀、马援都小瞧了五溪蛮兵。蛮兵占据壶头山有利地形固守关隘，**"水疾，船不得上"**，汉军被生生绊住，进退不得。

时值盛夏酷暑，一路行军，人马疲乏，军中多人中暑，暴发了疫情，**"士卒多疫死"**。

焦急的马援顾不上自己的安危，走进营帐查看情况，不幸染病。将士们凿了个石洞，让虚弱的马援暂时栖身**"以避炎气"**。

顾盼生辉的矍铄老头，今如秋日寒风中的野草，强撑着身体，摇摇晃晃查看敌情，将士们心疼得泪眼婆娑。

耿舒给哥哥耿弇写信，埋怨马援固执己见，导致军困壶头。大军抵达临乡时，蛮兵正在攻城，本可趁夜色包围剿灭，战机却又被马援贻误，如今队伍内疫病流行，军中将士都快愁死了。

耿弇将书信转呈给了刘秀，刘秀心中不快，让虎贲中郎将梁松前去军中问责，代为监军。

梁松抵达壶头时，马援已闭上了眼睛，践诺了他马革裹尸的誓言。

诸将为撇清自己，推脱责任。梁松与马援曾结有梁子，挟私报复，两方心照不宣，联手构陷马援。

梁松的奏章成功地点燃了刘秀的怒火。对马援不满的人纷纷落井下石，有人指控马援四年前从岭南归来，拉了一车珍宝，**"前所载还，皆明珠文犀"**，全都被马援私吞了。

"明珠文犀"其实是马援拉回来的做种子用的薏苡仁。

当时马援征交趾，二征藏匿山林，林中瘴气弥漫，**"军吏经瘴疫死者十四五"**。

有人献上良方，吃薏苡仁可以"抵御"瘴气。马援吃后，觉得有效，中原没有薏苡，如果能够种植，将士们以后也就多了一份保障，从交趾凯旋时，便用军车拉了一车薏苡仁，打算试种。

由此埋下祸根！

墙倒众人推，马武、侯昱等人明哲保身，上书只说明薏苡的形状，至于是什么，让刘秀自己猜测，这样一来**"帝益怒"**。

暴怒的刘秀收回马援的新息侯印绶，马家人不知道发生了什么，惶恐不可终日。马援生前宾朋故旧噤若寒蝉，无人敢为马援发声。马援遗体拉回，**"宾客故人莫敢吊会"**，只有马援的儿时伙伴云阳令朱勃抱打不平，无奈人微言轻，并不能改变结果。朱勃黯然神伤，辞官归田。

马家不敢在马家老坟地安葬马援，在城外买了几亩薄地草草下葬，马夫人和侄儿马严将自己捆绑，草索相连，战战兢兢地到朝廷请罪。刘秀将梁松的奏章拿给他们看，马夫人这才知道丈夫遭人暗算。

马夫人上书申诉冤情，上书六次，**"然后得葬"**，马援这才入土为安。

常言道否极泰来，当人生跌入低谷的时候也是上升的开始。建武二十八年，马援的小女儿13岁的马氏选入太子宫，刘庄即位后，封为皇后，成为刘庄的事业伙伴，在历史上留下浓墨重彩的一笔。

刘秀故乡枣阳白水寺，有台湾马氏族人捐资兴建的"三马亭"，纪念东汉开国的三位马姓英雄马援、马武、马成。

（马援蒙冤历史生成了成语**"明珠文犀""薏苡明珠"**，以及典故**"薏苡之谤""伏波薏苡""珠薏余生"**等，用以比喻歪曲事实构陷他人或蒙不白之冤之典。）

恃恩失恩荣陨

建武二十五年，刘秀将从马援那里收回来的新息侯印绶，转手赐给了已免职两年之久的朱浮。

刘秀的一众文臣中，朱浮是个"特别"之人。刘秀深爱其才，曾委以重任，即使他**"败乱幽州""徒劳军师"**也未追究，还将其提拔到三公之位，位极人臣。然而，此人最终为刘秀所恨，成为警诫官员的反面教材。

当初，吴汉斩杀了幽州牧苗曾，刘秀将自己的主簿、偏将军朱浮提拔为大将军，空降为幽州牧。

朱浮到了幽州就与渔阳太守彭宠发生龃龉，闹到水火不容的地步。朱浮仗着刘秀的信任，常私下打小报告。在朱浮又一次状告彭宠山谷存粮居心叵测时，彭宠愤而打上门理论，朱浮写了封文采飞扬却非常尖酸刻薄的信，借朝廷做"大棒"，边打边骂，没有一个脏字，就将彭宠骂得体无完肤。

（这就是著名的《为幽州牧与彭宠书》，被昭明太子萧统选入《昭明文选》。）

朱浮讽刺彭宠是"辽东白豕"，"**以为功高天下。往时辽东有豕，生子白头，异而献之，行至河东，见群豕皆白，怀惭而还。若以子之功论于朝廷，则为辽东豕也。**"斥责其萌生叛心，犯下谋逆之大罪，与天子作对，犹如孟津捧土，拉出耿游侠（耿况）贬低斥骂彭宠狂妄自大，自毁于美好时代，活着被人耻笑，死了也是个蠢鬼，警告彭宠，"**凡举事无为亲厚者所痛，而为见仇者所快**"。

彭宠暴跳如雷，气得肝儿疼，彻底走上了朱浮为他"规划"的反叛之路。

朱浮被彭宠困在蓟城一年多，后由耿况救出城。

建武五年，彭宠之乱平定。

尚书令侯霸上奏，朱浮败坏幽州导致叛乱，又弃城逃跑，罪该杀头。

刘秀赏识朱浮坚守孤城的忠贞，怜其才华，将他调离幽州，徙封父城侯，替代贾复，成了威风凛凛的执金吾。

东汉初年，刘秀对官员非常严格，特别是对高官要求更高，官员有一点小过失就被罢免，公卿官员不是在上任的路上，就是在离任的路上。

朱浮认为官员任期太短，无利有害，上疏建议不要如此频繁撤换调动官员，并言天地那样大的功业不可能一蹴而就，艰难的事业，都是历经日积月累才能成功的，凡事不能急于求成。

刘秀将奏章交由众卿讨论，群臣认同。

此事私下已议论纷纷，"小话"很多，可真正摆到台面上的，只有朱浮。

自此以后，郡县官吏调动减少。

朱浮脑子灵活，能够提出一些有价值的意见，这也是刘秀不忍处理他的原因之一。

朱浮从执金吾调为太仆，得知太学打算在洛阳城中选取五位学者，更试太学里的博士，立马上谏，不应仅局限在京城这个小单位，**"宜广博士之选"**，应该面向全国挑选，刘秀**"然之"**。

这个建议推动了东汉教育改革，实现了人才公平竞争，广开才路，提高了"五经"之外其他专学的学术地位和学术水平，并由此形成了一套完整的人才选拔制度和教育体系，为东汉社会向学习型社会转变起到了积极作用。

建武二十年，朱浮出任大司空，走上了人臣权力的顶峰。

朱浮常欺压同僚，刘秀虽心中不悦，但**"惜其功能，不忍加罪"**。

刘秀爱才惜才，一而再地重用朱浮，还将他提拔为司空，位居三公。然而朱浮并未领会刘秀的苦心，不曾有所感悟而改邪归正，依旧恃宠弄权，我行我素，**"二十二年，坐卖弄国恩免。"**

失望的刘秀还是宽容了朱浮，只是罢了他的权，并未收回其印绶，朱浮还是侯爷。朱浮始终不知悔改，终将刘秀对他的迁就全部耗尽。

刘秀以朱浮为例切切劝勉司徒冯勤："朱浮上不忠于国君，下欺压同僚，如今获罪，未来还不知是死是活，可惜了！臣子流放被诛，即使事后给予再多的奖励，仍不能偿还可贵的人生。忠臣孝子光宗耀祖，你应以此为鉴。忠于国家，忠心侍君，必将前途无量，高爵显位，功名垂于不朽。"

如此偏爱朱浮的刘秀，说出此番话，可见对朱浮有多失望。

刘秀用人有"德"的要求，有"忠贞"的要求。刘秀表扬盖延的"不可动之节"，朱浮独守孤城的"忠贞"，其才干又为其"忠贞"锦上添花，这个光芒因此盖住了欺压同僚的丑陋，只是刘秀顾念他有功不忍加罪，很有些恨铁不成钢的意味。

低等小人只懂阿谀逢迎，阳奉阴违；高等小人人格卑劣，却身怀大才，为君者不怕任用高等小人，重点防止小人失控。

[朱浮大骂彭宠的信，笔墨生辉，生成了"**辽东白豕**""**中风狂走**""**亲痛仇快**(亲者痛仇者快)"等成语。]

(形成了表示少见多怪，浅见薄识之典故"**惭白豕**""**白头豕**""**辽东豕**""**白豕**"等；形成了表示暂时，临时或权益之典"**权时救急**"；这段历史也是用以"指叛乱"之典"**渔阳结怨**"的由来。)

(朱浮的"**天地之功不可仓卒，艰难之业当累日也**""**物暴长者必夭折，功卒成者必亟(jí)坏**"等观点，对后世创业的认识产生了一定的影响。)

笏妇公

建武二十九年，淮阳王进京朝觐，第五伦随行，第二次见到刘秀，他的命运也在这次觐见后而改变。

第五伦(字伯鱼)，复姓第五，祖上为齐国王族田氏。西汉初年，家族被高祖刘邦搬迁安置，田齐王族分为八支次第迁走，诸田姓氏由此变成了迁移时的次序第一、第二……第五这支被安置在京兆郡长陵(今陕西咸阳泾阳县)。随着时代变迁，仅存第五这一支。

天下动荡时，第五伦举家迁到河东"**变名姓，自称王伯齐**"，在太原、上党间贩盐。人们发现盐贩子"王伯齐"很特别，他的拉盐车停过的地方，一坨畜粪都没有，原来第五伦自带笤帚撮箕打扫，人们纷纷称赞王伯齐是位有道之人。

(后因以"**王伯齐**"为隐者之典实。)

第五伦被京兆尹阎兴招为主簿。第五伦工作认真负责，能力超群，阎兴便将他调为督铸钱掾，管理长安市场。在第五伦的管理下，市场交易公平有序，"**市无阿枉**"，卖家、买家皆心悦诚服。

建武二十七年，第五伦被举为孝廉，补为淮阳国医工长，随淮阳王刘延到了皇宫。第五伦卓尔不群，给刘秀留下深刻的印象，"**光武召见，**

甚异之"，对第五伦也多了一份留意。

刘秀亲切地接见了淮阳王一行，问询治政之事，第五伦回答条理清晰，有思想有见地，刘秀看着他，笑得意味深长。第二天，点名召见第五伦，君臣一直谈到太阳落山。

正事谈完，刘秀诡异一笑，问："听说你曾殴打岳父，不给堂兄饭吃，有这回事吗？"

第五伦面露愧色，老老实实答道："臣，三次娶妻，都是孤女，没有父亲。因为年轻时遭过饥荒，所以实在不敢随便请人吃饭。"

刘秀听罢哈哈大笑："传言太不实了。"

第五伦否认打岳父，但是也如实承认不给堂兄吃饭。

刘秀又问："听说你管理长安市场时，有人送你母亲一篮饼，你回家正好看见母亲抱着篮子吃饼，一把夺下篮子，上手将母亲嘴里的饼抠了出来。有这事儿吗？"

"实无此，众人以臣愚蔽。"

第五伦很无奈，被人如此编排，笑他愚钝。只能随人笑话，他也没办法。

果真应了第五伦那句**"未遇知己，道不同故耳"**，他刚走出宫门，"扶夷长"的任职诏令就下达了，第五伦启程去扶夷（今湖南邵阳县西），还在半道上，刘秀又将他**"追拜会稽太守"**。

第五伦从淮阳王的属官，连跳三级，一跃成为一方大员。

一郡之长的第五伦，生活极其俭朴，家中竟无仆人。他亲自割草喂马，妻子下厨烧火做饭，盖的是布被，吃着粗粮，一套衣服穿多年，爱民如子，深受会稽百姓爱戴。他离开时，会稽百姓，老少攀车叩马，哭着呼着跟着马车，马车每天只能勉强行几里，眼看要误了报到时间，第五伦无奈，只得"骗"众人，悄悄弃车换船，被发现，百姓驾船追送。

第五伦历事刘秀、刘庄、刘炟三帝，被祖孙三代帝王倚为重臣。后出任司空，以八十多岁的高龄去世。

[因为第五伦，**"攀车叩（扣）马""攀辕"**成为典故，后遂以此为称颂地方官有政

绩，为老百姓所恳切挽留之意；亦是用为咏地方官离任之典。第五伦是第五氏公认的老祖宗。]

（"伯鱼"在第五伦之前，只是孔子的独子孔鲤的字，数百年来，只是用为对他人之子的美称，自从第五伦之后，"伯鱼"多了一个含义，成为正直之臣的代称。）

["笭〔péng〕妇公"用为咏诬陷之典。]

[孔伯鱼尊礼守纪，胸襟豁达，留下了"孔鲤过庭"的典故（后人将尊长或老师施教之所称为"鲤庭"），并无太大的建树；第五伯鱼，为"伯鱼"增加的分量，留下了"一夜十往""鲜车怒马""攀辕扣马""笭妇公"等成语典故，第五伦所言"以身教者从，以言教者讼"成为流传千年的名言警句。]

力不从心

刘秀统一了天下，将破碎的九州整合归一，旋即停止兵戈，偃武修文，专注国内经济建设，对外秉持防御为主、怀柔为辅的策略，积极谋求边疆的稳定与和平，以期为国内经济建设争取有利环境。他遣使者出使匈奴，**"赂遗金币，以通旧好"**，与乌桓人等少数民族交好，**"以币帛赂乌桓"**，通过这些举措，促进民族交融，奠国家繁荣之基。

东汉开国后，苦于匈奴压榨的西域诸国，请求刘秀再派都护。刘秀忙着统一九州无暇顾及，便将安抚工作交给了窦融。建武五年，窦融遵旨，将"莎车王"康立为**"汉莎车建功怀德王，西域大都护"**，管辖西域五十五国。几年后，康去世，其弟贤继位，贤同父兄一样，心属汉庭。

建武十四年，中原天下太平，贤与鄯善王安一同派使者出使洛阳，自此，西域与东汉开始了往来互动。

建武十五年，中原发生瘟疫，人口锐减。建武十七年，贤再次要求设置都护，可瘟疫之后的大汉尚未恢复元气，刘秀无力关注西域事务，招来当年的河西大将军而今的大司空窦融征求意见。窦融了解莎车王父兄均心系汉家，考虑到当今非常时期，提议**"宜加号以镇安之"**。刘秀于是赐莎车王贤**"西域都护"**印绶以及车旗、黄金锦绣等。

敦煌太守裴遵却认为授莎车王如此重权，将会使西域各国失望。刘秀改变了主意，下诏收回都护印绶，改赐大将军印绶。

莎车国使者不愿更换印绶，裴遵如果能好言相劝，耐心说服使者，或许后来的历史又是一个样子。可裴遵行事强硬，强行夺回都护印绶。此举严重践踏了莎车王的尊严，贤由此怀恨在心，不再遵循父兄的遗志，放飞野心，对外仍称是大都护，传发文书给西域各国。深受匈奴之苦的各国信以为真，归属了莎车国，称贤为"单于"。这位贤"单于"越来越不贤，建武二十一年，企图派兵吞并西域各国，不愿国破家亡的车师前王、鄯善、焉者等十八国派王子到洛阳侍奉，跪地哭求朝廷派兵保护。

刘秀深感鞭长莫及，也实在没有精力分兵作战，不要王子们侍奉，赐王子们一大笔财宝，打发他们回去。消息传至西域，鄯善、焉者诸国惶恐不安，纷纷给敦煌太守裴遵写信，哀求留下侍子，这样让莎车王以为大汉不日即派都护，"吓退"莎车的进逼，令莎车退兵。裴遵上报朝廷，刘秀应允，让各国的王子们留住在敦煌。到了建武二十二年，莎车王贤迟迟未见汉庭都护，明白了这不过是一场骗局，立即大兵压境，教训不听命于他的鄯善王安，之后，再次攻打龟兹，杀了龟兹王。

鄯善王安兵败逃入山中，上书哭求派王子到洛阳做侍子，央求大汉派都护保护他们，若再不派都护，西域各国就只能屈从匈奴了。

鄯善王有所不知，今日之大汉国力如一个羸弱的老人，国内瘟疫、地震等自然灾害不断，妖巫维汜和他的弟子们，在内陆妖言惑众；征侧、征贰姐妹，在岭南张牙舞爪，占领了六十多座城池；九真、日南、合浦等南疆边郡也趁机反叛，马援正带兵南征；北疆还有一个冒充武帝曾孙的卢芳，依傍匈奴，虎视眈眈大汉。建武九年，汉军也曾与匈奴开战，大司马吴汉亲率王师挥旌出征，然而，双方交战相持了一年多，匈奴的气焰不仅未减，反倒更猖獗，抄暴日增。刘秀万般无奈，只得闭锁关隘，暂绝边贸，将边境六万多吏民内迁，**"以避胡寇"**，正值内忧外患，国步艰难，又怎敢贸然在遥远的西域开辟新的战场？

"**天子报曰：'今使者大兵未能得出，如诸国力不从心，东西南北自在也。'**"深感无能为力的刘秀只能无奈狠心拒绝鄯善王："我们现在确实没有能力派使者和军队，若各国真的力不从心，抵御不了匈奴，东西南北，何去何从，你们自己选择。"

无望的鄯善、车师再次归附了匈奴。东汉由此失去了对西域的控制，直到三十年后投笔从戎的班超勇闯西域，东汉在西域的影响力才重新崛起。

（这段历史，也是成语"**力不从心**"的由来。）

远离兵事

建武二十七年(51年)，匈奴发生饥疫，国内纷争不断，刘秀找来臧宫询问他对匈奴事态的看法，臧宫当即请缨："愿率五千骑兵，攻打匈奴，再立新功。"

大动干戈，不是刘秀要的，笑言："**常胜之家，难与虑敌，吾方自思之。**"

数百年来，匈奴与中原王朝一直摩擦不断。匈奴一直是汉朝的最大的威胁。

如此天赐良机，臧宫不想错过，约上杨虚侯马武，联名上书请战，趁匈奴"**人畜疫死，旱蝗赤地，疫困之力，不当中国一郡**"之际，出兵灭了匈奴，以立万事之大功，大汉从此再无匈奴之扰。

刘秀驳回"请战书"，特下诏说明原因。

有德之人，是众乐乐而非独乐乐，只图自己乐，很快就会灭亡；舍近求远，往往会徒劳，舍远谋近，应该做好当下之事，执政要多为老百姓着想，百姓安逸了，国家才会稳定，才不会生乱。总想开疆扩土，必然增加劳役，势必会招致怨声。天之大地之广，再强也占不尽。凡事有度，取己应得则安然，贪人之有必遭殃。不量力而行，盲目扩张，即使一时成功，最终还是会失败。

刘秀引用《黄石公记》的古训，说明过于贪婪一意孤行必将一败涂地，提及**"季孙之忧"**，强调解决内部忧患的重要性。

刘秀又提到，传言经过多人加工，往往与实际情况相差甚远，如果举一国之力，能成功皆大欢喜，要是不能呢？何况现在自身问题多多，国内灾祸变异不断，百姓日子不安逸，不是用兵的好时候，不如与民休养。

诏报曰："《黄石公记》曰，'**柔能制刚，弱能制强**'。柔者德也，刚者见戎也，弱者之仁助也，强者怨之归也。故曰有德之君，以所乐乐人；无德之君，以所乐乐身。乐人者其乐长，乐身者不久而亡。舍近谋远者，劳而无功；舍远谋近者，逸而有终。逸政多忠臣，劳政多乱人。故曰务之地者荒，务广德者强。有其有者安，贪人有者残。残灭之政，虽成必败。今国无善政，灾变不息，百姓惊惶，人不自保，而复欲远事边外乎？孔子曰：'吾恐季孙之忧，不在颛臾。'且兆狄尚强，而屯田警备传闻之事，恒多失实。诚能举天下之半以灭大寇，岂非至愿；苟其非时，不如息人。"

刘秀表达了他不愿轻易发动战争，给老百姓带来痛苦的想法，不想为建功业而劳民伤财，只想为人民谋福祉，让百姓过上好日子。

自此以后，满朝文武无人再提"兵事"。

刘秀的**"以所乐乐人""弱者仁助""强者怨归""舍远谋近""务广德"**以及**"贪人有者残"**等务实思想，对后世产生巨大的影响。

刘秀管理北疆的思想也通过这封诏书得以具体体现。这一年，刘秀**"闭玉门关"**。永元二年（89年），窦宪出塞三千里力挫北匈奴，才真正解除匈奴对中原王朝的威胁。从此，北匈奴西迁，淡出华夏历史的视线。中原王朝与匈奴数百年间的血泪往昔，被收录进泛黄的竹帛，成为中华民族坚韧与不屈的记忆。

（成语**"常胜将军""以柔制刚""舍近求远"**因为刘秀"让战争走开"而成典。）

（臧宫、马武有生之年再也没有机会实现出兵匈奴的愿望，虽如此，他们为后世留下了**"驰志伊吾""鸣剑抵掌""马武弹剑"**等成语典故。）

日月所照　皆为臣妾

广为传播的"凡日月所照，皆为汉土，江河所至，皆为汉臣"，虽并非真正的古语，但是这段话，却是一个时代壮怀激烈的写照。这句话的语本正是东汉的班彪①的《奏议答被匈奴》答辞书。

建武二十八年(52年)，匈奴分裂成南北匈奴。南匈奴归附了汉，北匈奴单于看大事于己不利，又想用他的老祖宗那一套，派使者到武威请求和亲，被刘秀拒绝。北匈奴不死心，第二年又派使者带着马匹、皮裘等重礼，再求和亲，同时"请求"率西域各国一道前来大汉京都进贡朝拜。

刘秀斟酌之后，要求三府议酬答之宜。

司徒掾班彪上奏："北单于屡次来求和亲，贡品越来越重，说明北匈奴的情况不乐观，我朝不必答应其请求，可赏给匈奴与贡品价值相当的礼品就好。"班彪呈上了他早已写好的答辞书。

班彪在答书中首先肯定了北单于重修和亲的想法，引述呼韩邪单于与郅支单于的往事，当年，呼韩邪单于归附了大汉，安稳一生，郅支单于被陈汤将军斩杀在康居(约在今巴尔喀什湖与咸海之间)。

班彪搬出北匈奴单于爷爷辈的故事，敲打北单于，只有依附大汉才能保全自己，倘若与汉朝为敌，郅支单于就是前车之鉴；又不动声色地在南北单于之间拱火，告诉北单于，南单于曾请求大汉帮忙消灭北单于，大汉并未听信一面之词出兵，北单于如今又想与汉交好，未来大汉也不会应允南单于的请求，大汉这样做，也是为了成全北单于的忠孝之心。"提醒"北单于看清局势：大汉凭借威望和信义统率万国，日月所照的地方，都是大汉的子民，对于西域习俗各异的各族，大汉道义上没

---

① 史学家班彪有三个杰出的儿女，班固、班昭、班超。班家是中国历史上独特人家。"班门四杰"，建树分布在政治、文化、外交、军事等不同领域，中国历史上仅此一家。

有亲疏之别，归顺大汉自然会得到奖赏，背叛违逆者，大汉绝不会轻易饶恕。班彪一针见血指出，北匈奴财力枯竭，不必再进献马匹和皮裘。

答词滴水不漏，遣词造句既讲究外交艺术，又不失大国风范，既离间了南北匈奴的关系，又隐藏着正告。

刘秀欣然采纳了班彪的建议，再次拒绝了北匈奴的和亲请求，给予诸多赏赐，与北匈奴保持友好联系。

刘秀恩威并施，恩泽其他国百姓的举措，解决了边境危机，也加强了民族之间的团结，大汉睦邻友好达到空前的高度，**"是时，四夷朝贺，络绎而至"**。

刘秀热情款待前来朝贺各族人民，赏赐珍宝，后边疆祥和，**"及明、章、和三世，皆保塞无事"**。

（自司马迁称颂帝喾**"日月所照，风雨所至，莫不从服"**，到班彪正告北匈奴**"日月所照，皆为臣妾"**，再到"凡日月所照……""日月所照"跨越时空一脉相承，这是文化传承的魅力，如坚韧的纽带，连接着过去、现在和未来。曾威慑四方的匈奴终化为流星消逝，中华民族凭借深厚的文化底蕴，历尽风雨生生不息。）

此真儒生也

建武二十八年，刘秀拜桓荣为太子少傅，赐辎车乘马。刘秀考虑得很周到，不仅赐给桓荣有帷盖的"豪车"，连驾车的马匹也一并配备好，得到陛下如此重视和嘉奖，桓荣感到无上荣光，认为得此巨大恩宠，完全是认真做学问的功劳。桓荣大会诸生，陈列所得赏赐的车马、印绶，以自己的经历，勉励诸位学子努力钻研学问，说：**"今日所蒙，稽古之力也，可不勉哉!"**

桓荣（字春卿），沛郡龙亢（今安徽省怀远县龙亢镇）人，少年时求学长安，师从博士朱普研习《欧阳尚书》，家庭贫困，半工半读终成学业。王莽篡位后，离家十五年的桓荣这才回到家乡，日子依旧清苦，哪怕是饿着肚子，也不曾中断学习。

刘秀请桓荣讲解《尚书》，相逢恨晚。后又让桓荣给众公卿说道讲经，当众夸奖桓荣**"此真儒生也"**。刘秀拜年逾花甲的桓荣为博士，请进太学。

桓荣谦言自己经术浅薄，不如同门郎中彭闳、扬州从事皋弘。

刘秀将彭闳、皋弘征为议郎。

这天，刘秀驾临太学，刚好赶上诸博士正在辩论诘难，相互质疑。桓荣辩明经义，不疾不徐，声调平和，恭谦有礼，众儒莫及，刘秀很是欣赏，将桓荣拜为太子少傅，调去东宫专门教导辅佐太子刘庄。

建武三十年，刘秀又将桓荣拜为九卿之首的太常，深为尊崇。刘庄即位，依旧待以师礼，尊敬有加，桓荣直到病逝才"卸任"太常。

[桓荣的故事，形成了**"稽古""稽古(之)力""桓荣稽古""不蒙稽古力"**等典故。用以表示靠考证古事及做学问而得到荣耀之典。]

千古失意人

桓荣年过六旬得到刘秀的赏识和重用，同时代的学者冯衍，却是穷其一生，也得不到刘秀的垂青。江淹"恨"他**"闭关却扫，塞门不仕"**，苏东坡唏嘘**"扬雄老无子，冯衍终不遇"**，历代文人叹惋冯衍才高却仕途蹇滞，冯衍由此成为古代失意文人的典型代表。

冯衍(字敬通)，京兆杜陵(今陕西省西安市东南)人，生于京畿之地，自幼受正统思想浸润，对非正统的王莽很是鄙夷。**"王莽时，诸公多荐举之者，衍辞不肯仕。"**

他又是一个有想法的人，总想成就一番伟业。坚决不仕王莽的冯衍，当王莽的更始将军廉丹向他招手时，麻溜应召，想要说服廉丹脱离王莽，廉丹不听，战死，冯衍亡命他乡。

更始二年(24年)，刘玄遣尚书仆射鲍永安集北方，冯衍前去求见，像劝廉丹那样建议鲍永做深远考虑，未雨绸缪，考察任用贤才，收拢民心，一旦有变，可建立功业。鲍永认为冯衍是个人才，拜为立汉将军，兼任狼孟(在今山西阳曲县)长。

冯衍有着明锐的时事洞察力和远见卓识，心中充满建功立业的豪情壮志。在天下局势混沌不清时能看清态势，为廉丹上良策，然而，对更始败亡后的局势，却出现了严重误判。他痛骂上党太守田邑，不该投降刘秀。最终，确认刘玄的死讯后，和鲍永一起归附了刘秀。

刘秀晾了冯衍一段时间后，将其拜为曲阳(今河北省曲阳县)令，冯衍在曲阳业绩颇丰，不过一直得不到刘秀的赏识。后来与外戚结交，想走点捷径，又赶上刘秀下令搜捕王侯宾客，冯衍平日与阴兴、阴就交游甚密，与诸王关系亲近，心中畏惧便自投监狱，诏赦出狱后离职回家。

冯衍回到家中，家庭矛盾骤起。任氏开始折磨冯衍和他们的五个孩子，冯衍不得不操持家务。幼小的儿女也得身操井臼，忍无可忍的冯衍给妻弟任武达写信休妻，历数妻子的种种恶行，恨自己没早下决心，以至于养痈长疽，言辞激烈。

"出"了任氏，冯衍饥不择食，竟又娶回一个毒妇，半夜竟要手刃他12岁的儿子冯豹，**"豹逃走得免"**。

冯衍不得不再次休妻。

第一段婚姻，没有一别两宽，家庭矛盾人尽皆知。第二段婚姻，又闹得沸沸扬扬，再次雨断云销。

(由此形成了比喻悍妇的典故**"敬通妻"**和典故**"养痈遗患"**、**"身操井臼"**。)

两次休妻，也溅了冯衍一身污水，让时人对他的私德也产生了怀疑。事业和家庭双双跌入黑暗，生生地活成了笑话，饱受世人的奚落。

封建时代用人制度是**"用之则为虎，不用则为鼠"**。**"学而优则仕"**，"仕"是古代读书人的终极目标，童年就熟读诗书的冯衍，不甘心与仕途绝缘，上自陈书，诉说自己的委屈，冀望多年过去，刘秀"气儿"消了能够再用他。很遗憾，冯衍的满怀期望再次落空，**"书奏，犹以前过不用"**。

冯衍仕途之路幻灭。上层路线走不通，下层路线同样走不通，时人对他的评价不高，**"又多短衍以文过其实"**。聚蚊成雷，冯衍的风评一塌糊涂。

明帝即位后，冯衍再次上书自辩，抒发心中的政治抱负。然而，**"又多短衍以文过其实，遂废于家。"**

（成语**"文过其实"**由此而来。）

冯衍一辈子郁郁不得志，他那个差点死于后娘之手的儿子冯豹（字仲文）却非常有出息，对母亲极为孝顺，精习《诗》《春秋》，时人歌谣唱他**"道德彬彬，冯仲文"**。举孝廉，进入政坛，从尚书郎一路做到武威太守，深受河西百姓喜爱，辞官后又复征，再拜尚书，卒于任上。冯衍一辈子求而不得的仕途，儿子却走得顺顺当当。冯豹的成就和孝心，也令冯衍对妻子的指责沦为笑话。

刘秀看不上冯衍，除了用命运多舛，时运不济解释外，他的自作聪明，怨天尤人，他的口碑和风评等等一系列自身的问题，严重影响了他的前途。

冯衍仕途受阻，却成就了文途大道，在文学上取得了很大的成就。他的《显志赋》在汉赋中独树一帜，其写作手法，影响了魏晋及后世的骈俪文风。以文风影响后世文坛，这也算是落寞失意的冯衍失之东隅收之桑榆。

（自冯衍后，**"冯衍不遇"**成典，代指人生失意，穷困潦倒，后世以此典代指人的命运不佳，境遇坎坷。**"冯衍归里"**，也因冯衍归乡后闭门，用为罢官归乡之典。后世文人多用这些典故，感慨自己碌碌无为。）

善待功臣

中国二千多年封建史，不杀功臣的开国皇帝，唯刘秀一人。

主持编撰《旧五代史》的史学家薛居正，亲历了赵匡胤的时代，发自肺腑地赞叹："自古帝王，能保全功臣者，唯光武一人而已矣。"

建武十三年，刘秀"退功臣而进文吏"，以"高秩厚礼，允答元功"，富养无权，功臣们摆脱了兔死狗烹的悲惨命运。

"功臣增邑更封凡三百六十五人，……馀各有差。已殁者益封其子孙，或更封支庶。"

功臣们以列侯、奉朝请①退养，地位尊贵，有职无实权，刘秀在生活上、精神上对他们关怀备至。

每当有进贡来的奇珍佳味，皇宫内一点儿不留存，全赏赐给退休的功臣们尝鲜儿，"必先遍赐列侯，而太官无余"。

刘秀常挤出时间去功臣的府邸探望，功臣生病了，送医送药，接连不断，关怀甚至细致入微到劝吃饭。窦融生病吃不下饭，刘秀派中常侍、中谒者，走进窦融的卧室劝食。

刘秀时常将老弟兄接来宫中小酌一番，大家吃喝玩乐，无不尽兴。

有一次，酒至尽兴，刘秀故意打诨逗乐："如果不是遇上风云际会，各位爱卿都会做什么呢？"

高密侯邓禹抢答："臣自幼爱读书，能做郡文学博士。"

刘秀听邓禹说自己可做管教育的小官，大笑："你怎么这么谦虚呢，你是邓家的子弟，志向高远，行为端正，怎么不能做郡功曹？"

马武说："我威武勇猛，可做武官都尉抓贼。"

前一分钟还在打趣邓禹太谦虚的刘秀，哈哈大笑："你自己不做贼送到亭长手里就不错了。"

刘秀以笑语旁敲马武，传递"自我检点"的信号。

（邓禹封高密侯，君臣融洽无间，后遂以"高密衮"指功高而取显位之典。）

马武借着酒劲口无遮拦，嬉笑怒骂，"大放厥词"，将功臣、诸侯们挨个褒贬一遍，无所忌讳。刘秀故意逗他多讲，马武也非常"识逗"，君

---

① 汉代设有奉朝请的制度，即对退职的大臣、将军以及皇室、外戚等以奉朝请的名义，定期参加朝会。是给予闲散大官的荣誉优惠待遇。晋代以奉车、驸马、骑三都尉为奉朝请。隋罢。《汉官解诂》："春曰朝，秋曰请，如古诸侯朝聘也。"

臣以此为笑乐，常常是乐此不疲。退休后的马武成了刘秀的"开心果"。

其实，早在建武二年春刘秀大封功臣时，便将对功臣周全的考量放入策书，叮嘱："人情得足，苦于放纵，快须臾之欲，忘慎罚之义。惟诸将业远功大，诚欲传于无穷，宜如临深渊，如履薄冰，战战栗栗，日慎一日……"

在诸将授印绶的策书中，镌刻着这样的嘱咐文字："**在上不骄，高而不危；制节谨度，满而不溢。敬之戒之。传尔子孙，长为汉藩。**"

东汉开国的功臣们，除战死、病死的，"**辄增邑赏，不任以吏职**"，均做了逍遥自在的富家翁，福禄一生。

刘秀限制功臣们的权利，"**每能回容，宥其小失**"，展现出宽宏与睿智。功臣们皆深明大义，尤为自觉，纵使陛下对他们偶犯小失并不彻查，他们却能始终如一自律自省，严格要求自己，严格约束家人，"**修整闺门，教养子孙**"，力求品德无亏、家门整肃。历史上出现了为史学家盛赞的美好画面："三代以下，君臣交尽其美，唯东汉为盛焉。"（王夫之语）

俗话说，知音难觅，才留下伯牙子期之典。刘秀善待功臣，除了刘秀重情重义，功臣们功成弗居懂得自持外，也有君子刘秀的惺惺相惜，有儒生刘秀的惺惺相惜，有刘秀同功臣们合得来"说得着"。

吾谁欺　欺天乎

封禅是古代最高统治者极为隆重的祭祀天地的礼仪，在远古的夏商周时期，已有封禅之说。

古人认为五岳之首的泰山是有神灵的。在泰山之巅，可报天之功，在山脚下，能报地之功，以祈求天地神灵的庇佑。

刘秀登基三十年了，一度尸骸满地、满目疮痍的国家如今生机益然，欣欣向荣，司空张纯上奏："**自古受命而帝，治世之隆，必有封禅，**

以告成功焉……" 太尉赵熹也进言宜封禅，正三雍之礼，群臣纷纷奏请，向天地报告重振乾坤的伟大功业，皆言**"即位三十年，宜封禅泰山"**。

刘秀说自己做得不够好，还想去封禅，简直就是去玷污记载了七十二位封禅贤君的史册，好比是羊皮冒充貂裘，哪儿来那么厚的脸。

"灾异连仍，日月薄食，百姓怨叹，而欲有事於太山，污七十二代编录，以羊皮杂貂裘，何强颜耶！"（《太平御览》卷十五）

刘秀下诏：**"即位三十年，百姓怨气满腹，'吾谁欺，欺天乎！''曾谓泰山不如林放乎！①' 何事污七十二代之编录！桓公欲封，管仲非之②。"**

刘秀拒绝了这个提议，谦逊地表示自己即位三十年来，事功未尽如人意，百姓心怀不满，此境况下封禅实属对神灵的冒犯。特别说明，在他东巡过程中，郡守、县令大老远就派人来迎驾，说一些歌功颂德的虚美之词，他一律将他们处以髡〔kūn〕刑，发配去屯田。

刘秀通过历史人物类比自身。一介书生林放尚知晓礼义，一代雄主齐桓公亦明了封禅需心怀敬畏，自己又怎可在百姓尚心怀怨愤而贸然封禅呢？

刘秀认为自己的功德尚不足以企及泰山封禅的标准，并非只是说说，在二月视察东部，路过泰山时，只是诏令太守在梁父山祭地，以告慰祖宗，战争平息，天下太平。

（成语**"怨气满腹"**源自这段历史。）

---

① 林放字子丘，春秋末鲁人，以知礼闻名，曾问礼于孔子，孔子赞有"大哉问"。鲁国"三桓"之一的大夫季孙氏"旅泰山"，孔子认为此行为僭越，叹泰山之神岂不如林放知礼，怎会受悖逆礼制之祭？《论语·八佾》："呜呼！曾谓泰山不如林放乎？"

② 《史记·封禅书》载：传说中无怀氏、伏羲氏、神农氏、黄帝等上古七十二位帝王曾封禅泰山。齐桓公欲封禅泰山，管仲反对，阐述封禅既需受命于天的重大功绩及祥瑞征兆，而齐桓公二者皆无，齐桓公于是放弃。"七十二代编录"后成文化符号，象征历史悠久神圣。

图谶于天下

权力一旦失控，再忠诚的人也会变质，历史上发生的无数历史事实，无数次证明，大权只要旁落，就很再难收回，更不用说至高无上的皇权。比如王莽，比如曹操，不过是再次证明罢了。

建武三十二年（56年），正月，刘秀夜读《河图会昌符》，读到"**赤刘之九，会命岱宗。不慎克用，何益于承！诚善用之，奸伪不萌**"的句子，内心泛起了波澜，因为他正是高祖九世孙。

耳顺之年的他，内心不怎么"顺"，体衰垂暮，健康问题越来越严重，用现代医学的观点看，拼命三郎的刘秀得了高血压。那时没有降压药，只能硬扛着，结果血管越来越脆，头越来越晕，身体越来越虚弱，让他不得不考虑国家的命运和未来，又读到这样谶言，霎时激发了他的警觉。

封禅可以起到树立政治权威的功用，两年前坚决拒绝封禅泰山的刘秀，改变了想法，下令梁松等人从《河》《雒》①等谶书中查找有关"九世封禅"的符谶。

梁松等人一下子查出了三十六处大汉九世封禅的内容，"**松等列奏，乃许焉**"。

"张纯等复奏请封禅，上乃许焉。"

刚好就国的王子刘强、刘辅、刘英、刘康、刘延以及赵王刘盱也回到京师朝拜，心情不错的刘秀，冒着料峭春寒，带上诸王子和大臣，来

---

① 《河》《雒》即《河图》《雒书》，并称"河图洛书"，是中国古代两幅神秘图案与重要文献，被誉为"宇宙魔方"，为中华文化、阴阳五行术数之源。传说龙马负《河图》出黄河，神龟负《雒书》（"雒"通"洛"）出洛水。《易》载："河出图，洛出书，圣人则之。"《尚书》最早收录相关内容。传说伏羲据《河图》画出八卦，大禹依《雒书》治水后划分九州。2014年11月，"河图洛书传说"入选第四批国家级非遗名录。

了一个说走就走的东部视察。

正月二十八出发，二月初五就到了鲁地，泰山之巅祭天台已筑好。二十二日，刘秀登上泰山之巅祭天，三天后，在山脚下祭地，并勒石纪念。

四月初五，刘秀回到洛阳，大赦天下，并将年号改为"中元"。

改元当年夏天"喜事"连连，"京师醴泉涌出""又见赤草生于水崖"，郡国频上甘露，群臣奏请将不断出现的显庆"嘉瑞"记入史册，让后世记住刘秀的仁德，天下升平，并以汉宣帝"神爵、五凤、甘露"等年号为例，刘秀笑着拒绝。他是明眼人，怎么会有陈年旧疾喝一口就好了的灵泉呢？

刘秀不在意也无需"嘉瑞"歌功颂德，他更关注以意识形态巩固统治，他封禅泰山，是以封禅所寄寓的象征意义，强调天命所归，强化"君权神授"，加强中央集权，让"隗莽"之流失去生存的土壤，稳固统治。

刘秀的经历是"君命天授"的绝佳证明，他要让此观念深入人心，图谶无疑是最佳工具。刘秀不关心谶是否真实，只关心国家命运前途，希望人们像当年深信"刘秀当为天子"那样笃信谶，保刘氏统治长久。封禅泰山不久，刘秀即宣布"图谶于天下"，用人决事以谶记，将谶推到至高无上的地位。

千百年来，人们常言，谋事在人，成事在天，感慨世事难料，天意难违，冥冥之中自有天意……或许就是刘秀传承下来对后人潜移默化的影响。

桓谭非谶

太尉赵憙奏请封禅的理由是"正三雍之礼"，而今完成了泰山封禅，刘秀决定修建"三雍宫"。

洛阳并非前朝首都，既没有太学，也没有"三雍宫"。太学早已修建，东汉已走过了三十年，也是时候修建"三雍宫"了。

刘秀为灵台选址，召集公卿、议郎等官员讨论。

王公大臣们揣摩着圣意，小心翼翼地发表着意见，说着天意。桓谭(字君山)不想附和，也就不说话，干干地枯坐着。

一直没听到大儒桓谭发声，刘秀直接点将："我想通过谶来决策灵台建在什么地方，你认为如何？"

或许桓谭没想到陛下会点他，默然了片刻，嗫嚅道："我从来不读谶。"

刘秀脸一沉，追问他为何不读谶。

桓谭小声说："**谶之非经。**"

桓谭的声音不高，大家听来却如炸雷，谁都知道眼下陛下对谶倍加推崇，怎么能忤逆圣意呢？这可是大忌！大殿瞬间如死一般寂静，桓谭曾上书极言力陈"谶"之怪诞不合常理，实则好事之徒伪造的。这令刘秀心中不悦，又当面否认"谶"，对如今将图谶定为国策且笃信谶纬的刘秀，无疑众目睽睽之下的当头棒喝，是大不敬，更是公然对抗，不仅触痛了他敏感的神经，还让他颜面扫地，严重损害了他的权威。

刘秀脸色铁青，拧眉呵斥："来人，桓谭目无国法，非议我治国无方，拉出去斩了。"

刘秀怒气冲天，大臣们屏声静气大气儿不敢出，桓谭跪倒在地头砰砰叩响，哀求饶命，叩得鲜血淋淋，刘秀拂袖而去，死罪虽免，活罪难逃，一道贬诏，桓谭贬为六安丞。

(后世将**"六安丞"**用作贬官之典。)

桓谭一而再地上书刘秀，坚决反对谶。在他看来，谶不过是那些"聪明人"玩的一些小把戏，能识破点金术的英明天子刘秀不应将其奉若神明，不然，定会贻笑大方。

经历过西汉、新朝，饱读诗书的大儒桓谭他有对时势的洞察力，可是他的高度不够，只能看到他看到的，看不到他看到的背后的事情，并没有设身处地想刘秀为何迷信谶，不明白刘秀的良苦"用心"，此时的"谶"，已与他认为那些人玩的小把戏无关了。

大琴家的桓谭，入世的"智慧"远不如他的琴艺。

（桓谭活出了自我，却未能做到包容。他看不起章句之徒，将他们划入"俗儒"，常常诋毁诽谤，而且轻慢墨学等非儒学者，这在讲究"道"，崇尚"德"的社会，这种行径，显然不讲道义。非常尊重大儒的刘秀，不怎么待见桓谭，除了他"不读谶"外，恐怕与他"喜非毁俗儒"也不无关系。刘秀对干部的任用上，都有"德"方面的考量。桓谭在学术上的成就，得到了后人的尊重。汉章帝视察沛郡时，特令使者祠谭冢。）

君无口　为汉辅

图谶盛行的东汉，不读谶的大儒除了桓谭，还有尹敏和郑兴。

东汉初年的四大学术泰斗桓谭、郑兴、杜林和陈元，杜林、陈元颇得刘秀器重，桓谭、郑兴因为不读谶不被刘秀重用。

刘秀以谶决定郊祀之事曾问郑兴，郑兴的回答也是不读谶，刘秀生气地问他，不懂谶，能说谶不对吗？郑兴是研究《公羊传》《左氏传》的学者，世称"先郑"，见刘秀发怒，解释说自己没学过谶书，并非认为不对，这样的说辞，**"帝意乃解"**。

其实，不读谶的学者也还有很多，刘秀的老乡南阳堵阳(今河南方城县城老城区)人尹敏(字幼季)就是其中之一。

尹敏年轻时为诸生(有知识学问之士)，研习《欧阳尚书》，后来学习《古文》，擅长《毛诗》、"穀梁春秋"、《左氏春秋》的古文经学，善言阴阳灾祸。

建武二年，尹敏**"上疏陈《洪范》消灾之术"**，当时刘秀初创天下，根本顾不上这件事，就让尹敏待在公车署，随时准备召唤，后拜郎中，归入大司空府。

尹敏学过《古文》，认识甲骨文、金文、籀文等上古文字，儒家五经通三经，是位**"博通经记"**的大学者，又是南阳老乡，刘秀于是让尹敏**"校图谶"**，重点删除有利王莽的那些图谶。

不屑图谶的尹敏不愿干，回禀："谶书不是圣人所作，里面错误颇多，错别字也多，像世俗俚语，恐贻误后人。"

刘秀不以为然。

君命不可违，尹敏不得不违心去校正图谶。读着荒唐可笑的图谶，尹敏有天心血来潮，大笔一挥，在谶书的缺文处加了句**"君无口，为汉辅。"**

刘秀翻看校正过的谶书，发现这句，左思右想不得其解，"君无口"不就是尹吗？于是就叫来尹敏询问。

尹敏嘿嘿一笑，说："臣见前人编图谶就是这样的，微臣不自量力，也学着做，心想万一应验了，侥幸当个丞相啰。"

刘秀很不高兴，皱了眉头，摆摆手让尹敏离开了，看在南阳人的分儿上，没加罪。从此以后，也不再重用尹敏。

刘秀令尹敏"蠲去"谶书中有利于王莽的谶语，其实他洞悉背后的虚假，但为了巩固统治，他不得不"出此下策"。

刘秀大兴儒学，设立14家五经博士，一度设立古文经《左传》博士，后废。东汉经学家、天文学家贾逵上奏章帝，**"《左氏》、《穀梁》，会二家先师不晓图谶，故令中道而废。"**

因为"不晓图谶"，刘秀不惜停了这门"课"。

刘秀登基，以《赤伏符》中"王梁主卫作玄武"的谶语，擢野王令王梁为大司空。

王梁是渔阳突骑队伍中的一员，同吴汉、盖延一道协助刘秀讨伐王郎，立有战功，刘秀拜其为野王令，这个任命，大家还能接受。当刘秀准备以谶文，任命平狄将军孙咸行大司马事，遭到众人反对，遂放弃谶语，依从了众将的意见。

为了统治的需要，刘秀对"谶"的"钟爱"随年龄一同增长。

刘秀曾制独特战车，"可驾数牛，上作楼橹"，置于塞上御匈奴。

众人惊诧这似车似船的牛拉战车，传言："谶言汉九世当却北狄地千里，莫非此乎？"待建武二十五年，北匈奴不敌南匈奴北徙千里，见过此战车者莫不震惊，慨赞其为神器，果如预言，开拓疆土。

烈士暮年，刘秀将谶确立为东汉王朝的核心意识形态，使其成为臣民的精神信仰，强化"灵命"，儒学逐渐神学化，天下诸生把图谶当成必学课程，东汉谶纬之风愈刮愈烈。

在历史宏大叙事中，刘秀此举对东汉政治文化影响深远，其背后亦隐藏着刘秀复杂的个体情感与性格。

也正是因为刘秀"热爱"谶，让后人意识到刘秀也是一个有着烟火气的人，而非无所不能的神。与多数普通的人一样，有生活的小确幸，有对未来的迷茫，有无处安放的乡愁，有对命运的无奈，还有普通人的焦虑，甚至过之而无不及。刘秀辉煌的人生，几近白璧无瑕。如果将此事视为刘秀白璧人生的一处微瑕，那也不过是白璧之上的一粒灰尘。

正如近代"一代史家，千秋神笔"蔡东藩盛赞："三十三年膺大统，功多过少算明王。"

第十二章　逸韵秀章

稽古致用

刘秀是公认的爱学习的皇帝。

刘秀是历代开国皇帝中唯一读过太学的帝王。"高学历"的刘秀，一生热爱学习，学而不厌。

在春陵老家长辈们的眼中，看着长大的小刘秀是这样的："**谨信**""**不款曲**""**直柔**"。

俗话说"三岁看老"，安静实诚的孩子，大多专注力佳，爱学习。刘秀正是如此，学习贯穿刘秀的一生，纵是在戎马倥偬的军旅岁月里，也从未中断过。南北朝时期史学家、"史学三裴"之一的裴松之无比敬佩刘秀的勤学不倦，"**光武当兵马之务，手不释卷**"。

天凤年间(14—19 年)，刘秀来到长安，进入太学，师从博士许子威研习**《尚书》**，"**略通大义**"。

《尚书》是上古文化《三坟五典》遗留著作，被誉为"政书之祖，史书之源"，是帝王的教科书。从刘秀治国理政的斐然成绩看，"略通"不过是刘秀的自谦而已，实际上，他学贯五经，熟读《六韬，博学多才且兼收并蓄旁学杂收，不仅"略通"《尚书》，对《孙子兵法》《庄子》《晏子》《墨子》等诸子百家学说均有涉猎；对于被誉为"史家之绝唱，无韵之《离骚》"的《史记》以及蕴含帝王的统治绝学《商君书》等诸多经典，也都有潜心研习，领悟精深，广纳众长，成就一代英主独特的才学风范。

他运用经典，得心应手，恰到好处。

他将孔子表扬颜回之语"**自吾有回，门人日亲**"，写进任命邓禹为大司徒的"红头文件"，赞美邓禹是自己的"颜回"，是不可或缺的凝集因子，往后就要靠大司徒，对百姓开展和风细雨般的五常之教。

将《小雅·小旻》中"**战战兢兢，如临深渊，如履薄冰**"放进封功臣诏，警醒将军们不可放纵，图一时之快无视国家法律，要想传于后代，就要日慎一日；用《国风·东山》中"**自我不见，于今三年**"，伤感与爱妻阴丽华的别离之久；用《周南·兔罝》中的"**赳赳武夫，公侯干城**"，夸赞将他拒之门外的"门将"何汤是健壮威武的军人；用《小雅·谷风》中"**将恐将惧，惟予与汝。将安将乐。汝转弃予**"，形容阴丽华母亲和弟弟遇难他却还没来得及赐封阴家人的遗憾。

在赐封功臣策书引用《孝经》警示功臣："'**在上不骄，高而不危；制节谨度，满而不溢。**'敬之戒之。传尔子孙，长为汉藩。"

将《孝经》中"**天地之性人为贵**"融入解放奴婢诏令中。

借用项羽的"**富贵不归故乡，如衣绣夜行**"之言，幽默地化解了景丹心中因封赏"小"而生出的不满。

在回复臧马请求出兵匈奴的休兵诏中，借《黄石公记》中的"**柔能制刚，弱能制强**"，强调己所不欲勿施于人，直接用《素书》中的"**能有其有者安，贪人有者残**"之句，说明知足常乐，贪心招祸，以"**季孙之忧**"的典故，表明解决内部问题的重要性。

他笑言赤眉军的"丞相"徐宣是"庸中佼佼者"，是因为徐宣借用了《商君书·更法》中商鞅之语"**民不可与虑始，而可与乐成**"，表扬徐宣如此"拿来主义"，虽有些大，也还算"恰如其分"；用《史记》中的人物，苦口规劝隗嚣放弃抵抗："昔柴将军与韩信书云：'**陛下宽仁，诸侯虽有亡叛而后归，辄复位号，不诛也**'"。

借用刘邦当年为田横投降，特下诏"（田）**横来，大者王，小者侯**"，表明他的态度，也将同高祖一样，给予重奖，封王封侯；用"**放麑、啜羹**"之典，训斥吴汉纵兵成都的残暴。

刘秀面对封禅之议，引经据典拒之。自《论语》孔子训子路**"吾谁欺，欺天乎"**，叹权臣**"曾谓泰山不如林放乎"**，至《史记》齐桓公封禅遭阻，子路、冉有、季孙氏等人物虽未直现前台，却隐于典故脉络。七十二贤君未述事迹，仿若幕后拱卫，佐以孔、桓"亲证"，烘托封禅之庄肃非凡。刘秀以典故为棋子，布于历史棋局，落子处，尽现政治智慧与学识素养，信穿连古今书卷，挥洒自如，了无阻滞。

他以圣人之言**"三年不为礼，礼必坏；三年不为乐，乐必崩"**，指出朝廷**"禘祫〔dì xiá〕之祭"**的缺失，让历事三朝熟悉前朝典章制度、习俗掌故等的老臣张纯制定制度，张纯据《礼》上奏**"三年一祫，五年一禘"**，建议阳气在上的夏四月禘祭、五谷成熟的冬十月祫祭。刘秀**"定从之，自是禘祫①遂定。"**

他称赞**"性节约，常服布被，蔬食瓦器"**的宣秉：**"楚国二龚，不如云阳宣巨公。"**让时人和后人记住了廉洁的宣秉，也记住了西汉末年的两位名节之士"楚两龚"龚胜龚舍。

后世常用**"两龚"**作为咏颂高洁名士的典故。**"两龚之洁"**也成为赞誉清高纯正的人品代名词，刘秀堪为典故最早的"推广人"。

刘秀从"勤于稼穑"农夫出发，以非凡智慧与能力为翼，在勤学不辍中振翅高飞。他宛若手持神奇之鞭的巨人，轻轻扬起打牛的鞭子，手腕微微一抖，便炸响了一个新世界，成为了"最有学问，最会打仗、最会用人"的伟大皇帝。

智语格言

历史上的开国皇帝大多出身布衣草莽，几乎是胸无点墨，刘秀却是高学历的太学生，满腹经纶。虽然文字记录下来的"学问"只是有限的

---

① 禘祫：古代帝王庄重肃穆的宗庙祭祀大礼，依周礼。禘礼为隆重的祖先祭祀盛典，恪守"亲亲""尊尊"之则，审谛昭穆、严序尊卑。祫礼为宗庙合祭之礼，汇聚远近祖先神主于太庙，举行盛大合祭之仪。

零光片羽，却是咳唾成珠，击碎唾壶。他的豪情，他的感悟，他的忠告，他的规戒……经过岁月的沉淀，时间的洗礼，风雨的打磨，更加深刻和醇香，字字珠玑，成为中国人永恒的精神滋养。

"仕宦当作执金吾，娶妻当得阴丽华"；

"有志者，事竟成也"；

"疾风知劲草"；

"失之东隅，收之桑榆"；

"传闻之事，恒多失实"；

"人苦不知足，既平陇，复望蜀，每一发兵，头鬓为白"；

"人情得足，苦於放纵，快须臾之欲，忘慎罚之义"；

"我自乐此，不为疲也"；

"卿所谓铁中铮铮，庸中佼佼者也"；

"宜如临深渊，如履薄冰战战栗栗，日慎一日"；

"舍近务远者，劳而无功；舍远谋近者，逸而有终"；

"有德之君，以所乐乐人；无德之君，以所乐乐身。乐人者其乐长，乐身者不久而亡"；

"柔德也，刚者贼也，弱者仁之助也，强者怨之归也"；

"建大事者，不忌小怨"；

"志务广远，多所不暇"；

……

珠玑成语

成语典故是传统文化中的瑰丽明珠，蕴含特定历史文化内涵，折射出当时的社会风貌、价值取向和思维方式，对研究历史、传承文化和丰富语言等意义非凡。

刘秀跌宕起伏的戎马生涯以及丰富多元的人生阅历，仿佛深隐于历史幽深处、富藏无尽宝藏的神秘矿山，为中华民族文化孕育出数十个成语典故。

这些成语，犹如一艘古朴的时光之舟，满载着刘秀人生不同阶段的深邃感悟以及扣人心弦的惊险瞬间，又似历史纺捻的丝线，无比精妙地把文化意义缝绣于历史长卷，使文化价值在悠悠岁月中薪火相传，经久不衰。这是刘秀馈赠给后人不可多得、饱含温度的语言财富，是开启文化宝库的金钥匙（不包括"推心置腹、反水不收、汉官威仪、重赏甘饵、握手极欢、止戈之武"等与之密切相关的以及"决胜千里、折冲千里、如履薄冰、战战兢兢"等出自他口的成形成语）。

整理如下：不谋同辞、披荆斩棘、有志者事竟成、疾风知劲草、安知非仆、失之东隅，收之桑榆、得陇望蜀、举足轻重、束身自修、日复一日、乐此不疲、扶倾救危、一顾之价、托骥之蝇、蝇随骥尾、旗鼓相当、驽马铅（鈆）刀、置之度外、舍近谋远、以柔制刚、忧国忘家、忧国奉公、破家为国、常胜将军、危在旦夕、千条万端、差强人意、隐若敌国、心如金石、力不从心、铁中铮铮、庸中佼佼、大功可成、人各有志、反侧自安、敝帚千金、水火不避、谋谟帷幄、瘦羊博士、旷若发矇、浮语虚辞、解构之言、落落难合、反风灭火、狂奴故态、北道主人、不宾之士、怨气满腹、名冠天下等。

轶趣辑录

好看的皮囊随处可见，妙趣的灵魂千里难逢。刘秀常用诙谐化紧张于无形，既有好皮囊又有趣灵魂的人，千年难得一遇，遇上即是幸运。

刘秀自小秀外慧中，喜欢开玩笑，即使是在慎水河畔命悬一线，也能对赶来的耿弇幽幽来句"几为虏嗤"的俏皮话，放松耿弇紧绷的心弦。

小伙伴朱祐，更是刘秀"戏弄"的对象。

当年，在家种田的刘秀为舂陵侯佃户欠租一事打官司，打到大司马严尤处，刚好碰到了为复阳侯打官司的朱祐。严尤不在，二人便扯起闲篇儿等着。严尤回来，看到刘秀，同刘秀说了好一会儿话，好像站在一旁的朱祐不存在。待严尤离开，刘秀故意奚落朱祐，说："你看看，人家严公眼里只有我，都没正眼瞧你。"刘秀对朱祐**"常戏狎之如是"**，已是天子的刘秀，也还时不时同朱祐逗乐。有一次，刘秀特意赐朱祐一石白蜜，调侃朱祐**"今忆与朕长安时共买蜜乎?"**

建武二年，博士丁恭上谏古诸侯封邑不过百里，而今封诸侯四县，不合法制。刘秀风趣回应：**"古之亡国，皆以无道，未尝闻功臣地多而灭亡者。"**刘秀以幽默，消弭了潜在纷争，避免了冲突，安抚了功臣。

别人看破不说破，刘秀既看破还说破，说破后还能"春风化雨"。

建武初年，尚书郎空缺，刘秀让孝廉丁邯（字叔春，京兆阳陵人）补缺，丁邯称病不去。刘秀问他："你是真病? 还是羞为尚书郎?"丁邯也直接："臣委实没病，耻以孝廉为令史"。刘秀大怒，**"杖之数十"**，杖责后又问，愿不愿做尚书郎。丁邯倔强道：**"能杀臣者陛下，不能为郎者臣。"**

强压牛头不喝水，刘秀只好将这个倔头拜为汾阴（今山西省万荣县西）令，丁邯政绩颇佳，刘秀又将他提拔为汉中太守。

接到任命诏令，丁邯二话不说，将夫人送到南郑（今陕西汉中南郑）监狱，自己摘下冠冕，赤足上陈不敢赴任。丁邯如此行事，只因妻弟是公孙述部将，公孙述割据巴蜀，自称白帝，汉中地接巴蜀，他若出任这个太守，未来难脱"通白"（和公孙述勾结）之嫌，与其将来被人告发，还不如先主动"认罪"。

丁邯这波神操作，让刘秀下了一道妙趣横生的诏令：汉中太守，你把老婆投进监狱，你后背痒了谁给搔? 悬牛头，卖马脯，嘴里说着孔子的大道理，干的却是盗跖的勾当。既然你认了错，况且你就这一个老婆，戴上帽子，穿上鞋子，带着老婆去吧，勿谢。

刘秀以晏子对齐灵公**"犹悬牛首于门，而卖马肉于内也"**之语，嘲讽丁邯表里不一。又借盗跖与孔子的故事，揶揄丁邯虽有"认罪"之举，却好似言行相悖之人。"**汉中太守妻乃系南郑狱，谁当搔其背垢者？悬牛头，卖马脯，盗跖行，孔子语。以邯服罪，且邯一妻，冠履勿谢。**"刘秀信手拈来《晏子》《庄子》中的"知识点"，运用起来似行云流水般"丝滑"。

刘秀在嬉笑怒骂中，尽显人生智慧与领导智慧。诙谐犀利地点出丁邯行为荒谬，以"挠痒"准其携妻，给了台阶，既教训了丁邯，又不失情面，丁邯只得乖乖就职。

"**挠痒痒**"的诏书，还不止这一道。收录在《东汉文纪》中的《赐侯将军诏》，同样趣味横生。"**卿归田里，曷〔hé〕不令妻子从，将军老矣，夜卧谁为搔背痒也。**"

诏书里的侯将军可能是破奸将军侯进，也可能是其他侯姓将军，能让天子亲自过问的，一定是功臣。

刘秀让解甲归田的侯将军带上老伴，要不然，夜里后背痒痒了，谁给挠呢？

刘秀的可爱和人情味，对臣下的关爱，从"挠痒痒"中流淌出来。刘秀与百姓对话，同样是欢声笑语，百姓甚至与天子刘秀"讨价还价"。

刘秀南巡来到南顿，在熟悉的县衙设宴款待当地官员和百姓，宣布免除南顿县一年田租，有老人请求免十年，刘秀态度和蔼又不失风趣地说："治理天下责任重大，每天提心吊胆，一天熬一天，担心不能胜任，哪里敢夸海口保十年呢？"

在场的吏民被天子的话逗乐了，也打趣刘秀："陛下其实就是舍不得，抠门，何必说得这么谦虚呢？"

刘秀听吏人这样说，没有怪罪，而是哈哈大笑，又为南顿多免一年田租。百姓在刘秀面前自由自在，君民和乐融融。

刘秀爱开玩笑，用幽默表达"批评"，既不尴尬，还让人虚心接受。

建武二年夏天，王常带着妻子和孩子到洛阳归降，刘秀很是高兴，他说自己从未忘记曾经共同历经的磨难，又怎会违背平生誓言呢？话中深意：为人当言而有信啊。又仿佛暗示：我可记得当年你说的辅助真主之言，为何才来投奔我这个"真主"呢？

王常慌忙磕头谢罪，刘秀却笑着说是与王常"戏耳"，随后对群臣说：这个人率下江诸将辅翼汉室，心如金石，是真正的忠臣。

刘秀以玩笑活跃气氛缓，激励群臣，传达包容与期许。

（这也是成语"心如金石"的由来。）

幽默的刘秀，连训斥人都让人忍俊不禁。

大司徒侯霸，举荐前梁令阎杨。阎杨是个大嘴巴，爱胡说八道，刘秀讨厌他，怀疑大司徒侯霸他们搞小团体，于是下诏狠狠训斥侯霸："你以为崇山、幽都可以安身是吗？一斧头下去，什么都没有了，你是想以身试法呢？还是想杀身成仁呢？"

唐尧时期，驩〔huān〕兜、共工、三苗、鲧结党，尧将驩兜、共工流放到崇山、幽都，杀了鲧，与三苗开战，刘秀用两个流放地警告侯霸，可谓是尽在不言中。

中元元年，刘秀将鲍永之子鲍昱提拔为司隶校尉，点名要他去尚书台，负责撰写加封胡人、劝其投降的檄文。

刘秀特遣小黄门问鲍昱："有没有觉得奇怪啊？"

鲍昱说："臣闻惯例，通官文书均不署撰写官员的姓氏，像'封降胡檄'这类文书，应该是司徒印封，发布露布。现在派我这个司隶校尉撰写文书并且加上姓氏，臣觉得奇怪。"

刘秀答复："我这是要天下人都知道，忠臣之子，又担任了司隶校尉啊！"

中元二年（57 年），乐浪海中倭奴国奉贡来汉朝贺。刘秀见倭奴国人身材矮小，风趣赐名"倭国"，并赐"汉委奴国王"①金印，由此奠定了后世中日交流合作之基。

---

① "汉委奴国王"金印，委通倭。汉篆阴刻，2.3 厘米见方，1784 年出土于日本九州福冈县糟屋郡志贺町，现藏福冈博物馆。"倭国"后成为日本国名并沿用至唐朝。

"倭"字最初是对矮小人群的客观描述，所指范围广，包含今日本和朝鲜半岛北方国家。

刘秀有趣灵魂的光芒，在史书厚重的文字里，跳动闪烁，不胜枚举。他的幽默与机智，令遥远的往昔充满意趣。他不再只是高高在上的光武帝，而是鲜活睿智的刘大叔。

（袁枚将"崇山幽都何可偶，黄钺一下无处所。"归为"硬句"。"'怀仁辅义天下悦，阿谀顺旨要领绝。'子陵语也。'崇山幽都何可偶，黄钺一下无处所。'光武语也。两人同学，故言语相同，皆七古中硬句。"）

第十三章　爱之羁绊

谦慎外戚樊家

刘秀姥姥家是一个大型综合性农庄，农庄闭门成市，竹木成林，牲畜成群，桑漆鱼池，应有尽有，完全实现自给自足。

樊氏，是湖阳当地的大姓，其先祖是《诗经·大雅》中的叙事长诗《烝民》颂扬的周宣王的太宰仲山甫，封于樊，后世子孙便以樊为姓氏。

姥爷樊重(字君云)行事颇有法度，家如公府，凡事皆照章办事、极为讲究，三代同堂，长幼有序，相处和睦，家和万事兴。樊重不仅处事讲究，吃苦耐劳，脑子还特别灵活，尤其善于调动人的积极性，樊家在他的经营下，日益兴旺发达，成为**"资至巨万"**、拥有土地三千亩的巨富之家，产业涉及农、林、牧、渔等多个方面。

樊重为做器物，种植梓树与漆树，起初被人笑话。十年过去，梓树、漆树成材，早年笑话他的人，又来求借。

北魏农学家贾思勰将"樊重种树"选入《齐民要术》，盛赞是"种树立德"。

刘秀的太姥姥胆儿小，特别怕打雷，樊重便在山上为母亲开凿了一个石室，用有纹理好看的石头砌上台阶，只要是雷雨天气，就让母亲住进石室，以避雷电。

(**"樊重石室"**后来成为著名的孝老敬亲典故。)

樊重对母亲体贴入微，对其他家人同样关怀备至，为让家人住得舒适安全，发家后的樊重建楼筑阁，楼阁之间以挖掘的水道相连，四周环绕渠道、池塘，这样一来，生活环境赏心悦目，彼此联络方便，还能有效防匪盗。

刘秀有两个何姓老表，为争家产兄弟反目打官司。樊重拿出两百亩沃田，分别送给两外孙，教育外孙和睦相处，谨记"兄弟齐心，其利断金"。

樊重乐善好施，**"又池鱼牧畜，有求必给"**，对有困难的乡亲常施以援手，县里的乡亲敬重樊重，**"推为三老"**，终以八十多岁的高龄去世。去世前，烧毁借据，数百万钱债，一把火勾销。史家将樊重的行为誉为**"君子之富"**。

姥爷或许看到，或许没看到外孙做皇帝。

建武十八年，刘秀特意在湖阳停下南下的车轮，隆重祭祀姥爷樊重，追谥姥爷为寿张敬侯，诏令湖阳立庙。

此后，刘秀每次南巡，都会抽出时间，去同姥爷"说说话"，**"车驾每南巡，常幸其墓，赏赐大会"**。

(**"寿张樊敬侯"** 成历史典故，寓意有远见和耐心。)

刘秀的舅舅樊宏，同父亲樊重一样，谨慎恭谦，勤劳善良，为人厚道。

刘秀起兵攻打湖阳。官府抓了樊宏的妻儿，逼樊宏出城让刘家兄弟退兵。樊宏出城去到汉军大营，留在了军中。

兵围未解，樊宏却"黄鹤一去不复返"，湖阳守将大怒要杀樊宏妻儿，湖阳大大小小的官员都来求情：**"樊重子父，礼义恩德行于乡里，虽有罪，且当在后。"**

攻城的汉兵声势浩大，又有这么多官员求情，湖阳守军头目没敢举刀。

刘玄称帝后，拜樊宏为将，樊宏叩头辞谢：**"书生不习兵事。"**

刘玄心中不悦，樊宏免任归家。

樊宏预测未来战祸不止，回到湖阳后，组织樊家宗族亲属筑营垒、挖壕沟以自保，附近老百姓纷纷来投奔，陆陆续续投奔来一千多户。

果如樊宏所预料，没多久赤眉军劫掠了唐子乡，听说樊家豪富，就想到湖阳打劫。还没等他们到新野，樊宏已拉着好吃好喝的送上门。看着樊宏送来的牛酒、粮食，赤眉军中长老说："早听说过樊宏仁厚，是个大好人，他现在这样优待我们，我们怎么忍心再去劫他呢?"于是掉头撤兵。新野避免了一场浩劫，百姓生命财产得以保全。

东汉初，刘秀拜舅舅樊宏为光禄大夫，位特进①，次三公。建武五年，封长罗侯，建武十五年，定封寿张侯。

樊宏从不因为自己特殊的身份而放纵自己，比一般人还低调，还要谦亨。每次大朝会，他都是天不亮就赶到皇宫，匍匐在宫殿门前等候事情的开始，因为太早，偌大的宫殿前就只有樊宏一人。一直俯伏到规定时间方才起身，每每如此，刘秀只好特别叮嘱侍从，大朝会当天再通知舅舅。

樊宏还有一个特殊"身份"，夫人是刘秀**"恩赐特异"**视为恩人的刘赐的妹妹(刘赐去世后，特为其营造墓室起祠庙，设置专人守墓，待遇同春陵侯刘仁)。

如此强大的背景，樊宏保持**"谦柔畏慎，不求苟进"**，他不骄不纵，谨小慎微，非常严格地要求自己，常教育晚辈谨记**"谦受益满招损"**的道理，他常对家人说：**"富贵盈溢，未有能终者。吾非不喜荣势也，天道恶满而好谦，前世贵戚皆明戒也。保身全己，岂不乐哉!"**

告诫儿孙，要严于律己，谦恭谨慎节欲，不要一味地贪图荣华权势，凡无休止追求富贵荣禄之家，鲜少有好结局。

樊宏的"诫子言"，成为樊家家训。

---

① 特进：官名。始设于西汉末。授予列侯中有特殊地位的人，位在三公下。可自辟僚属，参与朝政讨论等。通常是对功臣或德高望重之人的尊崇性加衔，位高，不一定有具体实权。有时亦为荣誉称号，用以表彰特殊功绩或品德高尚者。获此称号者在社会上享有较高的声誉和地位。

建武二十七年，樊宏病重。刘秀放下工作，**"车驾临视，留宿"**，守在舅舅的病榻前，问舅舅还有什么未了心愿。

樊宏拼尽力气，请求归还封地，将大的寿张国换成小乡亭。"臣没有啥功劳却享大国食邑，恐怕子孙不能保全这份厚恩，臣在九泉之下也难安心，**'愿还寿张，食小乡亭'**。""**帝悲伤其言，而竟不许**"。

刘秀为舅舅赐谥"恭"，以此上谥，赞扬其敬事供上，克己慎行。

建武年间，樊家备受荣宠，"一宗五侯。**时特进一言，女可以配王，男可以尚主**"。樊氏与阴、马、郭并为东汉外戚"四姓"。樊宏的孙子樊梵官至大鸿胪。

樊宏的长子樊儵〔tiáo〕，字长鱼，受家风熏染，为人谨约恭敬，事母至孝。母卒，哀伤过度，刘秀敬之，遣中黄门送稠粥。樊儵专心治学，删定《公羊严氏春秋》章句，时称"樊侯学"，广收门徒 3000 余人，为国家培养出了栋梁之材，多位门生位列三公。明帝初，授予长水校尉，深得器重。后来，徙封燕侯，平安躲过牵涉面广泛的"楚狱"。

樊氏宗族子弟也都安分守己，"**宗族染其化，未尝犯法**"。

叔侄情重逾常

"光武年九岁而孤，养于叔父良。"刘秀九岁失去父亲，叔叔刘良便充当了父亲的角色，为幼年的刘秀遮风挡雨。

当年，刘良跟着刘玄来到长安。赤眉军占领长安，刘良在赤眉军大将、大司农杨音的庇护才得以保全性命，后来，听说侄子刘秀称了帝，带着家眷赶到洛阳投奔了侄儿。

建武二年，刘秀封叔叔为广阳王。刘良并未就国，而是一直住在京城洛阳。或许刘良嫌广阳王国(今北京西南)距离洛阳太远，建武五年，刘秀将徙封为赵王，封地从蓟城一带，改到了更为富裕的邯郸一带，刘良这才离开京城去了封地。

为了报答叔叔的养育之恩，刘秀甚至不惜违背原则。

建武十二年，来歙葬礼后，发生刘良抢道事件，司隶校尉鲍永弹劾赵王不守臣道时，刘秀也只是以鲍永不畏权贵敲打贵戚权门，并未处罚叔叔。

建武十三年，刘秀退功臣，降叔叔赵王为赵公。刘良的待遇并未受到多大影响，依旧经常到京城走动，甚至住在京城不再去封国，刘秀也不说什么。

在古代，诸多朝代对诸侯王的行动有着严格限制，以维护中央集权和国家稳定。汉武帝曾颁布《出界律》，明确规定侯王的活动范围仅限于自己的封国之内，一旦越界，便会面临极为严厉的惩处。并且，诸侯王若未得到诏令，严禁前往京城。然而，刘良却不受这些限制，他能够自由地活动，甚至长期居住在京城。刘良的这种独特例外，享受这样的特殊待遇，无疑体现了刘秀对叔叔的深厚敬爱之情。

建武十七年春正月，刘良病势沉重，刘秀放下政务去探病，询问叔叔还有什么心愿未了。

刘良请求侄儿网开一面，饶恕了他的朋友李子春。

李子春是怀县人，曾做过琅琊相，此人老奸巨猾，包庇孙子杀人，前任县令被他蒙蔽，未对其处罚，新任怀县令赵憙查明情况后，将其逮捕。

"官吏依法办事，不能因私情而违反法律，您老再说说别的愿望吧。"

刘良病逝，刘秀非常难过，最终还是违背了原则，赦免了李子春。

爱满手足亲伦

刘秀有两个哥哥，两个姐姐，一个妹妹。大哥刘縯、二哥刘仲，大姐刘黄、二姐刘元，妹妹刘伯姬。二哥刘仲、二姐刘元遇难小长安。刘縯被刘玄君臣谋害，其两子刘章、刘兴被刘秀视若己出。

建武二年，刘秀将两个侄子刘章、刘兴分别封为太原王(后徙封齐王)、鲁王，心疼侄儿幼年失去父亲，**"抚育恩爱甚笃"**。

疼惜殒命小长安的二哥刘仲没有子嗣，让侄儿刘兴承嗣二哥，这样二哥不至"绝后"(建武十三年，降刘章为齐公，刘兴为鲁公)。

建武十五年，两位哥哥离开人世十六七年了，刘秀的年纪也四十有五，又追谥大哥刘縯为齐武王，二哥为鲁哀王。

建武二十五年，姐夫邓晨病逝，刘秀召迎姐姐刘元亡魂，与邓晨合葬北邙，让姐姐一家在另一个世界团聚。

当年无力护哥姐周全，眼睁睁看着姐姐和三个可爱的小外甥女殒命而无能为力，而今的刘秀竭尽可能，护大姐和小妹的周全。

为给姐姐刘黄谋丈夫，他客串月老，牵线搭桥。

对妹夫李通委以重任，封固始侯，拜三公，是刘秀退功臣后留下的三个"特进奉朝请"之一。

每当外出视察，刘秀常将国事委于李通。

感激李通的首义之功，每次回乡省亲，都会遣使者以太牢之礼祭祀李通之父李守。

建武十八年，李通病逝，刘秀为其赐谥恭侯，与皇后阴丽华一起亲往李府吊唁、送葬。

政治婚姻亦有情

刘秀在位三十三年，他的皇后之位一分为二，前半场主角是郭圣通，后半场主角是阴丽华，两人各做十六年的皇后。

郭圣通的家世远比阴丽华的家世显赫，母族为皇族宗室，父族郭氏是真定槀〔gǎo〕城(今河北石家庄藁城区)"著姓"。

郭圣通的父亲郭昌是郡功曹，品行高洁，被真定王刘普相中，刘普将女儿许配给了他，二人婚后，生下了郭圣通。人生难料，世事无常，郭昌英年早逝，郭圣通成了孤儿，好在有舅舅刘扬父亲般的关爱，郭圣通的少女时代，日子平静，生活无虞。

论辈分，刘秀与刘普平辈，也就是说刘秀比郭圣通长两辈。

如果不是王郎横生枝节，刘秀与郭圣通可能都不会认识，更别说结为夫妻。

更始二年(24年)春，郭圣通来到刘秀身边，不仅为在异乡的刘秀带去了温暖，与她一同到来的，还有舅舅十万兵马的支持。由此，为刘秀在政治、军事方面开辟了快速上升通道，河北也成为刘秀强势崛起的关键基础和坚实保障。

刘秀登基，人生抵达"圣上"的金字塔尖，同时册封了郭圣通和阴丽华为贵人。

郭圣通也从刘秀事业上的贵人转变为生活中的"贵人"，唯一不同的是刘秀生活中的"贵人"不止她一个。

郭圣通的舅舅刘扬仍为真定王。

刘秀与郭圣通虽然缔结的婚姻是有"阴谋"的政治婚姻，但是这桩政治婚姻并未成为"阴谋婚姻"，刘秀与郭圣通之间也无阴谋，他俩的"先结婚后恋爱"，虽比不上与阴丽华的初恋，也有过很长一段日子你侬我侬的甜蜜日子。

烽火纷飞中，名门之后的郭圣通给了刘秀女性特有的温暖，抚慰了刘秀孤独的身心，让刘秀尝到了初为人父的快乐。在这段并非相见恨晚的情感里，郭圣通接连生下两个儿子。

建武元年(25年)十月，刘秀入主洛阳，接来了阴丽华，宣告郭圣通独享风花雪月的日子结束。

建武二年六月戊戌(初七)，郭圣通被立为皇后，距离舅舅刘扬被杀不足百日。

建武十七年冬十月辛巳(十九日)，废为中山太后，郭圣通的二儿子刘辅由右翊公进为中山王，后为沛王，郭圣通成了沛太后。

在过去的十七年里，郭圣通做过什么，史书中并未有多的记载，只有废后三公诏的"通报批评"。

刘秀用比喻凶残之人的"鹰鹯"一词恶狠狠地斥责郭圣通心怀怨恨，心胸狭隘，心肠歹毒，同吕雉、霍成君那种善妒凶恶的女人一样，不能抚慰教诲别的皇子，多次违反他的命令，不能做嫔妃的典范，没有《关雎》中褒扬的美德。为了江山社稷，不能继续将皇子们托付给她，如若不然，就是对不起列祖列宗。总之，废后天经地义，随后将阴丽华好一通夸奖立为后，废和立，均理所应当。

刘秀痛斥郭圣通的"吕霍之风"，并无实据，史书中也未见记载。

倒是在历史有限的文字记载中，身为皇后的郭圣通派内廷属官大长秋，慰问大将们的父母。

建武六年冬，屯兵津乡的岑彭，从京城返还津乡后，郭圣通派内官，一个月两次，去棘阳探望岑彭的母亲。

郭圣通做了十六年皇后，在皇后的位置上，还算尽职尽责。

刘秀的废后三公诏，字里行间流露出这样的信息。身为皇后的郭圣通，无格局，心眼小儿，眼界窄，只顾"小家"，忘记了"国家"。

诏书内容也暴露了郭圣通大小姐脾气，没少发作。毕竟丈夫杀了待她如父的舅舅，没有舅舅就没有丈夫的天下。这种失去亲人的痛，埋在时间里，并不会随时间的消逝而消失，只会因某些事引起更大、更多的恨。

刘扬在刘秀登基半年后，便做起了登"大位"的美梦。只是，梦没做多久，人就陷入梦魇，永远不能醒来了。

舅舅想要夺皇位，郭圣通岂能不怒？倘若舅舅得偿所愿，她儿子的皇位呢？站在这个立场，她恨不得也要杀舅舅。只是人一旦被杀，她必定心如刀割。

郭圣通矛盾与怨恨交织，舅舅死了，怨恨便占了上风。或许在那时，郭圣通的心态开始发生变化，再也不像从前那样爱得无怨无悔。她或许认为，刘秀不过是通过她的后位，安抚她的母族，没有刘扬，刘秀与她的母族仍旧亲密无间依然亲如一家。

如果杀舅舅刘扬多少还有那么一丝情有可原，为怜惜阴丽华，一点儿不顾及她的感受，再让郭圣通"说服"自己不怨恨，恐怕也难办到。

建武九年，在阴丽华母亲弟弟被杀后制诏大司空，"……**以贵人有母仪之美，宜立为后，而固辞弗敢当，列于媵妾**……"

明显的意思是：郭圣通的后位是阴丽华让出的，如果不是阴丽华的坚决推辞，自愿为媵妾，那么媵妾就是郭圣通了。这样的"内涵"，郭圣通瞬间成了一个大笑话，想要泰然处之，怕也难了。

其实刘秀在立郭圣通为后不久，便让她难堪过一次。

建武三年，赤眉军投降，刘秀晓谕赤眉降将，训斥他们无道，残暴至极，本应并诛，念及尚有"三善"，饶他们不死。"三善"中的第一善是"**本故妻妇无所改易**"，"**有廉耻**"，第二善"**立君能用宗室**"，第三善"**尚知大义，奉主来降**"。

刘秀将糟糠之妻不下堂，视为比立君能用宗室还重要。

"三善"中的"两善"与郭圣通毫不相干，摆在第一位的"故妻"，让郭圣通如鲠在喉。

这是刘秀潜意识里"良心"，也是他心里自然而然的想法。

谁不知道刘秀的"故妻"是谁呢？！

或许，建武二年的册封，是刘秀不得已的选择。他没有第一时间立后，或许就是打算让最爱的阴丽华为后。可是考虑到刘扬，他不得不慎重。

杀了刘扬，刚缓口气，又蹦出来个彭宠。彭宠在北州闹得天翻地覆，将本来已装入口袋的地盘抢了去。如若真定国也学了彭宠，洛阳的宝座，还能坐稳吗？很难说。

即便是刘秀再爱阴丽华，再想立阴丽华为后，也不得不考虑真定国的十万兵马，那可不是吃素的。只有郭圣通为后，才能拴住真定国，才不会出现第二个彭宠。

郭圣通是王家女子，怎会没有一颗七窍玲珑心。建武三年的那次难堪，她可能还会找一个很好的理由为刘秀开脱，毕竟登上皇后宝座上的是她，之后刘秀还算是雨露均沾（刘秀与郭圣通的婚姻生活并非一地鸡毛，郭圣通为刘秀生了五子，床第之间相当和谐。刘秀挚爱的阴丽华也生了五子），郭圣通也将心里不快搁置，这次的大司空诏中的每一个字，都是冷酷的匕首，无情刺向郭圣通，这是对郭圣通严重冒犯，极大折辱，是可忍孰不可忍，郭圣通的精神防线濒临崩溃！

"吾微贱之时，娶于阴氏，……以贵人有母仪之美，宜立为后，而固辞弗敢当，列于媵妾……"你微贱之时娶阴氏，难道我嫁你时，你就发达了？不也是草头将军吗？没有舅舅真定王的倾力相助，你在河北又能怎样？陪着你征战河北的不是我吗……

刘秀这番言论，对郭圣通造成强烈的精神冲击，犹如一记耳光，而且这记耳光打得既狠且响，让郭圣通不得不回想刘秀当年立她为后，是不是担忧真定国步彭宠后尘，如果没有彭宠叛乱……

幽怨和愤怒埋葬了曾经幸福的回忆，当年陪着刘秀横扫河北的快乐成了笑话，生活中的许多事情被恨替代，郭圣通遍体鳞伤，越来越暴躁，**"后以宠稍衰，数怀怨怼"**。

郭圣通的怨恨，提升了阴丽华那端的"重量"，天平也越来越倾斜。随着时间的推移，这个怨恨在刘秀情感转移过程中发酵，以至于吞噬了夫妻之间曾经的温存。

怨和恨也让郭圣通的面目变得越来越狰狞，人也越来越"跋扈"，随便一点儿小事即可触发她的愤怒，把怨气撒在"忘恩负义"的刘秀身上，见到他就像大公鸡一样死啄，啄得温和的刘秀害怕、逃避，这也就不难理解刘秀所言**"宫闱之内，若见鹰鹯"**了。

史书中关于郭圣通的记载非常有意思，对她本人着墨不多，几乎是惜墨如金，但是对她的家人却不吝赞美：郭父**"国人义之"**，郭母**"有母仪之德"**，郭弟郭况**"小心谨慎""恭谦下士"，"年始十六，拜黄门侍郎"**。

郭圣通被废，郭家人却得到了极度荣宠，不仅弟弟郭况封为阳安侯，堂兄弟郭竟、郭匡和叔父郭梁也都封了侯，郭梁死后无子承袭，便封其女婿为侯。

刘秀还与郭况结成了亲家,将女儿淯阳公主嫁给了郭况之子郭璜,常带着公卿诸侯到郭府饮酒欢宴,赏赐郭家数不清的金钱缣帛。

郭况开办着私人冶金坊,生产非常繁忙,锻造冶炼之声,响如炸雷,震耳欲聋,方圆十里都能听到。

郭家的院子、亭台楼榭,以珠宝、夜明珠装饰,"**昼视如星,夜望之如月**",每每黑夜降临,满院子熠熠生辉,仿佛搬来了九天银河,歌谣传唱着郭家的豪富,"**洛阳多钱。郭氏万千**",时人称郭家为"**琼厨金穴**"。

(成语"**琼厨金穴**"来自郭况家。后世常用"**(郭家)金穴**""**郭(家)穴**"喻豪富之家。因为郭家,"**金穴**"等也成为代指外戚之典。)

建武二十六年,郭圣通的母亲郭主去世,刘秀派使者将早逝的岳父大人郭昌移来北邙与岳母合葬,追赠郭昌为阳安侯,赐谥"思"。葬礼气派豪华,百官云集,刘秀亲自送葬。

废后娘家人极尽荣耀,在中国两千多年封建王朝史上,极为少见。

或许,这也是刘秀对郭圣通的另一种"歉意"表达。

母亲郭主离世,郭圣通再也没有了温暖而熟悉的肩膀可依。两年后,建武二十八年六月丁卯(初七)(52 年 7 月 22 日)闭上了哀怨的眼睛。

随后,全国开展了大搜捕,"**坐死者数千人**"。郭圣通薨逝,仿佛触发了清洗诸王宾客的机关,一向恤民的刘秀,大开杀戒。一时间,全国上下血雨腥风,无数家庭被卷入命运的漩涡,在胆寒与绝望中支离破碎。

马援担心的事情,终于发生了。

数年前,马援曾劝诫司马吕种等人不要想着攀龙附凤:"**建武之元,名为天下重开。自今以往,海内日当安耳。但忧国家诸子并壮,而旧防未立,若多通宾客,则大狱起矣。卿曹戒慎之!**"

建武之初,王子们还只是不谙世事的孩童,随着时光推移,日渐长大。"时，禁网尚疏，诸王皆在京师，竞修名誉，争礼四方宾客"，尤其是从嫡子变为庶子的郭圣通的儿子们，"五王居北宫，皆好宾客"。

王莽堂兄平阿侯王仁之孙王肃，家资颇丰，常出入北宫及王侯邸第，与五位王子交往甚密。

吊唁朋友的母亲本是情理之中，然而，不知出于何种目的，"有人上奏：'诸王所招待者，或真伪杂，受刑罚者子孙，宜可分别'"，控告王肃来等自受诛家族，却与王子交好，宾客们因事生乱，恐怕会发生贯高、任章那种刺杀皇帝的祸事。恰在这时，刘玄之子刘鲤买凶杀人案爆出，刘鲤与沛王刘辅走得最近，这道有些夸大其词的奏章，就不再那么危言耸听。

当国家出现权利争斗，形成权力集团，势必造成权利分割。住在北宫的儿子们，"结党"严重，在刘秀看来成了张着血盆大口的猛兽，他一旦离世，诸王之间，新皇帝与诸王之间，很可能互相撕咬，那么国家将会风雨飘摇，甚至可能江山易手。

"上怒，诏捕诸王客，皆被以苛法，死者甚多。"

刘辅被捕入狱三天，"自是后，诸王宾客多坐刑罚，各循法度"。

刘秀狠心清洗诸王的势力，毫不手软剪掉王子们的羽翼，清除影响国家安定的因素，为刘庄扫除障碍。

刘秀如此厚待郭家，他的继任者也必不会亏待郭圣通和她的家族。

刘秀的这个示范效应确实起到了显著的作用，郭家一直保持着外戚家族地位。刘庄即位，专为"樊、郭、阴、马"四家子弟专设学校，挑选有才能的大儒专为这"四姓小侯①"传授《五经》（以非列侯，故曰小侯）。

刘秀、刘庄、刘炟，祖孙三代帝王，对郭圣通家族做到了仁至义尽，刘庄很是善待废太子哥哥刘强，在刘强病重时，关怀备至，遣医送药，刘强感激涕零。

---

　　① 小侯：在汉代有特定含义。一是指功臣子孙或外戚子弟封侯，非传统列侯；二是指四方少数民族或周边附属国的君主，以此体现中原王朝的宗主地位。

有史学家认为，郭圣通是历史上唯一没打入冷宫的废后，郭氏家族也是唯一无限荣光的废后家族。在中国封建王朝史中，仅此一人，独此一家。

刘秀的情感世界里，郭圣通不过是他情感世界中小插曲，尽管也很动听，但只算是插曲，不是主旋律。

刘秀和阴丽华是一对伉俪情深的患难夫妻。他与郭圣通，是帝王长袖善舞的谋略"爱情"，这样的"爱情"，注定成为权杖的陪衬。

刘秀数落郭圣通的种种不是也只是流于表面，并没有真正实质性的内容，废后的"罪状"，反让后人读出了欲加之罪何患无辞。

"世上安得双全法，不负如来不负卿。"

只有镌刻在心上的那一朵花，沧海桑田，永不凋谢。

"爱升，则天下不足容其高；欢队〔zhuì〕，故九服无所逃其命。"范晔的这声慨叹，道尽郭圣通命运的唏嘘。

（郭圣通的故事，给后世留下**"坠欢重拾"**与**"坠欢"**两个典故。表示夫妻离而复合的成语典故**"坠欢重拾"**虽源自郭圣通，却是她遥不可及的梦。郭圣通的现实是残酷的"坠欢"，后人或许用"坠欢重拾"这一美好的寓意祝福郭圣通，愿她来世不再被权力的阴霾所笼罩，能邂逅一生只爱一人、只取一瓢饮的纯粹爱情。）

缱绻真爱如初

说起皇帝，人们总爱说"三宫六院七十二妃"，西汉皇帝的后宫高峰时，佳丽三千，嫔妃的等级就有 14 等，还不包括皇后。然而，同是皇帝的刘秀，后宫仅有三位佳丽，即结发妻子阴丽华、第一任皇后郭圣通和许美人。

阴丽华与刘秀是如何相识的，史书中并没有记载。

元始五年（5 年），阴丽华出生。春陵侯国与新野，虽不是鸡犬相闻，却也算是左邻右舍，二地同属于南阳郡，相隔不过百里。

阴丽华的姐夫邓让，官居交趾牧。刘秀的二姐夫邓晨，是豫章都尉邓宏之子，家族是"世吏二千石"的豪门望族，在新野赫赫有名，县中官员见到邓晨也是礼敬三分。

刘秀往来宛城，常在二姐家落脚。

新野的阴家同样是南阳的豪门望族，望族之间有着盘根错节的关系，刘秀因此比别人多了与阴丽华相识的机会。

地皇三年(22年)十月，春陵起兵。

正在长安读书的阴丽华大哥阴识(字次伯)得到消息，立即扔掉书本，昼夜兼程赶回新野，率领子弟、宗族、宾客一千余人加入汉军队伍，**"伯升乃以识为校尉"**。

雪中送炭永远比锦上添花更让人刻骨铭心。阴识的义无反顾，是对刘秀最大的认可和支持，这份情义，自然与妹妹有关，弥足珍贵，刘秀记在心头。

更始元年(23年)六月，二十九岁的刘秀与十九岁的阴丽华在宛城当成里成婚。

婚后没多久，刘秀上洛阳为刘玄定都打前站，阴丽华回到新野娘家，开始了**"自我不见，于今三年"**的守望。

更始二年，刘玄封阴识为阴德侯，行大将军事。

邓奉起兵，以阴识为将，阴识将家人都接到了淯阳，阴丽华同阴家妇孺一起住在邓奉家里。

刘秀登基，阴丽华封为贵人("贵人"封号为刘秀首创，地位仅次于皇后)。刘秀入主洛阳，即派侍中傅俊将阴丽华接来了洛阳。阴识陪着妹妹一起到了洛阳，刘秀感激阴识当初的破家为国，感激他对妻子的照顾，**"以为骑都尉，更封阴乡侯"**。

刘秀反攻王郎时，为了政治的需要，与真定王的外甥女郭圣通结为了秦晋之好，生下长子刘强。

见到了可爱的刘强，阴丽华心中五味杂陈，有重逢的喜悦，也有无以言说的怅然若失。

建武二年六月，刘秀登基一周年，册封郭圣通为皇后，阴丽华仍是贵人。

建武四年五月，24岁的阴丽华，在与刘秀婚后的第六个年头，在军中生下她和刘秀的第一个儿子刘阳，也就是日后的明帝刘庄。

刘秀娇为儿取名"阳"，字子丽，用上爱妻的"丽"。

刘秀对阴丽华的爱，是刻在骨子里的，哪怕行军打仗阴丽华身怀六甲也要带在身边。

如此宠爱阴丽华，又是发妻，为何又让她做媵妾呢？五年后的一道诏书，解了这一谜。

原来不是刘秀"负心"，而是阴丽华的顾全大局。

建武九年，阴丽华的母亲邓氏和弟弟在家中被人杀害，刘秀心痛万分，诏大司空："**吾微贱之时，娶于阴氏，因将兵征伐，遂各别离。幸得安全，俱脱虎口。以贵人有母仪之美，宜立为后，而固辞弗敢当，列于媵妾……**"

原来，刘秀本打算封阴丽华为后，然而阴丽华"**以郭氏有子，终不肯当，故遂立郭皇后**"。

建武二年的天下依旧四分五裂，战乱不止，纷争不断，军队是刘秀东征西讨的关键和保障。正是郭圣通舅舅真定王刘扬的倒戈相助，刘秀才得以顺利平定河北，从而登基称帝。

渔阳的彭宠已反叛，不能再出现第二个彭宠，稳定真定国继而稳定十万真定军，不因刘扬兄弟被杀而生出疏离，郭圣通是最好的也是唯一的纽带。郭圣通为后，利于军队稳定，利于国家大局，利于巩固新生政权。

没有生出儿子的确是阴丽华无法避免的"缺点"，已经生下儿子的郭圣通显然更有资格"母凭子贵"。

阴丽华的识大体和与世无争的处事态度，稳定了真定的十万大军，同时也满足了郭圣通争强好胜之心，她的退让和德行，为刘秀解决了难题，令群臣心悦诚服。

阴丽华以发妻的身份甘愿做"媵妾"，让刘秀更加怜爱。

刘秀感激阴丽华的谦让，为弥补心中的遗憾，追谥早逝的岳父阴陆为宣恩哀侯、内弟为宣义恭侯，为岳母和内弟举行了隆重的葬礼，**"使太中大夫拜授印绶，如在国列侯礼"**。

阴丽华自持谦让，她的兄弟同样自持"知止"，从不因为自己外戚的身份，作威作福。

建武二年，刘秀大封功臣，打算为阴乡侯阴识增封。阴识坚决推辞，他知道刘秀所控制的土地并不是太多，他是贵人的哥哥，增封他人，他不会"眼红"，不会产生不利影响。

建武十五年，阴识定封"原鹿侯"，待刘庄立为皇太子，刘秀又拜阴识为执金吾，**"辅导东宫"**，每每外出视察，让阴识**"留镇守京师，委以禁兵"**。阴识并未因此得意忘形，而是更加谨言慎行，行为处事非常公正，从不与人讨论国事，**"及与宾客语，未尝及国事"**。因此，刘秀常常以阴识为例，训诫贵戚，激励左右。

弟弟阴兴，跟随刘秀征战四方，为刘秀撑伞挡雨，脚踩泥途，泥巴到了膝盖上，甩掉鞋子继续前进。刘秀所到之地，他必打前站，里里外外打扫干净，从不因自己身份特殊而狐假虎威，反而比别人更谦逊、更努力。

刘秀准备将阴兴提拔为侍中，封关内侯，印绶已备好，阴兴坚辞，并说宗族已有多人蒙恩了，自己又没有冲锋陷阵，没立军功，因为特殊身份，已得到诸多恩惠，不能再多了。

阴兴这样同姐姐说，外戚家族，最怕不知谦让，贪心不足。阴兴以此为戒，生活极其俭朴，房舍也不是豪宅大院，举荐人才从来都是以是否对国家有利，从不考虑与自己的关系是近是疏，**"世称其忠平"**。

哥哥和弟弟的行为，也让阴丽华更加严格约束自己，从不张口为家族或亲朋寻官求爵。

阴丽华的家人如此，也让刘秀更加珍爱阴丽华。

阴丽华谦和庄重，不苟言笑，只有在所爱之人面前，才会情绪失控。**"七岁失父，虽已数十年"**，只要提及父亲，就会双眼汍澜。

刘秀从不会因阴丽华的多愁善感而心烦，更没觉着她的忧伤是矫情，而是陪在一旁，叹息感伤，**"帝见，常叹息。"**

建武十七年六月底，阴丽华的第四子刘衡夭折。

孩子是父母的心头肉。失去孩子，就是剜阴丽华和刘秀的心。

想起多年前离世的父亲，犹伤心泪流的阴丽华，如何能承受得了娇儿的离去！刘秀强忍痛安慰肝肠寸断的阴丽华。

或许，在刘衡夭折一事上，郭圣通表现得过于冷静，这让刘秀觉着郭圣通没有慈母之心，不配母仪天下，坚定废黜她的决心。

这年冬十月辛巳（十九日），刘秀废黜皇后郭圣通，立阴丽华为皇后，废后不是什么光彩的事情，刘秀要求不要搞什么庆祝活动。

京城不好庆祝，那就回老家告慰祖宗，与宗亲们分享喜悦。

三天后，甲申（二十二日），刘秀带着新皇后阴丽华回到了章陵，在老宅大摆筵席，宴请宗亲，补上了众宗亲当年没能喝上的那杯喜酒。

帝后仿佛回到少年时代，在老家盘桓了两个月还不想离开，眼看快要过年了，这才恋恋不舍地返回洛阳。

刘秀用心陪伴，用温柔的手抚平阴丽华的心伤。刘秀和阴丽华仍在皇宫中过着温馨的家庭生活，阴丽华以万千柔情，为承担着繁重国事的刘秀带来心灵上的宁静。

建武二十年，刘秀眩晕再次发作，**"风眩疾甚"**，比三年前还要严重，阴丽华冷静地安排一切，让已是卫尉的弟弟阴兴领侍中在云台广室受顾命。

刘秀再次病愈，更加珍惜与阴丽华在一起的时光。

刘庄即位，阴识一如既往保持谦逊的态度，刘庄为舅舅阴识进位为特进，仍为执金吾，直到永平二年去世，刘庄为舅舅谥贞侯，从这个上谥，可看出阴识的自持和知止。

所谓**"不争不抢，自有岁月打赏。"**

人性最大的悲哀，就是不懂"知止"。"止"决定了未来的成与败，关乎每一个人的胜败荣辱。

舍即得，不争反而"挣"得更多。

清风出袖、明月入怀的人生态度，也为阴丽华赢得了岁月的厚爱。

玉琢淬砺新苗

在东汉历史浩瀚的长卷里，刘秀不仅以非凡政治才能铸就一代伟业，在子女教育方面也是煞费苦心，如琢如磨，精心培育。

刘秀有 11 个儿子，5 个女儿。

他们分别是东海恭王刘强、沛献王刘辅、楚王刘英、明帝刘庄、济南安王刘康、东平宪王刘苍、阜陵质王刘延、广陵王刘荆、临淮怀公刘衡、中山简王刘焉、琅琊孝王刘京、舞阳长公主刘义王、涅阳公主刘中礼、馆陶公主刘红夫、浕阳公主刘礼刘、郦邑公主刘绶。

（一、二、五、七、十是郭圣通所生；老三的母亲是许美人；四、六、八、九、十一是阴丽华所生。公主们的母亲是谁，史书中并未明确。）

刘秀特别注重对儿子们的培养，将学识渊博贤良方正的大儒，请进皇宫教授儿子。

刘阳(后改名庄)在老师的教导下，十岁便熟读了艰涩难懂的《春秋》，有一天同父亲谈论《春秋》头头是道。

刘秀惊讶小小的孩子有如此深刻的领悟，摸着儿子的头说："**吴季子。**"

小刘阳仰着天真烂漫小脸儿回道："**愚戆无比。**"

乳母把这件事告诉老师，刘阳坚持认为吴季子太过愚蠢迂腐，老师也不能够改变他的说辞。

吴季子是春秋时期吴王寿梦的第四子，又称公子札、季札、因为封在延陵(今常州一带)也称延陵季子、州来季子。季札的远见卓识兄弟们无人能及，寿梦很想传位给他，季札却一而再力却。或许刘秀夸奖儿子有思想有深度，抑或刘秀的心中也有了吴王寿梦的那个想法，担心自己这个聪慧的四子，将来也会像季札那样……

刘阳的回答，给了刘秀意外的惊喜。为培养儿子处事能力，刘秀常让小王子们列席办公会议。

十二岁的刘阳，就曾坐在帷幕后面"参与"了父亲的办公会议。刘阳一言道破"度田"运动中成人的潜规则，由此促使父亲加强对特殊地区的查处力度。

刘秀让儿子们参与朝政，让他们长见识，锻炼他们处事的能力。

建武十九年，妖巫单臣、傅镇自称将军，占领原武城，据城死守，刘秀召集公卿诸侯商量对策，大家多是提议悬赏攻城。十六岁的刘阳却提议放松攻城，让城中后悔者出逃，这样一个亭长即可解决问题。

依照刘阳的办法，叛乱很快平定。

刘秀将给他吃闭门羹的郅恽请下城楼，教授当时的太子刘强。

在郅恽的教导下，刘强集温良恭俭让于一身。

将"涉嫌"刘鲤买凶杀人案的"保护伞"刘辅，抓进监狱关押三天。

刘秀留下他与郭圣通最小的儿子刘焉，刘强、刘辅等四位王子去往封国。刘强**"临之国，数上书让还东海"**，刘秀赞许儿子的谦恭，心疼儿子，**"不许，深嘉叹之"**。

刘秀给予刘强最大的赐封，可以使用天子的仪仗。鲁国曲阜有景帝之子鲁恭王刘余建造的宫殿，建筑规模宏大，雄伟壮观，为当时国内较大的建筑物之一。一百多年过去，灵光殿依旧恢宏，刘秀将这个**"甚壮丽"**的宫殿，赐给了刘强，**"诏强都鲁"**。

东海王刘强兼食鲁郡，一人独享两国，这在历史上也是独一无二的。

中元元年（56年）正月，就国的儿子们来到京师朝拜，刘强自然也来到父亲的身边。

刘秀带上王子们，去东方视察，然后，上泰山，参加封禅大典。

从泰山回到洛阳已是四月，刘秀宣布改元"中元"，**"是岁，起明**

堂、灵台、辟雍，宣布图谶于天下"。或许感觉到身体的异样，更舍不得大儿子的离开，刘强"**因留京师**"，陪伴着父亲，直至刘秀驾崩。

刘强是历史上第一个由嫡子变庶子，又以庶子让天下于嫡子的皇太子，他让太子位、让东海、临终前再让东海，"**诚愿还东海郡**"，史称他是三让贤王，"**谦谦恭王，实惟三让**"。

刘强的谦让终结了废太子不得善终的悲剧。

永平元年（58 年），33 岁的刘强在封国去世，刘庄特下诏"**以彰王卓尔独行之志**"。

（成语"**卓尔独行**"源自刘强。）

刘秀将对女儿的爱，附加在女婿身上，亲自为女儿挑选"相公"（枣阳老土话指"女婿"），同大多数父亲一样待婿如子，对大女婿梁松更是"**宠幸莫比**"。

他爱他们却从不纵容，管教起来一点儿不含糊。

因为马援的一封家书，将两个女婿狠狠地教训了一顿。

马援的侄儿喜欢背后议论人，出征在外的马援抽空写了封信，教育侄儿学习忠厚实诚的山都长龙伯高，不要学郡中交友广泛的越骑司马杜季良。这封家书被杜季良的仇人用为攻击杜季良的武器，为避免杜季良利用人脉关系，将两位贵婿梁松、窦固牵涉其中，说他们与杜季良交往，将助长轻薄诈伪的行为，败坏华夏风气。

刘秀脸色铁青，将两个女婿召入皇宫，骂得他们狗血淋头，俩女婿跪在地上叩得头破血流，才饶过他俩。经此，两个女婿收敛了许多，交友也慎之又慎。

在刘秀的品德陶铸与学业训诲下，皇子们各有建树。沛王刘辅，史称贤王，于学术之境精研深探，擅长《京氏易》，著有《五经论》，亦名《沛王通论》，流传于后世。

东平王刘苍，才学出众，以"为善最乐"为座右铭，世尊贤王。明帝时留京辅政，虽位高权重，却始终恪守本分。与刘庄的兄弟情深，成千古佳话。历事两朝，为国家不可或缺的中流砥柱，倾尽全部的智慧与心血，全力辅佐两代君主，成就了"明章之治"，将东汉王朝推向鼎盛。

虽刘庄继位后，兄弟间亦传出不谐之音，但未酿成如其他朝代那般兄弟阋墙、手足相残的悲剧。历史上诸多王朝，为争权夺利，兄弟反目成仇，血雨腥风不断，而刘庄与兄弟们却能维持大体的和睦，还有诸多照顾，这般兄恭弟悌的和谐，与刘秀对子女匠心独运的教导分不开。刘秀好似深谋远虑的园丁，以爱与智慧浇灌着幼苗，培育了子女们的卓越品德与非凡才能，更如稳固基石，有力地支撑起东汉王朝的安定与繁荣，成为后世家族教育与王朝传承之典范，至今仍有深刻的启示意义。

第十四章　桑梓故园

春陵月最暖

初元四年(前45年)，春陵侯一族迁来南阳郡蔡阳县白水乡重建春陵侯国①，便注定刘秀与枣阳②结下了一份再无法割舍的深厚情缘。

哪怕是身体抱恙不宜劳顿，也要回到故土，因为这里是慰藉心灵的归宿。

建武十七年初春，挑灯夜读的刘秀突发眩晕，天旋地转，不能动摇。46岁的刘秀强撑着处理完公务，不顾一切上了銮驾，踏上回家途。

或许，刘秀做了最坏的打算，带上了太子刘强及刘辅、刘英、刘阳(刘庄)、刘康、刘苍等六位王子。

说来也奇，颠簸的车轮，竟将刘秀的眩晕颠成车后的扬尘，随风飘

---

① 唐《通典》卷一百七十七·汉东郡："枣阳，后汉蔡阳县。光武旧宅在今县南二里，有白水焉。又有汉春陵故城，在今县东。汉元帝时，自零陵泠道县徙於此，即张衡所谓龙飞白水。后魏置南荆州。隋置春陵郡。又有汉襄乡故城，在东北……。"

② 唐《元和郡县图志》卷第二十一·山南道二："枣阳县，上。东南至州二百里。本汉蔡阳地，属南阳郡。后汉分蔡阳立襄乡县，周改为广昌，隋仁寿元年改为枣阳县，因枣阳村为名也。春陵故城，在县东南三十五里。汉景帝子长沙王发子春陵节侯之邑也。世祖即位，幸春陵，复其徭役，改曰章陵。后汉世祖宅，在县东南三十里。宅南三里有白水，《东京赋》所谓'龙飞白水'也。"

散，仅仅行了数里，刘秀的眩晕奇迹般减轻了许多。銮驾不停，日夜兼程，刘秀的眩晕在回家的车轮滚滚中日渐好转。四月初二，踏上南阳地界，刘秀病已然好了九成，回到章陵，迈进老宅家门，刘秀完全恢复，如同满血复活，饮食起居一切恢复正常。回家，就像是一剂战胜病魔的良方。故土，则似祛病除疾的灵丹妙药。那熟悉的乡音、熟悉的味道，有着惊人的治愈力量。

刘秀带着儿子们祭祀先人，**"修园庙①旧宅田里舍"**，又将老房子翻修了一遍。

在老家，刘秀为五月初五的四子刘阳，过了一个热闹的生日。

刘秀在老家休养了一个多月，身体完全无大碍，五月二十一日，才恋恋不舍返回洛阳。

这年冬十月辛巳（十九日），刘秀废皇后郭氏为中山太后，立贵人阴氏为皇后。

三天后，刘秀就带着阴丽华回到了章陵，祭告祖宗，还做了件大事，**"乃悉为舂陵宗室起祠堂"**。

刘秀在老宅大摆筵席，宴请众乡亲。觥筹交错推杯换盏，婶子大娘们喝得酣畅，忘了什么天子陛下了。文叔是她们看着长大的，忠厚老实与人交往不会拐弯抹角，没想到做了这么大的事。

刘秀闻言也笑了，说："**吾理天下，亦欲以柔道行之。**"

瑞鸟凤凰再度飞临人间，凤凰高八九尺，毛羽斑斓，在洛阳南阳之间的郏县上空，率百鸟翩翩起舞了十七天。

凤凰飞临的地方，由此得名"凤落村"。

刘秀和阴丽华在老家盘桓了两个月。

"故乡何处是，忘了除非醉"，对家乡的眷恋，对家乡一草一木的怀念，无时无刻不在牵动刘秀的心神。如何化解乡愁呢，**"又不喜欢饮酒"**的刘秀，只能一趟又一趟地回家乡。

---

① 园庙：指帝王墓地所建的宗庙。

建武三年冬十月壬申，刘秀在百忙之中，抽出时间，回到老家。直到十一月乙未才恋恋不舍离开，刘秀这次还将耿弇等人带到老家。在家待了四十多天，**"祠园庙，因置酒旧宅，大会故人父老"**，重新修缮了爷爷和父亲的墓。

建武十一年的阳春三月，刘秀视察南阳，或许这次视察，刘秀藏着一个小小的私心，那就是回老家。刘秀在老宅，一住又是二十天。

建武十八年初冬，刘秀视察宜城，国事忙完，又拐了弯儿，在老家待了一个多月。

章陵县一度提升为郡。《汉官仪》载："**疑光武改春陵为章陵县，县车驾屡幸，亲祠园陵，尝升为郡，旋又并省。桓、灵时，因而复置。**"

"**露从今夜白，月是故乡明。**"故乡始终是刘秀心头那轮明月。

刘秀在位三十三年，六次回到家乡（建武四年春，刘秀驾临黎丘，因国事繁忙，未能回到春陵，按现行行政区划分，到襄阳也算回到家乡），五次在老宅会宴乡亲，一回到老家就不想离开。

车马很慢的时代，洛阳到章陵不足千里，三天即到。然而，刘秀每次回章陵后，从不着急返回京城。只要回来，最少也要住上二十来天，有时一个多月，有时甚至住上两个月。

如果将最爱家乡的皇帝做个评比，第一非刘秀莫属。

建武六年（30 年）正月十六，刘秀将春陵提升为章陵县，世代免除徭役。东汉王朝 195 年，世代章陵人不知徭役为何物！

枣阳有个习俗，正月十六，等同大年初一，老人说，这是祖祖辈辈传下来的。

或许，这个习俗，就源自刘秀对家乡的厚爱。

因为感念，所以纪念！时间久了，就成习俗。

建武十九年（43 年）正月十五，刘秀在老家立"四亲庙"。祀春陵节侯以下四世，自此，章陵成为东汉的礼仪圣地，有着不可撼动的政治地位以及不可估量的政治影响力。

《后汉书·祭祀下》载："**十九年春正月庚子（十五），追遵孝宣皇帝**

曰中宗。始祠昭帝、元帝于太庙，……春陵节侯以下四世于章陵。"

从此，"正月十五"在家乡人心中视同"大年三十"般重要，渐渐地演变成除夕上午上老坟接祖宗回家过年，枣阳人今天依旧保留这样的传统习俗。

刘秀对故土的深厚感情，影响着他的亲人。他去世后的第四年，永平三年（60年）冬十月，明帝刘庄陪着55岁的母亲阴丽华回到老家，**"置酒旧宅，会阴、邓故人诸家子孙，并受赏赐"**，在老家待了两个多月。

阴丽华回到春陵的时间与19年前是同一天，十月二十二日，返程十二月二十七日，只是这次陪伴在她身边的人换成了儿子。

刘秀之后的东汉的皇帝们，继承祖上的传统，多次回到老家。

枣阳还有一个待客风俗，传说也是因刘秀回乡而形成。

亲民的刘秀每次回老家，必大摆筵席与民同乐，然尊卑有序，乡亲们敬酒，不与他同饮。刘秀之后，东汉多位皇帝回到老家，相习成风。光阴荏苒，"敬酒三杯"演变成枣阳及中原多地的待贵客之道。以敬酒三杯来显示客人的尊贵。枣阳因为刘秀，习俗"温度"高于他地。

枣阳疆域①唐代基本定型，东汉时期，由蔡阳、襄乡、章陵三县分治。刘秀升级春陵时，将分蔡阳县东北一部分析出，设置襄乡县。物换星移，章陵、襄乡早已湮灭，唯有蔡阳历经沧桑，存续至今。

（现枣阳城南二十公里处的白水寺，相传是刘秀所建"四亲庙"。明帝在"四亲庙"的基础上，扩立"世祖庙"，虽不见史书记载，却被枣阳人代代口口相传至今。）

---

① 《隋书·志》卷二十六："枣阳旧曰广昌，并置广昌郡。开皇初郡废，仁寿元年（601年）县改名焉。大业（606年—616年）初置春陵郡。又西魏置东荆州，寻废。……春陵旧置安昌郡，开皇初郡废。"

《旧唐书·志》卷十九·山南东道："枣阳汉春陵县，属南阳郡。隋置春陵郡。武德三年（620年），改为昌州，领枣阳、春陵、清潭、湖阳、上马五县。……五年，废昌州及清潭县。贞观元年（627年），省春陵入枣阳。"

《新唐书·志》卷三十·山南道："枣阳，上。本隶唐州。武德五年省唐州之清漳县入焉。贞观元年又省唐州之春陵县入焉。……有光武山。"

同梦结襄缘

汉代的襄阳与今天的襄阳，只是名字相同而已。汉代的襄阳，只是一个**"城在襄水之阳，故曰襄阳"**（《水经注》），地处汉江南岸，襄水之北的小县城，比如今的襄阳小得多。

东汉时的南阳郡下县章陵、邓、山都、筑阳等以及南郡下县襄阳、宜城、郡国、中卢、黎丘等地，而今都归了襄阳市管辖。

"君臣同梦"正是发生在襄阳。

建武四年十二月，刘秀来到黎丘（今湖北省宜城市西北），慰问汉军将士。侍中、襄阳人习郁（字文通）伴驾。

习郁陪同圣驾在黎丘的周边走走看看，君臣一行来到了苏岭山。天色已晚，便在山脚下安顿下来。

君臣在清脆婉转的鸟鸣中醒来，两人不约而同说："昨晚做了一个梦。"

刘秀笑意盈盈，问习郁做的什么梦。

"臣昨晚梦见了两只梅花鹿，前来护驾。"

"朕也梦见了梅花鹿，跪拜在朕的脚下。"

习郁眼珠一转，晃着脑袋说道："这两只梅花鹿，就是苏岭山神，前来朝觐陛下啊。"

随从们大呼奇妙，君臣同梦，太神奇了，纷纷道："吉祥之兆，吉祥之兆也。"

刘秀龙颜大悦，放眼望去，远山如黛，碧水汤汤，烟波浩渺的汉江如一条玉带将群山环绕，朵朵白云宛若参拜的群臣，更觉神清气爽，当即下口谕，在苏岭山立祠供奉山神。

周到谨慎的习郁给刘秀留下了深刻的印象，回到京城，将习郁提拔为大鸿胪，录其前后之功，封襄阳侯。

刘秀离开后，习郁在苏岭山上开山路，大兴土木，修建了一座祠社，立两只石鹿在神道夹口处两侧，百姓便将祠社称为鹿门庙，叫着叫着，苏岭山就被叫成了鹿门山。

习郁效仿越国大夫范蠡养鱼的方法，在襄阳岘山南筑池种荷养鱼，常在此垂钓，流连忘返。

后世将这个池塘称为"习家池"（因为镇守襄阳的山简的缘故，后世也称其为"高阳池"）。

习家池，被《园冶》奉为私家园林的鼻祖。

刘秀之后，其他的帝王，都入不了隐居鹿门山高士的慧眼，历史上有"鹿门高士傲帝王"的骄傲。

（这就是流传至今的**"君臣同梦"**的传说。）

多年后，刘秀将山都（今襄阳樊城区西）长龙伯高，擢拔为零陵太守，零陵郡正是春陵侯一族的发祥地，四世祖刘买的封地。

（成语**"刻鹄类鹜"**、**"画虎类犬"**因为刘秀，与襄阳结下了不解之缘。）

（**"龙伯高敦厚周慎，口无择言，谦约节俭，廉公有威。吾爱之重之，愿汝曹效之"，"效伯高不得，犹为谨敕之士，所谓'刻鹄不成尚类鹜'者也。效季良不得，陷为天下轻薄子，所谓'画虎不成反类狗'者也"。**）

（马援赞美龙伯高，要求子侄学习敦厚的龙伯高，远离玲珑的杜季良。）

（龙伯高为官清正廉洁，被奉为古贤太守，历代楷模，被天下龙氏视为有谱可查的共同始祖。）

恩信重南都

若论及刘秀最信任的人，无疑当属南阳人。

历史上，由此催生出"借指贵戚"的典故**"南阳有近亲"**，后世每每以之指代君王近亲，而历史典故"南阳故人"也化着独特的历史"徽记"。这份对南阳特殊的情感，深刻影响着刘秀用人的选择。

南阳之所以称帝乡，是因刘秀祖籍蔡阳，并长于斯，且在此地发迹成就帝业根基。秦置蔡阳县隶属南阳郡。称籍贯先言大域后及小地，古今如此，因此南阳郡辖之人统称南阳人。

往事越千年，而今南阳、枣阳分属豫鄂。古时南阳郡疆域广，东汉辖37县，跨豫鄂，涵盖今南阳市域及相邻县市与今湖北的枣阳、随州、襄阳等地。

刘秀用人唯才是举，任用了众多贤才，不过家乡的人才在刘秀心中的分量明显更重。

开国初期，"三公"中的两"公"为南阳人，大司徒邓禹（新野人），大司马吴汉（宛人）。吴汉任大司马直至生命的尽头。

刘秀一朝历任八任司徒和司空，南阳人各占两任。

刘秀是南阳人，他的挚爱阴丽华亦是南阳籍，他的起家团队中有不少南阳人，鲜血凝聚的信任，让他对家乡人几乎"无条件"的信任和任用。当然，这也基于他对家乡人的了解，清楚他们的能力所在，知晓他们能够胜任什么工作。

且说南阳人宗广，虽无显赫战功，刘秀对他却一直信赖有加。

在反击王郎时，刘秀让宗广代理信都太守，后提拔为尚书。当发生冯愔叛逃事件，他派宗广持节游说冯愔的好友黄防，宗广不辱使命。

还是这个宗广，为刘秀留下一员虎将。

建武二年，刘秀诏令大司空王梁听从大司马吴汉的指挥，围剿檀乡军，王梁违命擅调野王兵力，刘秀命令停止进军，王梁再次抗命。愤怒的刘秀派尚书宗广前去斩杀王梁。宗广通过调查发现王梁违命事出有因，为了抓住战机。宗广"违命"将王梁装进牢车送到洛阳，并言明情况。刘秀赦免了王梁，月余，拜为中郎将，行执金吾事。王梁成为刘秀统一天下的一员虎将，进入云台榜。如果没有宗广**"槛车送京师"**，刘秀将损失了一员大将。

开国伊始，刘秀礼聘未曾为东汉创立贡献寸功的南阳宛人卓茂为太傅，下诏表彰厚赏，为百官树立学习的榜样，令众人悉心研习卓茂的为官之道与高洁品德。刘秀盛赞卓茂**"束身自修，执节淳固，诚能为人所**

不能为。夫名冠天下，当受天下重赏……"

也正是刘秀对卓茂的破格推崇，使"束身自修""名冠天下"成语如鲜明历史钤印，深镌刘秀对南阳群体的独特眷顾之情。

刘秀将宛县的朱岑之子朱晖召为郎，因为他了解同学朱岑的人品，相信"家世衣冠"①之家培养出来的孩子不会差。朱晖品行超群，为官廉洁，百姓歌谣歌颂他："**强直自遂，南阳朱季。吏畏其威，人怀其惠。**"

（成语"**强直自遂**"源于此。其如镜鉴，照映南阳贤才济济、恩遇隆盛，力证刘秀甄拔乡党贤能之精准。）

刘秀将大司马幕府中的穰人郭丹(字少卿。典故"郭丹约关"的主人公)提拔为并州牧，又迁左冯翊，一路升迁至大司徒，以清廉公平著称政。

建武十三年，刘秀"**退功臣而进文吏**"，三十四岁的建威大将军耿弇，"**上大将军印绶，罢，以列侯奉朝请**"。云台二十八将中的十一位南阳人，除刘隆外，在世的其余八位，全部留用。建武十二年，南郡太守刘隆，主动上交将军印绶，归家赋闲。

在刘隆的任用上，刘秀对南阳人的偏爱展露无遗。

建武十五年，开展"度田"，在南阳遭到了空前的阻力，竟陵侯刘隆从中作梗。刘秀怒削其爵为庶民，然念其过往，保全了他的性命，处死了十几个阻碍度田的太守。

刘隆被贬不到一年，建武十七年便被重新启用，封为扶乐乡侯，拜中郎将，作为马援的副将与马援一同南征交趾。吴汉去世，刘秀拜刘隆为骠骑将军，让他代理大司马。

建武二十七年，刘秀将大司马改为太尉，拜宛县人赵憙(字伯阳，南阳宛人)为太尉，刘隆七年代理使命告终。建武三十年，定封慎侯。中元二年去世，谥"靖侯"。

刘秀任用宛县人张堪为首任蜀郡太守，张堪离开蜀郡时，留下"**折**

---

① "家世"即家族世系传承脉络。古代士以上阶层戴冠为身份标识，"衣冠"指代世族、士绅阶层，"家世衣冠"家族世代为官，门第、家教、声誉皆优，常被视作能培育出德才兼备后代的家族。

辕"典故。后调任渔阳太守，开北方种水稻之先河，渔阳百姓受其惠政"乐不可支"；任用的宛县人任延为九真太守，推动岭南人从原始社会迈入封建社会；任用安众人宋均为九江太守，留下**"虎渡江"**美谈；有感于淯阳人奴仆李善善德，提拔其为日南太守，李善心怀仁慈，**"以爱惠为政，怀来异俗"**，使当地风俗大为改观……刘秀所提拔的每一位南阳籍地方官，都能在任地有所建树，造福一方身黎庶。

刘秀的偏爱导致了东汉用人制度出现地域"红"。

尽管刘秀用人绝非"任人唯亲"，但是依然被下面人当成了"示范"而媚上。大批的南阳人"脱颖而出"，令南阳之外的人艳羡不已，也忿忿不平。

贤能老太守郭伋，就曾当着刘秀的面，批评朝廷用人制度，认为选拔人才，应该放眼天下贤士俊杰，而不应只在南阳人中挑选。刘秀笑而答应，因为他清楚，郭伋所言确为实情，故乡好似他的软肋。

南阳的山川草木、闾巷风俗，已化为刘秀灵魂深处的不朽铭文，这份源自乡亲的天然亲近，岁月侵蚀不了半寸，权势亦难黯淡半分。

当举义烽火燃起，南阳贤才似星子拱北辰，齐聚刘秀麾下。沙场上，他们被坚执锐，血染征袍；朝堂间，他们擘画宏猷，夯实国本。刘秀感恩这份来自故土的情义，回报以厚待，频颁惠政，泽被乡邻，又于故土立"四亲庙"，敬祖追宗、孝心赤诚。也正是刘秀这一腔拳拳深情，南阳得以跃升为"陪都"，卓然傲立于世。

恩信所注，南都在岁月之中留下独特印记。南都之人，以赤诚为笔，蘸情义浓墨，绘就帝王与桑梓交相辉映、盐梅相成的绮丽画卷；南都之人，似那坚韧纽带，一端牵着刘秀魂牵梦绕的乡恋，一端系着家中袅袅炊烟、声声鸡鸣、阵阵狗吠与那熟悉的烟火日常……

第十五章　薄葬原陵

倡导薄葬

古人崇尚灵魂不灭，以隆丧是为对祖先灵魂的敬仰，以厚葬是为孝敬。

为匡正错谬的行孝观念，建武七年，刘秀下专诏指出厚葬的坏处：世人以**"厚葬为德，薄终为鄙"**，富裕人家过度奢侈，贫穷人家耗尽财物，即便法令禁之，礼义止之，亦难遏此风。一遇乱世，墓被盗掘，先人得不到安宁，厚葬害处尽显。

刘秀大力宣传薄葬的好处。为此，带头"薄葬"自己，嘱咐负责修建寿陵的大匠窦融，寿陵不必多占土地，不起山陵，能散水即可。到了他寿终那一天，身后安排一切比照汉文帝薄葬之例。

汉文帝陪葬品"皆以瓦器"，赤眉军挖掘皇陵盗宝，唯独未挖霸陵。刘秀认为这就是薄葬的益处，所以这般叮嘱窦融："**古者帝王之葬，皆陶人瓦器，木车茅马，使后世之人不知其处。太宗识终始之义，景帝能述遵孝道，遭天下反覆，而霸陵独完受其福，岂不美哉！令所制地不过二三顷，无为山陵，陂池裁令流水而已。**"

有了刘秀以身作则践行"薄葬"，达官贵人们纷纷实行"薄葬"。大司马吴汉夫人去世，吴汉薄葬夫人，起了座很不起眼的小坟茔。征虏将军祭遵在平陇前线病逝，弥留之际，留下这样的遗言："**牛车载丧，薄**

葬洛阳。”

在这样的示范与效仿之下，薄葬观念在统治阶层开始盛行，薄葬之风渐渐形成，并带来了民间丧葬习俗的改变，推动了厚养薄葬观念的发展，经过世代传承，已然成为中华民族倍加推崇的传统美德。

刘秀不起山陵的嘱咐，改变了帝陵墓葬形式，为中国帝陵建造史上尤为重要的变革，影响巨大。

务从约省

中元二年二月戊戌（初五）（57 年 3 月 29 日），六十二岁的刘秀抛下他的挚爱，带着对苍生的怜惜，**“崩于南宫前殿”**。

在生命的尽头，刘秀的遗诏令人泪目：**“朕无益百姓，皆如孝文皇帝制度，务从约省。刺史、二千石长吏皆无离城郭，无遣吏及因邮奏。”**

为百姓操劳一辈子，实现了“光武中兴”的刘秀，奠定了天下太平局面，百姓生活基本实现了自给自足，日子安逸，人口大幅度增长。即使这样，刘秀对自己的政绩还很不满意，认为自己做得不好，“无益百姓”，嘱咐丧事从简，地方官员不必进京吊唁，“唁电”也不用发，以免通过邮驿传递浪费国家的人力财力。

刘秀怀着对国家的赤诚与对臣民的深情，殷切叮嘱各级官员坚守岗位，各司其职，各尽其责，不要因为他的离去，为国家徒增负担，影响工作，影响生活……

刘秀葬于原陵，谥“光武”，庙号“世祖”。

永平七年正月癸卯（二十日）（64 年 3 月 1 日），六十岁的阴丽华去世，谥“光烈”，与刘秀合葬原陵。

“光烈皇后”阴丽华，成为历史上皇后谥号制度第一人，确立“帝谥加本谥”模式，为后世定制范例标准。

千百年来，没有人打扰刘秀和阴丽华，盗墓贼也知道，节俭一生的刘秀，带入地下的"宝物"，不值得他们在伸手不见五指的黑夜挥动洛阳铲。

光武中兴

刘秀28岁起兵，30岁登基，经过十二年的东征西讨，完成了九州统一，立即全身心止戈兴仁，埋头医治国家创伤。

建武六年，刘秀刚完成统一即下"三十税一"诏，减轻农民田赋，与民休养，完成天下统一后，进一步加大休养生息的力度，大幅度减轻徭役负担，大力发展农业生产，满目疮痍的乱摊子，逐渐向好。

十几年过去，四海升平，八方宁靖，**"自是牛马放牧，邑门不闭"**。

"仓廪实而知礼节"，人民的生活越来越安定，吃穿用度越来越富余。在刘秀"大兴儒学，推崇气节"的文化引导教化下，人民思想品德高尚，社会风气良好。牛儿在山坡上悠哉吃草，马儿在田野里尽情撒欢，社会上没有为生活所迫的强盗，商人孤身也敢携带财宝野外露宿，建武后期的东汉社会，夜不闭户，路不拾遗，蒸蒸日上。

(赞美这一时期的成语**"道无拾遗"**由此产生，**"商贾重宝，单车露宿，牛马放牧，道无拾遗"**。)

刘秀在位三十三年，在位期间，国势昌隆，政治清明，社会安定，经济发展，四夷宾服，各民族和睦相处。人口逐年增长。

人口数量代表着综合国力。

元始二年(2年)，全国有1223多万户，总人口5959余万(《汉书·地理志下》"民户千二百二十三万三千六十二，口五千九百五十九万四千九百七十八。汉极盛矣。")

因战争和自然灾害的摧残，东汉初年的人口已锐减了十分之七八，全国人口只剩下一千多万。刘秀奋发图强，埋头苦干，呕心沥血，勤俭节约，精打细算，使得**"百姓虚耗，十有二存"**破乱不堪的国家，重新焕发生机，政治、经济、外交、文化都得到极大的发展，国势昌隆，四夷宾服，实现了"光武中兴"，开创"建武盛世"。他离开这个世界时，全国人口增长至 427 万户、2100 余万人。中原王朝如旭日东升，充满活力和繁荣。

（《通典》卷七："**及王莽篡位，续以更始、赤眉之乱，率土遗黎，十才二三。后汉光武建武中，兵革渐息。至中元二年，户四百二十七万六百三十四，口二千一百万七千八百二十。**"）

刘秀在文化上，"大兴儒学，推崇气节"，东汉一朝也被后世史家推崇为中国历史上**"风化最美、儒学最盛"**的时代，对中华民族产生了极其深远的影响。

刘秀治下的东汉社会呈现一派繁荣稳定景象，社会秩序井然，百姓安居乐业，几近达到孔子理想中"大同"社会的样子：**"谋闭而不兴，盗窃乱贼而不作，故外户而不闭。"**（《礼记·礼运》）

继位的刘庄平复心痛，为全国人民发放福利。为全国男子升爵两级，**"三老、孝悌、力田人**（努力耕田者）**三级"**，流民也有份儿，**"流人无名数欲自占者人一级"**，为贫等弱势群体，每人发粮十斛。

"升爵"意味着物质待遇的提高，"发粮"说明国库富裕。

刘庄之所以能广施恩惠，是因为国库充盈，父亲刘秀为他积累了足够丰厚的家底儿。刘秀接手曾经破败不堪的"老牛破车"，经其呕心沥血打造，已脱胎换骨成为"高车骏马"。

"善始者善终，善继者善成。"刘庄不负父亲刘秀的遗泽，执政时尽显贤能，将东汉推向新高度。他确立的冠服制度，使得华夏礼仪愈发典雅，"衣冠上国"典制趋于完备；他引佛教入中原，奏响多元文化交融的先声，开启文化东渐之势。他同父亲一样慧眼识才，任用班超，让中断六十五年的丝绸之路再度响起悠悠驼铃，荒凉大漠，重燃烟火。他大胆启用乐浪人王景，投入百亿，集十万民工苦战一年，驯服了桀骜千年的"水龙"。刘庄即位第十三个年头，便能有如此大手笔，正是刘秀早年重视水利、复苏经济、安定社会，为他治黄备好了"武库粮草"。此后，黄河流域沃土千里，农桑兴旺，水患消弭起至北宋。刘庄接力"光武中兴"，赓续父亲的熠熠华章，披荆斩棘，带领东汉步入"明章之治"，民生福祉如旭日东升，刘秀泉下有知，目睹儿子勋业卓著、苍生安稳、山河锦绣，可心宁意逸，安枕黄河涛声，长眠无忧矣！

从"中国红"说起
（后记）

生命的马车，总会在一个时间逝去，时间的车轮总在日夜兼程，快步流星。可是有些历史，我们不应该忘记，特别是深爱过这个世界并为之奋斗的人。

刘秀，一位"低调做人，高调做事"的帝王，他对后世的巨大贡献和影响被尘封在泛黄的汉青史墨里，你虽然察觉不到，确是影响着我们的文化内核。

比如深受中国人喜爱的代表喜庆、吉祥的"中国红"。

世界上没有哪一个民族像汉族人对"红"情有独钟。

大汉四百年，让我们的语言称为汉语，文字称为汉字，民族称为汉族，国色飘"红"。210年的西汉，国色几经波动，一度尚黄，直到建武二年(26年)正月，刘秀**起高庙，建社稷于洛阳，立郊兆于城南，始正火德，色尚赤。**从此以后，国色便一"红"到底，再无改变。

经过二百年的巩固，"红"深深扎根在中国人的心里，在中华文化的血脉传承里葳蕤蓬勃，与中国人紧密相连，与时光无关，与朝代无关。"中国红"业已成为中华民族的文化图腾和精神皈依。

我之所以以"中国红"为例，旨在说明刘秀对中华文化的巨大影响，当然刘秀对中国历史的贡献远不止于此，明清之际的思想家王夫之对刘秀敬佩之至："自三代以下，唯光武允冠百王矣！"当代伟人毛泽东肯定的帝王屈指可数，秦皇汉武、唐宗宋祖，"略输文采"，"稍逊风骚"，成吉思汗也不过是弯弓射大雕的草莽英雄，唯独对刘秀倍加推崇，大方地送上"三最"—"最会用人、最会打仗、最有学问"。他的一生充满了传奇色彩，他上马能带兵，下马能治国，爱情与事业的双重丰收，他勤劳节俭，手不释卷……然而，就是这样一位近乎完美、对后世影响巨大的帝王，在历史中的存在感并不怎么强，"名气"甚至远不如他的七世孙亡国之君汉献帝，这也是历史的吊诡之处。

我是枣阳人，小时候听大人"讲古经"，最多的是刘秀的神奇故事。我九十岁的老母亲，谈到刘秀也是滔滔不绝。

刘秀的传说不只在湖北，遍及河南、河北、山西等地，这也是一个特别的历史存在。只是，在民间广为流传的，人们津津乐道的，并不是史书中的刘秀，而是插上了想象翅膀的刘秀。这个刘秀一路破风斩棘，似有通天之能，遇魔杀魔，逢凶化吉，毫无常理，可以让自然界的一切为他而生，为他而灭，飞禽走兽，花草树木，皆为他改变……传说的故事浪漫惊险，故事中的刘秀超凡神异，很是玄幻。只是这样的故事，可以是茶余饭后的消遣，却与历史相去甚远。与刘秀有关的历史是如此的大气磅礴，历史中的刘秀比传说中的刘秀更伟岸，那些实实在在的经历，是如此的惊心动魄，如此励志感人，由此形成的典故，丰满厚重又精炼，经历了荏苒岁月，在沸腾的烟火世界，久传不衰。

如果我们只记得传说，而忽视了历史，甚至用玄幻代替真实，虽然不是对祖宗的背叛，但也绝不是应有的文化传承。

枣阳民间有"年小月份大"习俗，将正月十六当着"大年初一"来过，约定俗成，代代相传。

"正月初一"为岁首，是太初元年(公元前104年)汉武帝确定的。

枣阳为何会有这样的习俗？

古语道："万物有所生，而独知守其根；百事有所出，而独知守其门。"

任何习俗，都不会是无缘无故形成。追寻刘秀的足迹，我找到了答案。

"(建武)六年春正月丙辰(十六日)，改春陵乡为章陵县。世世复徭

役，比丰沛，无有所豫。"

刘秀为家乡父老世代免去徭役。在近二百年的岁月里，章陵人不知徭役为何物！

对幸福生活的向往，对美好愿景的追求和渴望，总是溢出地域超越时空。或许枣阳之外的地方有此习俗，也是如此。

在枣阳人的心目中，刘秀无疑是一个最爱家乡的皇帝，事实上，也的确如此。

刘秀对人民恩深义重，对故乡满怀深情。在车马很慢的时代，洛阳到章陵不足千里，三天即到。就是这样的距离，刘秀回到老家从不着急回京城，即使战火纷飞，他也会穿越火线，在打扫战场的空隙回到家乡。国事繁忙的他，也会在地方视察结束后，拐个弯儿，回老家住上一段，少则二十来天，有时一个多月，甚至两个月。老家是刘秀的无尽牵挂，是刘秀的人生加油站，总能给他注入新的动能，提振精神。

刘秀在家乡**"修园庙，祠旧宅，观田庐，置酒作乐……"**后又在家乡立"四亲庙"，祠父亲上至春陵节侯四世，**"在所郡县侍祠"**，赋予家乡至高的政治地位。

而今，广袤的中华大地，从南疆到北国不到三个时辰，走出家乡的游子，那份乡愁，共鸣相随。

历史本身很有趣，枯燥的是史书。史官惜墨如金，导致我们今天读史不是那么顺畅。

我原本计划将咏颂刘秀的诗词从浩瀚的诗海里"打捞"出来，在诗词的引领下，以这样有趣的方式走近刘秀，这一"捞"便一发而不可收拾。

我拾捡着史海中的珠贝，笨拙地用心穿连。以刘秀一生经历所承载的历史为路，来一次时光逆行。冀望以通俗简明的方式，探访两千前的风起云蒸，与那个波澜壮阔的时代同频共振。

中华优秀传统文化，是中国五千年文明的瑰宝，汉文化是中国传统文化的主体，东汉文化是汉文化的重要组成部分，体现了汉文化的精髓和特点，刘秀是东汉文化的奠基人。

历史如同一面悬在时空中的镜子，默默而又忠实地映照着往昔的荣耀与坎坷，那是祖先用非凡的智慧和滚烫的血泪绘制的长卷，无声地讲述生命的脆弱与坚韧，让我们深刻体会今天的安稳幸福是多么的珍贵，让我们更加珍惜现在的美好，用心守护这来之不易的和平与繁荣。我衷心地期待更多的人了解刘秀，阅读刘秀艰苦创业历程，感悟刘秀有志竟成的精神，进一步挖掘汉文化蕴含的历史价值，传承汉文化，弘扬优秀传统文化。

为了使阅读略显轻松有趣，我在严格尊重史实的基础上，进行了少许文学润色，进行部分补充。补充内容均有据可查，绝不敢胡编乱造。

《后汉书》是本书史料选择的主要来源，同时参阅了《汉书》《东观汉记》《论衡》《汉官仪》《后汉纪》《续汉书》《高士传》《资治通鉴》《水经注》《艺文类聚》《通典》《拾遗记》《古今刀剑录》《元和郡县图志》《太平御览》《册府元龟》《太平广记》《旧唐书》《新唐书》《襄阳耆旧记》《日知录》《湖北下荆南道志》《枣阳志》(清、民国)等历史文献。

我知道自己天资平平，文字功底浅薄，文笔也不出色，但是我仍愿竭尽全力，以虔诚的心聆听历史的教诲，乐此不疲。在刘秀名言"有志者事竟成"的激励下，勇敢下笔，成此拙作。

感谢中国秦汉史研究会副会长、湖北省东汉文化研究会会长、华中师范大学教授赵国华先生；感谢湖北省东汉文化研究会副会长、湖北经济学院教授张功先生；感谢湖北省东汉文化研究会顾问、枣阳市汉文化研究会名誉会长赵正鹏先生。感谢各位老师付出的辛苦与智慧。

感谢诗人作家影视制作人叶笑天、武汉大学教授何发兵、武汉大学出版社编辑褚德勇、柏乡县人大常委会副主任张晋聪、枣阳市诗词学会副会长作家李军、亚洲"一带一路"摄影大联盟湖北分会主席中国高级摄影师童长宇等诸位老师的无私奉献和帮助。

感谢中国艺术创作院院长、清华大学美术学院客座教授、蟹派艺术创始人严学章先生为本书题写书名。

春雨晕染绿意，悄然化入大地，阳光温暖四季，却从不向人间索取。刻在石头上的名字未必不朽，深入根脉的记忆一定永恒。

人海茫茫，书海漫漫，感恩历史，让我们因为刘秀而遇见。

鲁钝的我相信，任何时候，生活都不会辜负用心的人。

只要启程，就可领略不一样的风景。

毛羽翼

2024 年 08 月 05 日于汉城

跋

公元25年，是汉光武帝刘秀登基称帝、亦即东汉开国立业之年。在公元2025年，这个两千年等一回的重要时间节点上，毛羽翼老师计划推出新作《风云刘秀》。这是她研究东汉文化的阶段性成果，更是她志贺东汉开国两千年的一份厚重之礼。

书稿既成之时，毛老师嘱我为书题跋，并且十分客气地说："请赵国华教授写序，请您题跋，有两位东汉文化大家加持，我的书应该是份量十足了。"听了这话，我感到汗颜。国华教授深研汉史，著作等身，又是中国秦汉史研究会副会长、湖北省东汉文化研究会会长，称其大家，自然名副其实。而我，充其量不过是个东汉文化的爱好者、研究者，怎可妄称"大家"？当然，"家"与不家，只是个称号而已。毛老师的邀请，已尽显抬爱之谊。面对这一片盛情，却之实在不恭。于是欣然接受，并通读书稿，草成下文。

（一）刘秀可写

在漫长的封建历史时期，中国共出过400多位皇帝，但真正有作为的并不多。东汉开国皇帝光武帝刘秀算是卓有建树的一位。

祖籍今湖北省枣阳市的东汉开国皇帝刘秀，是汉高祖刘邦的九世孙，出自汉景帝之子、长沙定王刘发一脉。岁月替移，皇亲渐疏。传到刘秀父刘钦时，刘家早已是皇门远系。刘秀出身平微，性情敦厚，热爱农事，勤于稼穑，但发奋读书，胸有大志。后跨牛举义，反莽复汉；昆阳大捷，一战成名。经营河北，鄗南称帝。东汉政权建立后，光武帝推行仁政，大德如阳，以人为贵，柔治天下；轻徭薄赋，三十税一。践行勤政，夙兴夜寐，兢兢业业，乐此不疲。厉行廉政，整顿吏治，严惩贪墨，重用廉吏，躬行节俭，身衣大练。倡行简政，撤并郡县，减裁吏员，费省亿万。大兴教育，尊师重教，推崇儒学，强基固本。和平外交，止戈为武，修好邻邦，万国来朝。他在位期间，社会安定，经济发展，文教兴盛，四夷宾服。他让已经衰落的汉王朝再度兴盛，史称"光武中兴"。

除留给后人大量可资借鉴的治国理政的成功经验外，光武帝还给中华传统文化贡献了大量优秀基因。他直接或间接为后人留下了一百多条成语，极大地丰富了汉语文的文本表达和语义内涵。

这样的一位帝王，带给东汉的是繁荣昌盛。其后，东汉张衡发明地动仪、浑天仪，许慎出版中国、也是世界的第一部字典，张仲景著书《伤寒杂病论》，乃至蔡伦发明造纸术等等，都为中华文明、世界文明强力助推。这些，无疑都得益于光武帝刘秀在东汉初年大兴教育、政治清明所打下的坚实基础。

这样的一位帝王，也是家乡枣阳的骄傲。毛老师选取汉光武帝刘秀作为书写对象，满足了家乡人民的一个心愿。同时，为近年来越来越热的东汉文化研究，谱写了新的篇章，增添了新的扛鼎之作。往大了说，也为我们传承和弘扬中华优秀传统文化、古为今用，贡献了枣阳智慧。

(二) 此书可读

我读书稿后，感觉这本书具有如下特点：

一是主题性。虽然在结构上采用单个故事的表达形式，但形散神不散，一个一个的小故事构成一篇大文章，突出一个大主题。这个主题，就是东汉开国波澜壮阔的宏大叙事；就是光武帝刘秀不甘平庸、愈挫愈勇、善于斗争、敢于胜利的精神展示；就是东汉开国的文臣武将团结奋斗、开拓进取、披荆斩棘、克己奉公的集体写照。

二是通俗性。该书以光武帝刘秀一生经历为线索，先后顺时，循序渐进，结构科学，层次清晰。在语言运用上，更是匠心独运，以简单明快、风趣幽默的文本模式，遣词造句，娓娓道来，把枯燥干瘪的历史典籍，转化为丰润有趣的故事情节，让读者省却了文言的烦恼，增添了美阅的快意。

三是史料性。该书虽通篇都在写故事，但尊重历史，实事求是。在历史背景、人物品格、社评论述上，遵循或依据信史记载，正说不戏说，呈现不杜撰。每一个故事，读者都可以通过检索，查到具体出处及原文原意。其史料价值，非一般通俗读物可比。

（三）未来可期

近年来，枣阳汉文化研究，团队活跃，成果丰硕。汉文化研究会等团体，不仅主办或承办了诸如首届东汉文化研讨会等重量级专题活动，而且积极参与了美丽乡村建设等中心工作，为枣阳发展提供了力所能及的历史文化支持。还有一大批优秀著作、论文及文艺作品面世，在枣阳、襄阳，甚至在全省，也小有影响。但是，就其团队建设而言，也不无隐忧。例如，一部分地方历史文化学者，逐渐步入老年，后继乏人的问题毫不客气地显露了出来。大家焦虑着，担心着，同时也期待着。读了毛老师的这本大作，让我眼前一亮，《风云刘秀》，不正是我们期待已久的优秀研究成果吗？毛羽翼老师不正是我们翘首以盼的汉文化研究有生力量吗？有这样的作品和作者加盟我们的队伍，我们还有什么可焦虑、可担心的呢？

其实，毛羽翼老师早就开始了汉文化的研究，也早就有了亮眼的成果。她借助于自己扎实的古文功底，通读了大量汉文化历史典籍，又借助汉城这个难得的研究和交流平台，潜心学问，专心深耕，取得了令人刮目相看的诸多成绩。

诚然，对毛老师，我们应该有更高的"要求"，大家期盼着在今后的日子里，毛老师有更多名著力作分享给大家，期盼着毛老师用更多的文字丰富枣阳的汉文化研究。同时，推而广之，也热望更多像毛老师这样刻苦执着的汉文化爱好者、研究者涌现出来，壮大枣阳汉文化研究的整体力量。

在首届东汉文化研讨会上，我提出"枣阳是汉文化的发祥地、策源地、富集地"的观点，得到与会专家学者的认同。汉文化是枣阳鲜明的、区别于其他地方的文化标识。枣阳，是一座汉文化资源丰富的富矿，等待着我们去发现和发掘；汉光武帝刘秀的文化特质与精神思想，是中华优秀传统文化的生动内容，等着我们去传播与传承。事业方兴未艾，前路任重道远；未来可期，大有希望。

按照写书和出书的规范与惯例，《跋》应该放在书的最后面。毛老师抬爱，称之为压阵之作，自然难以胜任。权当正文后面的注释，给读者增加一点儿回味吧。

是为跋。

赵正鹏

2024 年 9 月于芷芸斋

汉城霞光

（童长宇　摄）

诗词走进汉城

（毛羽翼　摄）

巍巍汉宫一角
（汉城景区供图）

汉文化研学旅行之民俗文化研赏
（汉城景区供图）

金戈铁马
（汉城景区供图）

光武省亲
（童长宇　摄）

大型多媒体秀《寻梦大汉·汉颂》

国家级旅游演艺精品剧目

（汉城景区供图）

水墨风古村落
（汉城景区供图）

水墨风古城堡
位于刘秀故里湖北省枣阳市汉城影视基地（毛羽翼　摄）